# 本书编委会

主　编：李　军　马　铃

副主编：吕之望　　蔡海龙

编委会成员(以姓氏音序排序)：

付文阁　郜明钰　韩　笑　胡　鹏

鞠荣华　李晓峰　石　涛　王晓璐

王秀清　王　颖　肖亦天　肖　鹏

谢彦明　辛　贤　尹金辉　张晏齐

郑　佳

# 笃行致远

——中国特色反贫困理论的农业银行实践

李军 马铃 ◎ 主编

人民出版社

# 序

贫困是人类社会的顽疾，勤劳善良的中国人民在几千年的历史中也从未停止过与贫困的斗争。"长太息以掩涕兮，哀民生之多艰"，屈原抒发的是为民而忧的情怀；"安得广厦千万间，大庇天下寒士俱欢颜"，杜甫吟出的是振聋发聩的质问；"但愿苍生俱饱暖，不辞辛苦出山林"，于谦许下的是担当天下的豪气；"衙斋卧听萧萧竹，疑是民间疾苦声"，郑板桥践行的是济世匡民的诺言。先贤的努力是中华民族屹立于世界民族之林的基石，先贤的精神是激励中华民族昂首阔步、迈向未来的宝贵财富。

然而，曾有过汉唐盛世冠绝世界的辉煌，有过宋明科技艳羡全球的华夏民族，16世纪以后，伴随着西方大国的崛起，在西方列强的枪炮声中，开始走向衰落。内忧外患不断，炮火纷争不绝。直至新中国成立，依然是落后的生产力与悬殊的贫富差距相交织，依然是难以摆脱的贫困与无尽的哀伤。诚如先贤们为中华民族之崛起与强大的期冀与努力，诞生于风雨飘摇、民族危亡之际的中国共产党人，始终将为中国人民谋幸福、为中华民族谋复兴作为初心使命，带领全国各族人民砥砺奋进、潜心筑梦。

在庆祝中国共产党成立100周年大会上，习近平总书记深刻指出："一百年前，中国共产党的先驱们创建了中国共产党，形成了坚持真理、坚守理想，践行初心、担当使命，不怕牺牲、英勇斗争，对党忠诚、不负人民的伟大建党精神，这是中国共产党的精神之源。"中国共产党人从伟大建党精神这一源头出发，构建起中国共产党人的精神谱系，书写了一个伟大马克思主义政党的精神史诗。尤其是党的十八大以来，以习近平同志为核心的党中央带领全国人民披荆斩棘、栉风沐雨，打赢了脱贫攻坚战，创造了消除贫困的伟大奇迹，创造了彪炳史册的人间奇迹，铸就了新时代共产党人不朽的精神丰碑。

摆脱贫困，是中国共产党人庄严的承诺和担当。100年来，中国共产党不畏艰难险阻，团结带领全国各族人民浴血奋斗、发愤图强，就是为了这个初心和承诺。到2020年底，现行标准下，9899万农村人口全部脱贫，12.8万个贫困村全部出列，832个贫困县全部摘帽。这是各行各业相互协同、团结奋斗、上下同心、尽锐出战的丰硕成果。中国农业银行作为脱贫路上的重要金融力量，始终探索大型商业银行支持新时期"三农"发展的有效途径，承担服务"三农"的政治使命和社会责任。党的十八大以来，农业银行作为国务院扶贫开发领导小组成员单位中唯一的国有控股商业银行，始终以习近平总书记关于扶贫工作的重要论述作为根本遵循和行动指南，积极践行金融扶贫责任和使命，有力支持了贫困人口脱贫，推动了贫困地区经济社会面貌改变，探索出在贫困地区办好商业银行的有效路径，建立了丰富完备的金融扶贫产品政策手段，培养了一支作风顽强、能打硬仗的金融扶贫队伍，为打赢脱贫攻坚战作出了重要贡献。中国农业银行开展的金融扶贫、助力乡村振兴的历史，是党领导下金融机构服务国家战略大局的真实写照，是中国人民攻坚克难、踔厉前行的现实缩影，也是运用金融工具助力乡村振兴的典型案例。

在脱贫攻坚进程中，中国农业大学师生当仁不让地赓续家国情怀、观察脱贫实践、总结理论方法，为精准脱贫方略提供智力支持，将论文写在祖国的大地上。作为已具备重要影响力的高端智库，国家农业农村发展研究院充分发挥学校农业特色的多学科整体优势，致力于对"三农"问题中具有全局性和战略性的重大问题进行系统全面的研究，为国家涉农重大决策提供理论支持和决策咨询，撰写的多篇报告获得党和国家领导人的重要批示，对中国农业政策的制定与执行真正起到了"智库"的作用。

在脱贫攻坚进程中，中国农业银行作为新中国农村金融事业的拓荒者、国务院扶贫开发领导小组成员单位中唯一的国有控股大型商业银行，充分发挥在每一个县域都有分支机构的优势，坚持精准方略，坚持问题导向，坚持创新驱动，以有力的举措、务实的行动、精准的服务，为贫困地区脱贫攻坚作出了应有贡献。国家农业农村发展研究院研究团队以中国农业银行扶贫实践为基础，以实录的形式还原中国农业银行在这一伟大征程中的前行轨迹，以期记录中国农业银行在消除贫困中作出的突出贡献，记录金融系统在促进共同富裕中发挥的特殊作用，记录脱贫攻坚进程中各行各业同心奋斗奔赴美好生活的动人画面。非知之艰，行之惟艰。如何把中国农业银行参与脱贫攻坚伟大战役的故事如实表述出来，如何清晰展现金融部门参与国家重大战略的一个侧面，如何展现中华民族、中国人民团结奋进、接续奋斗的一个缩影，如何总结提炼农业银行在中国脱贫攻坚伟大事业中的实践经验，努力形成理论成果、制度成果，为中国特色社会主义扶贫理论提供金融样本，为全球扶贫治理提供中国智慧和中国方案，是本书撰写时面临的重要挑战和光荣职责。感谢中国农业银行有关部门提供的翔实资料及密切配合，让我们了解了中国农业银行在脱贫攻坚工作的久久为功，让我们了解了一个讲情怀、有担当、负责任的金融机构的初心与使命。在书稿编写过程中，中国农业银行总行"三农"对公业务部、"三农"政策与业务创新部、农户金融部和党委宣传部给予了大力支持和帮助，感谢为我们撰写提供专业意见的农业银行专家以及农业政策问题专家。感谢每一位撰写者，虽几易其稿仍精益求精、字斟句酌。

踔厉奋发，笃行不息。习近平总书记指出："脱贫摘帽不是终点，而是新生活、新奋斗的起点。"在乡村振兴的道路上，我们有更多硬仗要打，有更多硬骨头要啃，需要金融系统贡献更多力量。此刻我们回顾中国农业银行在扶贫路上的风风雨雨，不仅是为了知晓旧事，更是为了从历史中寻找智慧，探索金融助力"三农"的新路径，绘成农业农村现代化的新画卷。以史为鉴，开创未来。我们希望能从这段历史中提炼出些许普遍经验，以资后人参考，为正在进行的波澜壮阔的乡村振兴事业贡献一丝绵薄之力。诚然，由于学识能力所限加之新冠肺炎疫情的客观影响，深入基层与服务脱贫攻坚与乡村振兴的实践者进行深入交流的想法未能实现，留下了一些遗憾，也唯愿在今后的学习工作中加以弥补。

日拱一卒无有尽，功不唐捐终入海。伟大的脱贫攻坚事业锻造了伟大的脱贫攻坚精神，事实充分证明，中国人民是英雄的人民，这部恢宏史诗是中国历史上仁人志士上下求索的延续，也是激励后人笃行不怠的动力。

勿忘昨天的苦难辉煌，无愧今天的使命担当，不负明天的伟大梦想。我们相信有伟大、光荣、正确的中国共产党领导，中华民族一定能走向辉煌、实现伟大复兴，在砥砺前行中创造更加幸福美好的未来！

致敬脱贫路上的农行力量！

致敬脱贫路上的金融力量！

致敬脱贫路上的人民力量！

本书编委会

2022 年 2 月

# 目　录

# 案例目录

# 图片目录

# 第一章
# 中国反贫困斗争的艰难奋进路

2021 年 2 月 25 日，在迎来中国共产党百年华诞的重要时刻，在党和人民正在向着全面建成社会主义现代化强国的第二个百年奋斗目标迈进的历史节点，人民大会堂灯光璀璨，全国脱贫攻坚总结表彰大会在这里隆重举行。习近平总书记庄严宣告我国取得了脱贫攻坚战的全面胜利。纵览古今，贫困始终是困扰中华民族几千年的顽疾，反贫困始终是古今中外治国安邦的一件大事。特别是 1840 年鸦片战争之后，政局动荡、山河破碎、民不聊生、深重苦难。摆脱贫困，成为中华民族和中国人民孜孜以求的深深渴望和美好梦想。

## 第一节　中国古代的扶贫思想与实践基层

贫困问题是困扰中国数千年的顽疾，不仅制约着经济社会的发展，还深刻影响着王朝的治乱兴衰。尽管古代政府并没有彻底消灭贫困问题，但是历代王朝都做出了一定的扶贫措施，以期改善民众的生活，这些措施值得我们关注和总结，其中有些做法对于当今世界的贫困治理仍有借鉴意义。

## 一、古代扶贫理念的渊源

中华民族自古就是一个勤劳勇敢、对美好的未来生活富于憧憬的民族。在长期与贫穷的抗争中，人们充分表达了对未来富裕生活、理想社会的无限憧憬。一部拥有五千余年璀璨文明的中国历史就是中华民族与贫穷抗争的斗争史。许多古代反贫困思想，如德治理念、民本理念、仁爱理念、天人感应共同构成了古代反贫困的理论。

### （一）德治理念

夏、商、周三代的朝代更迭令周朝的统治者意识到"惟命不于常"，即天道并非固定不变，统治者只有敬德修德才能保证统治的长治久安。"德治"要求统治者充当道德楷模，发挥道德感化的作用，也就势必要求统治者有爱民之心，体恤贫苦。在儒家经典《尚书》中记载："皇天无亲，惟德是辅；民心无常，惟惠之怀。"[①]就是强调要"惠民"。具体来说，"惠民"包含三个基本内容："惠于庶民""德教""明德慎罚"。其中"惠于庶民"中蕴含着扶贫助困的思想渊源。《尚书》进一步明确了"惠于庶民"的含义，即要求统治者"惠于庶民，不敢侮鳏寡""怀保小民，惠鲜鳏寡"[②]，特别强调了要对民众中的困难群体"鳏寡"施以恩惠。

---

① 李民、王健：《尚书译注》，上海古籍出版社 2004 年版，第 334 页。
② 李民、王健：《尚书译注》，上海古籍出版社 2004 年版，第 314—315 页。

## （二）民本理念

民本思想源远流长，在《尚书》中提到："黄祖有训：民可近，不可下。民惟邦本，本固邦宁"，又记："予临兆民，懔乎若朽索之驭六马，为人上者，奈何不敬？"[①]将治理国家视为用腐朽的缰绳驾驭马匹，提醒统治者要心存畏惧。如果说德治理念强调的是一种治理方式，民本理念更侧重于告诫统治者要重视民众的力量。儒家思想中带有朴素的民本理念。孟子提出"民贵君轻"的理念，认为："君视臣为手足，则臣视君为腹心。君视臣为犬马，则臣视君为国人。君视臣如草芥，则臣视君为寇仇。"将周武革命视为"诛一夫"，承认反抗暴君的合理性。荀子进而提出了"君舟民水"的理念，提醒统治者水能载舟、亦能覆舟。既然要善待民众，就需要"富民"，改善人民的生活水平。管子说："凡治国之道，必先富民，民富则易治也，民贫则难治也。"民众只有富裕了，才会遵循教化、安乡重家、敬上畏罪，反之则民众会凌上犯禁、违背法律和公序良俗。

## （三）仁爱理念

仁是儒家思想的核心，仁爱思想对于反贫困有着重大意义。"仁"的基本规定在于"爱人""爱人能仁"。《礼记·王制》中将"孤""独""矜""寡"视为"天民之穷而无告者"，要对他们提供一定的口粮以保障基本生存。对于"瘖、聋、跛、躃、断者、侏儒"等特殊群体，则要根据他们的基本情况来安排工作，令其可以自食

---

① 李民、王健：《尚书译注》，上海古籍出版社 2004 年版，第 93 页。

其力，最终达到"老有所终，壮有所用，幼有所长，矜寡孤独废疾者皆有所养"的结果，这些对弱势群体的关怀从本质上就是扶贫济困。由于儒家思想在社会中居于统治地位，一些为富不仁、拒绝扶贫济困的地主会受到舆论谴责，甚至法律制裁。宋代金华县豪户朱熙绩以资产雄踞一方，当本地面临饥荒时，却拒绝出粮帮扶救济，在官府的要求下才"日以一二斗米多用水浆煮成粥饮"，因而被朱熹告到朝廷，要求"将朱熙绩重赐黜责，以为豪右奸猾不恤乡邻之戒"。[①]

（四）天人感应

两汉以后形成的天人感应思想对我国的社会保障制度的发展起到了重大作用。董仲舒的天人感应思想将灾异作为上天对统治者的惩罚，以督促统治者在灾荒到来之际提前预防并采取灾后救助措施。在《春秋繁露》一书中，董仲舒提出"君者，民之心也，民者，君之体也；心之所好，体必安之"，并借此主张调均贫富，引用孔子"不患寡而患不均"的古训，尖锐地指出贫困者为生存担忧，因而会成为盗贼造反，即"穷急愁苦而上不救，则民不乐生；民不乐生，尚不避死，安能避罪！"[②]要求在社会治理中均贫富，以达到"贫者足以养生而不至于忧"的效果。应该说，董仲舒的思想虽然有一定的迷信成分，但也是德治理念和民本理念的发展，并成为封建王朝扶贫济困的重要理论来源。

---

① （宋）朱熹：《晦庵集》卷16《奏上户朱熙绩不伏赈粜状》，文渊阁《四库全书》本。
② （汉）班固：《汉书》卷56《董仲舒传》，中华书局1962年版。

## 二、古代扶贫的制度建构

中国古代的反贫困思想非常丰富，并且在中国古代的反贫困活动中发挥了很大的作用。在古代，国家除了政治职能之外还有社会公共管理的职能，而保障社会福利就是其中之一。国家可以通过制度建构、社会救济等补助手段扶助那些生活贫困的民众。

### （一）恤养制度

恤养制度是针对鳏寡孤独废疾等不具备劳动能力的贫困人口的救济保障制度，拥有悠久的历史传统。《礼记》中就记载："凡养老，有虞氏从燕礼，夏后民以飨礼。"秦汉以来，关于恤养制度的国家典章不断完善，岳麓秦简《为吏治官及黔首》和里耶秦简，分别记载了对孤寡老人与病人应当予以周济和救助。[①]汉随秦制，元狩六年，汉武帝下令"今遣博士大等六人分循行天下，存问鳏寡、废疾"。《汉书·文帝纪》中记载当时"年八十以上，赐米人月一石，肉二十斤"，以表达对老年人的尊重，这种尊老的行动不仅是对儒家孝道的倡导，也是对失去劳动能力的老人的救助关怀。东汉时期关于残疾障碍者的救济记录更加丰富，《后汉书》中共记载了24条"赐笃癃粟"的诏令，其中汉明帝即位当年（即建武中元二年，公元57年）的赏粟大约可以解决"笃癃"近三个月的口粮问题。养老是两汉时期恤养制度的重要组成部分。此后，恤养制度不断细化

---

① 陈伟主编，何有祖、鲁家亮、凡国栋撰著：《里耶秦简牍校释》（第一卷），武汉大学出版社2018年版，第392—393页。

和完善。北魏孝文帝时期，朝廷下诏派遣医生为穷苦老人治病，明确规定了对这些老人年龄和家庭条件的限制。唐朝时，由于社会经济进一步发展，朝廷的济贫活动十分频繁，唐玄宗将"赈给禀仓，矜贫济乏"作为执政重点，即使是安史之乱后的代宗时，朝廷仍下诏"老幼贫穷不能自存者，委州府县吏取诸色官物，量事赈给"，为贫困人口提供一定物质保障。[①]此外，唐代还出现了专门的社会救济机构——"悲田养病坊"，承担起了"矜孤恤穷"[②]的任务。唐武宗时期，宰相李德裕上奏，提出如果"悲田坊无人主领，恐贫病无告，必大致困穷"[③]。可见病坊对于许多贫民的重要性。由宋至清，国家救助体系进一步完善，专门的社会救济机构数量大大增加。有学者统计，宋代时社会救济机构有福田院、病坊、漏泽园、居养院、安济坊等，专门收养乞丐、赡养鳏寡孤独和救治患疾病者[④]，规模远超前代，这些福利机构的设立在一定程度上改善了贫苦人口的生活方式。

## （二）荒政制度

中国位于两大自然灾害带的交汇点，频发的灾害威胁着传统的农业生产，并进一步令贫苦农民的生活举步维艰。由于灾荒背后所牵扯的政治稳定问题，故我国古代的统治者都非常重视灾年对受灾穷人的赈灾。《周礼》中列举了十二条在灾年防止百姓离散的救济政策，其中包括轻徭薄赋、发放粮食等。汉代时，荒政制度已经

---

① （清）董诰：《全唐文》，中华书局 1975 年版，第 4247 页。
② （清）董诰：《全唐文》，中华书局 1975 年版，第 2092 页。
③ （清）董诰：《全唐文》，中华书局 1975 年版，第 7224 页。
④ 李华瑞：《宋代救荒史稿》下册，天津古籍出版社 2014 年版，第 774—808 页。

较有雏形，并在总结前代的基础上开创了常平仓制度，《汉书·食货志》记载："寿昌遂白令边郡皆筑仓，以谷贱时增其贾而籴，以利农，谷贵时减贾而粜，名曰常平仓。"通过丰年平籴，荒年平粜，常平仓调控了不同年景的粮价，在灾年为贫困百姓提供了相对低价的粮食。到了宋代，瑞安知县董煟编写的《救荒活民书》，总结了历代荒政的利弊得失，并列举了常平、义仓、劝分等数十种救灾政策。清代是历代荒政思想与政策的集大成者，不仅程序规范、政策详细，而且救灾规模庞大、覆盖面广。《大清会典》中提及救荒政策十二条，归纳起来包括安抚流民、蠲免钱粮、赈济灾民、调粟救灾、开展借贷、抚恤施粥等方式，涵盖社会生活的方方面面。

## 三、古代扶贫的历史实践

国家以民为本，因此反贫困在历朝历代都是一项重要工作，国家和社会一直朝着孔子设想的"老有所终，壮有所用，幼有所长，鳏寡孤独废疾者皆有所养"而努力。

### （一）发放钱粮

在传统社会的扶贫实践中，直接针对贫困人口发放钱粮是最直接也是最常见的方式。由于传统社会生产力较为低下，大面积贫困时有发生，而政府所能调动的资源往往是有限的，故精准寻找贫困人口加以救助显得十分必要。但是由于信息不畅、交通不便、政府腐败等因素，古代的"精准"扶贫常常面临挑战。在这种背景下，朝廷极为重视对贫困人口的"精准识别"。在汉代，朝廷执行了编户齐民制度，每户编为一"伍"，并将每个人的个人情况载入户籍，每年地方官员向朝廷上报"籍簿"，统计户口，以确保收税与救济的数据真实。唐代以后，户籍制度更加严密，每三年重新造籍一次，并要求农民前往官府申报户口、田地等情况，记入"手实"，再由里正依照"手实"对照检查，将各户按照资产、人口等强弱多少划分为9等。宋代后，编户齐民制度进一步发展为保甲法。苏轼就在任内执行严密的保甲法，形成了在城保长，在乡保长、甲长的完备组织体系，以甲长报花户，每甲分为不贫、次贫、极贫三等，以进行贫困勘定。为了更好地保证贫困勘定效果，官员还采用"以民辨民法"和公众检举法。"以民辨民法"出自明代林希元的《荒政丛言》，书中将民众分为六等，要求富户给贫困之家借贷，由于富户必定会考虑对方的偿还能力才会借其银钱，如若不肯借钱则对方为贫困之家，需要救济。公众检举法也是勘定贫困的传统方式，明代钟化民赈济河南之时，他"令府州县正印官，遍历乡村，唤集里保，公同查审。胥棍作奸，许人告发，得实者重赏，如虚反坐"[1]，令审户网更加严密。

## （二）发展生产

组织贫困人口参与劳动生产不仅可以为贫困人口提供生计，还能合理配置生产资料和劳动力，充分利用资源。相较于直接发放钱粮的办法，发展生产是克服贫困问题的根本之策。受限于古代社会虚弱的组织能力，政府通常无法保障将每一个贫困人口都能达到充

---

[1] （清）陆增禹：《钦定康济录》，见李文海、夏明方主编《中国荒政全书》，北京古籍出版社2003年版，第305页。

分就业的状态，但仍有不少有识之士在发展生产扶贫的领域作出了可贵的尝试。

在中国古代中前期，人地矛盾并不突出，仍有大量可供开垦的土地，政府就会组织贫困人口开垦荒地。春秋时期，管仲提出"六兴之德"，即厚民生、输民财、遗民利、宽民政、匡民急、赈民穷。其中厚民生中就包括辟田畴、勉稼穑，通过鼓励民众垦荒从而达到"衣冻寒，食饥渴，匡贫窭，振罢露，资乏绝"的赈民穷。[①]汉代时，政府支配了大量公田，通过"假民公田"或"赐民公田"的方式安置受灾贫民。除了土地，《汉书·平帝纪》中还记载了汉代政府为贫困灾民提供"犁、牛、种、食"等生产资料，以保证生产的顺利进行。时至唐代，政府进一步扩大了对贫农生产资料的扶助力度，并不再局限于荒年。一些贫农无力购买、畜养耕牛，唐朝政府便征购耕牛，将其分配给贫农。贞元二年（786），唐德宗就下令为京兆府地区耕地不足 50 亩的穷人分配耕牛，规定三两家共用一头耕牛，提高了贫农的耕作效率。

明清以来，由于人口的增长，土地的开垦达到了极限，政府对社会贫民进入手工业商业的准入进一步放宽。其中，毗邻盐场的地方社会贫民贩盐糊口的传统在发展过程中得到朝廷承认和规范，在事实上起到了扶贫济困、改善民生的效果。明代弘治年间，朝廷就准许"凡贫难军民，将私盐有肩挑背负，易米度日，不必禁捕"[②]。

---

① （唐）房玄龄注，（明）刘绩补注，刘晓艺校点：《管子》，上海古籍出版社 2015 年版，第 59 页。

② （明）王圻：《重修两浙鹾志》，《四库全书存目丛书·史部》，齐鲁书社 1996 年版，第 274 册，第 668 页。

清廷沿用了明代政策，并进一步规范了贫民每天贩盐的上限，以防范不法商人官员利用这一政策获利。雍正至乾隆年间，清廷进一步颁布了老少牌盐政策，明确产盐地的六十岁以上、十五岁以下的贫民和残疾人才有资格免税贩盐，并按照标准向贫民发放筹牌，以作为贩盐凭证。这是对贫民贩盐管理制度的重要补充和完善。

### （三）经济扶贫

在古代贫困治理的实践中，有不少利用经济政策扶贫济困的有益尝试。相较于直接对贫困人口发放赈济，工赈具有改善基础设施和生产环境的积极意义，在《晏子春秋》中就记载了中国最早以工代赈的行为，在灾荒发生时，晏子"当为路寝之台，晏子令吏重其赁，远其兆，徐其日而不趋。"三年后，民众的粮食得到了保障。[1]汉代时，以工代赈的政策得到了官方的认可。王莽曾动员民众有偿捕捉蝗虫和修治黄河河道，被颜师古赞为"公私两便"。唐贞元元年（785），德宗调运江西、湖南粮食十五万石至关中，因为交通不便，"仍召贫人，令其搬运，便以米充脚价"，从而缓和了灾情。[2]到了清代，以工代赈成为成例，以工代赈的工程大部分是农田水利事业，还带有生产自救的性质。清朝嘉庆皇帝曾经夸赞"救荒之策，莫善于以工代赈"[3]。据史书记载，仅在乾隆二十五年修河道沟渠的工作中，就动用了十万石漕粮，为以工代赈之用。可见清代以工代赈的数量之多、规模之大、力度之深。

---

① 张纯一：《晏子春秋校注》，《诸子集成》，上海书店出版社1986年版，第4册，第129页。
② （清）董诰：《全唐文》，中华书局1975年版，第2047页。
③ （清）杨景仁：《筹济篇》卷13。

此外，政府在灾年还通过鼓励富民消费的方式刺激经济、改善贫民生活。例如，北宋皇祐二年（1050），吴中饥荒，主政的范仲淹鼓励民间兴办赛事，每天于西湖之上宴饮作乐，又鼓励寺院僧人和各级官府大兴土木，因此得以获益的受灾贫民每天可达几万。

### （四）民间扶贫

除了政府直接的济贫行动外，有不少政府倡导或民间自发的民间扶贫实践，作为政府行动的补充，成为传统社会扶贫行动中极为重要的非正式制度。一般来说，可以依照扶贫主体的不同，将民间扶贫实践分为个人慈善、社会救助、家族互济三类。

中华民族素来有扶危济困的传统美德，王公贵族、政府官员、清流名士、宗教人士都可能因各种不同目的对贫困人口进行救济。而这些个人的行为往往被统治者大力推广宣传，以达到教化民众、鼓励善行的效果。这种个人行为是政府扶贫救困的重要补充，因为仅凭政府的力量往往难以应对凋敝的社会局面。然而这些个人行为毕竟是民间的自发行为，影响力与实际效果显然局限于一定的时空范围内，也并未形成合适的制度规范。

因此，在个人慈善的基础上，中国历史上还出现了针对贫困人口有组织的民间社会救助。随着唐宋之际士族门阀的瓦解和庶族地主登上历史舞台，社会中形成了富民阶层，并进而在明清之后发展为士绅。富民阶层和士绅阶层成为宋代以后乡村社会的实际管理者，一定程度上承担着维护秩序、扶助穷人的义务。南宋时期的社仓法就是这一时期民间力量有组织的社会救助的典型。社仓法基本沿用常平仓和隋代的义仓制度，区别则在于社仓是民办粮仓。由于社仓设于民间，取之于民、用之于民，减少了常平仓的交易性制度成本，因而很快就迅速传播流行。

家族互济是宗法社会中常见的济贫手段，以血缘为纽带，带有一定的狭隘性，但依然为宗族中的贫寒子弟与鳏寡孤独提供了庇护。宋代以前，宗族互济多数限于家族中的显赫者对困难者的临时性救助，宋代以后，以范仲淹的范氏义庄为起点，不少宗族通过"义田""义庄"等方式建立起对"教养"（教育和养老）的制度性帮扶，到了清代时，甚至有"义庄设普天下"的说法。①

民间扶贫的动因复杂，其中固然有儒家意识形态下"仁爱"思想的因素，也有复杂的政治、经济动因。官府常常下诏令"劝富室以惠小民，损有余而补不足"②。积极响应的富户有机会获得经济上的补偿和政治上的晋升，而对救灾济贫消极应对的富户则可能遭到朝廷的惩罚。以义庄形式等进行的家族互济则更多是为了在家族成员之间形成一种互利关系。义庄对老人的扶助可以视为一种内部契约下的非正式社会保险制度，为贫困的宗族子弟提供教育则可视为一种对人力资本的培育，当宗族子弟通过科举考试取得功名后，宗族将会获得经济上和政治上的双重回报。

在古代对贫民的救助过程中，国家多数采取直接救济的方式，而无法解决贫困人口充分就业的问题。由于各级官僚的层层盘剥和交通信息的不便，国家既难以掌握贫困人口的实际情况，也无法保证政策能够顺利实施。尤其是一些临灾救济，通常发生在王朝末期，政府能

---

① （清）冯桂芬：《显志堂稿》卷4《汪氏耕荫义庄记众》，朝华出版社2017年版。
② （宋）黄震著，张伟、何忠礼点校：《黄震全集》第7册，浙江大学出版社2013年版。

调动的社会资源极为有限，更难保证其有效性。这种贫困治理与其称为扶贫，不如称为济贫。尽管如此，中国古代扶贫思想与实践依然取得了很大的成绩，中国不仅较早地形成了扶贫济困的政治理念，还将这种政治理念付诸实践。针对上述提及的贫困识别困难、监督管理不力、政府资源不足等问题，古人创造了一系列政策和手段，尽力保障扶贫实践行之有效。政府鼓励贫农开垦荒地，既保障了贫苦农民的生存，也为王朝的繁荣奠定了基础。总体来看，传统社会的贫困治理成效显著。在中国古代多数时期，下层人民的生活水平超过同时期世界大部分地区，这与传统社会的贫困治理密不可分。而传统社会的扶贫策略也为当今世界的减贫事业提供了有益的借鉴。

## 第二节　新中国扶贫事业的重大成就

中国共产党从成立之日起就把消灭剥削、消除贫困、实现共同富裕作为始终不变的追求和使命。新中国成立 70 多年来，中国共产党以彻底解决困扰中华民族几千年的贫困问题、实现社会主义现代化强国为目标，根据不同历史时期的具体国情提出了消除贫困、实现共同富裕的一系列具体措施，不断推进扶贫脱贫工作取得重大成就。①

---

① 对于新中国成立后我国扶贫工作的发展阶段，很多学者根据不同的标准进行过划分。本部分内容主要参考：黄承伟《新中国扶贫 70 年：战略演变、伟大成就与基本经验》，[《南京农业大学学报》（社会科学版）2019 年第 6 期]、陈志钢《中国扶贫现状与演进以及 2020 年后的扶贫愿景和战略重点》（《中国农村经济》2019 年第 1 期）、韩振峰《新中国成立以来中国共产党扶贫脱贫事业的演进历程》（《光明日报》2020 年 6 月 10 日）。

成立救灾工作委员会

毛泽东发表《关于正确处理人民内部矛盾的问题》

国务院《关于进一步活跃农村经济的十项政策》

《国家八七扶贫攻坚计划（1994—2000年）》

田纪云提出"七五"减贫目标是"解决贫困地区大多数群众的温饱问题"

十七大报告——民生建设目标任务

习近平提出"六个精准""五个一批"

习近平提出"三不愁""两保障"

习近平提出"精准扶贫"

十六大："提高扶贫开发水平"，"加大……扶持力度"

国务院贫困地区经济开发领导小组："两个稳定"

中共中央《关于制定国民经济和社会发展十年规划和"八五"计划的建议》

邓小平提出"坚持社会主义，首先要摆脱贫穷落后状态"

国务院《关于帮助贫困地区尽快改变面貌的通知》

毛泽东提出有理由实现"共同富裕"

时间轴年份：1950 1952 1955 1957 1960 1970 1980 1984 1985 1987 1988 1990 1991 1994 2000 2002 2007 2010 2013 2015 2020

阶段：
- 1949—1977 社会主义革命和建设时期
- 1978—1985 体制改革推动扶贫阶段
- 1986—1993 实施区域开发式扶贫战略
- 1994—2000 实施综合性扶贫攻坚战略
- 2001—2012 实施整村推进与"两轮驱动"扶贫战略阶段
- 2013—2021 "精准"扶贫助力脱贫攻坚阶段

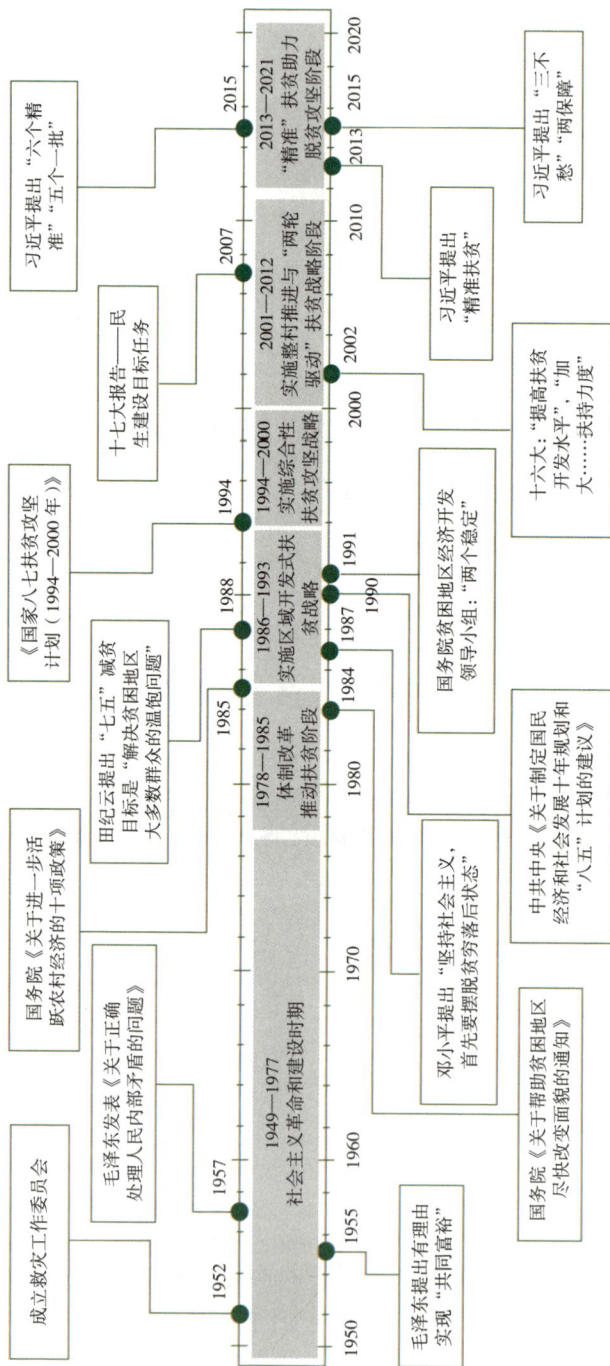

图1-1 新中国反贫历程时间轴

14

## 一、社会主义革命和建设时期（1949—1977 年）的初步探索

早在新中国成立之前，毛泽东同志就曾明确指出："现今中国的贫困问题主要是由已经被推翻的半殖民地半封建社会的制度造成的"，要解决中国的贫困问题就必须推翻旧的社会制度，建立新的制度，"社会主义是中国的唯一出路""只有进到社会主义时代才是真正幸福的时代"。以毛泽东同志为代表的中国共产党人为了从根本上解决中国人民的贫穷问题，实现中华民族的解放，团结带领全国人民进行了长期艰苦卓绝的斗争，推翻了压在中国人民头上的三座大山，建立了新中国。

新中国成立后，面对极其贫穷落后的社会发展状况，以毛泽东同志为代表的中国共产党人决定从改造旧的生产关系入手彻底改变中国贫穷落后的面貌。在此期间，自然灾害频发是造成贫困状态的重要因素，因而我国的反贫困工作具有非常显著的救灾色彩。1950年，毛泽东同志指出，"必须继续认真地进行对于灾民的救济工作"，并于 1952 年成立救灾工作委员会，负责管理国内救灾工作。此后，党和政府进一步将救灾与扶贫联系，并提出了扶贫的社会主义方案："全国大多数农民，为了摆脱贫困，改善生活，为了抵御灾荒，只有联合起来，向社会主义大道前进，才能达到目的。"1955年 7 月，毛泽东同志在《关于农业合作化问题》报告中明确提出了"共同富裕"的思想，他指出："在逐步地实现社会主义工业化和逐步地实现对于手工业、对于资本主义工商业的社会主义改造的同

时，逐步地实现对于整个农业的社会主义的改造，即实行合作化，在农村中消灭富农经济制度和个体经济制度，使全体农村人民共同富裕起来。"1957年，毛泽东同志发表《关于正确处理人民内部矛盾的问题》，明确提出要在几年内"使现在还存在的农村中一小部分缺粮户不再缺粮，除了专门经营经济作物的某些农户以外，统统变为余粮户或者自给户，使农村中没有了贫农，使全体农民达到中农和中农以上的生活水平"。

在新中国极端贫穷落后的生产力基础上，引导广大农民通过互助合作方式走上社会主义道路，初步建立起了农村供销合作及信用合作系统，形成以"五保"制度和特困群体救济为主的基本社会保障体系，新中国第一次在全国范围内减少了农村贫困现象，是从根本上解决中国贫困问题的重要探索。同时，中国共产党带领人民艰辛探索社会主义建设道路的重要成果也为中国特色社会主义道路的开辟奠定了坚实的物质、理论和制度基础。

## 二、改革开放和社会主义现代化建设新时期的加快推进

### （一）经济体制改革推动扶贫阶段（1978—1985年）

党的十一届三中全会后，党和国家认识到计划经济体制对生产力发展的严重束缚，开始推行农村家庭联产承包责任制，破除了制约生产力发展的桎梏。农民获得了生产经营的自主权，集体经济的经营权也得到尊重，商品经济和自由市场的萌芽开始出现，一些地区率先建立了乡镇企业，农村各种生产要素都被调动起来，农民的生产积极性空前高涨。1979—1984年间，全国农业总产值增长了

455%，粮食总产量由 3.04 亿吨增至 4.07 亿吨。城乡居民的生活水平大幅提高，国家副食品供应明显改善，国民经济状况快速好转。

家庭联产承包责任制极大调动了农民的劳动积极性，推动了生产力的迅猛发展，使农村贫困人口的生活得以显著改善。1985 年，我国农村贫困人口较 1978 年减少了一半，农村贫困发生率由 33.1% 降至 14.8%，大量贫困人口解决了温饱问题。中共中央、国务院又先后于 1984 年 9 月 29 日和 1985 年 1 月 1 日发布了《关于帮助贫困地区尽快改变面貌的通知》《关于进一步活跃农村经济的十项政策》等一系列文件，从制度和政策层面为加强贫困地区的经济开发以及推进各项社会事业的发展提供了保障。

这一阶段中央对扶贫工作的主要思路是：改革在实际生产中不适应生产力发展要求的生产关系。与此对应，扶贫工作的主要特点，是解决生产力发展的"瓶颈制约"，激发生产要素的活力。这一阶段扶贫工作成效显著，短短几年，农村贫困人口减少 1.5 亿，社会面貌发生了巨大变化。

### （二）实施区域开发式扶贫战略（1986—1993 年）

随着改革开放不断推进，原本制约农村生产力发展的桎梏被纷纷破除，农村经济迅速发展，一大批农村人口脱离贫困，一定程度上解决了温饱问题。不过，在全国范围内贫困地区和贫困人口数量迅速缩小的背景下，相对贫困问题逐步突出起来，一些连片贫困地区由于自然条件恶劣、基础设施建设差、贫困人口较多，脱贫难度大。

1987 年，邓小平同志在会见外宾时说："坚持社会主义，首先要摆脱贫穷落后状态"。1988年11月，国务院副总理田纪云在全国农村工作会议上的讲话中指出，国务院确立的"七五"期间减贫目标是"解决贫困地区大多数群众的温饱问题"。1990年12月，在《关于制定国民经济和社会发展十年规划和"八五"计划的建议》中则将减贫目标提高到"脱贫致富"，力争到20世纪末使贫困地区的人民能够"稳定地解决温饱问题，多数户过上比较宽裕的生活"。1991年3月20日，国务院贫困地区经济开发领导小组对"八五"期间扶贫开发基本目标做了重新调整，即"使贫困地区的多数农户有稳定解决温饱问题的基础""使贫困户有稳定的经济收入来源"。

这一时期中国的贫困问题呈现三大特征：一是贫困人口区域集中。贫困人口主要分布在"老、少、边、穷"地区。二是区域性贫困与群体性贫困并重。农村区域发展不平衡问题开始凸显，特别是老少边远地区的经济、社会和文化发展水平开始较大落后于沿海发达地区，成为"需要特殊对待的政策问题"。三是贫困问题的综合性突出。区域性贫困以及分布在贫困区域的贫困人口规模大、致贫原因复杂，有组织大规模的帮扶需求明显。

与这些特点相适应，中国政府实施区域开发式战略：一是把扶贫开发纳入国家发展总体规划，明确把解决大多数贫困地区贫困人口的温饱问题作为中国政府扶贫工作的长期目标。早在1982年12月，国务院就已启动甘肃河西地区、定西地区和宁夏西海固地区的农业建设扶贫工程，"三西"地区涉及47个县（市、区）（1992年扩大到57个），是改革开放初期全国集中连片最困难地区之一。"三西"扶贫开发在我国扶贫开发历程中具有开创性、先导性、示范性意义。它首开了实施区域性扶贫开发之先河，在改革单纯救济式扶贫为开发式扶贫、集中力量实施片区开发、易地搬迁扶贫、扶贫开发与生态建设相结合等方面所做的成功探索，所积累的丰富经验，对在全国范围开展有组织、有计划、大规模的扶贫开发，产生了深远影响。

1986年4月，第六届全国人民代表大会第四次会议通过的《中华人民共和国国民经济和社会发展第七个五年计划》将"老、少、边、穷地区的经济发展"单列一章。二是中央政府成立专门扶贫机构。1986年，国务院成立贫困地区经济开发领导小组，后于1993年改为国务院扶贫开发领导小组，专门负责扶贫开发工作的政策规划和组织实施，从原有的道义式扶贫转向制度性扶贫，为农村扶贫开发逐步实现规范化、机构化、制度化，进行机构安排。

这一时期扶贫战略政策的主要特点集中体现在两方面：一是"区域发展带动"。战略政策制定的重点就是以区域开发带动扶贫。在实践过程中，一些贫困地区扶贫从"促进区域经济增长带动扶贫"战略演变为"贫困地区工业化项目投资"战略。实践证明，这种方式总体上有利于县域经济的发展，但缺乏与贫困农户的直接联系。二是"开发式扶贫"。强调扶贫开发要注重开发贫困人口的人力资源，把物质资源开发和贫困群众开发利用资源、市场的能力集合起来。总体而言，尽管这一时期的措施发挥了一定效果，但由于同期农村经济增速减缓，加之剩余贫困人口脱贫难度增加，与前一时期相比，这一时期贫困人口下降速度有所减缓，返贫现象有所增加。

为进一步明确扶贫目标，中央成立贫困地区领导小组，重新确立了贫困标准，规定贫困人口的收入标准是年人均纯收入低于150元（对民主革命时期作出过重大贡献的老区县放宽至300元），按照新的划分标准，800 多个县被划分为贫困县，1.02 亿人口被划分为贫困人口。根据贫困县和贫困人口的分布，全国划分了 18 个连片贫困地区作为扶贫的重点目标，进而建立完善的扶贫组织体系。

### （三）实施综合性扶贫攻坚战略（1994—2000 年）

在中国共产党领导下，通过长期持续不断地实施扶贫方略，有力推动了我国贫困地区的经济发展，使贫困地区人口的生活水平明显改善，贫困人口数量大为减少。1994 年，按照当年贫困标准和统计口径，我国贫困人口总数下降至 8000 万人左右。但是，由于我国经济基础差、人口众多等因素，扶贫压力依然较大，贫困人口总数较多，脱贫任务十分艰巨。

1994 年，中共中央、国务院颁布了《国家八七扶贫攻坚计划（1994—2000 年）》，对扶贫开发做出了宏观规划和设计，并明确指出"动员社会各界力量，力争用 7 年左右的时间，基本解决目前全国农村 8000 万贫困人口的温饱问题"。1997 年 9 月，江泽民同志在党的十五大报告中强调"国家从多方面采取措施，加大扶贫攻坚力度，到本世纪末基本解决农村贫困人口的温饱问题"。

这一时期扶贫战略政策的主要内容和特点体现在：一是实施"一揽子"扶贫政策措施的国家级扶贫计划。明确要求集中人力、物力、财力，用 7 年左右的时间，基本解决 8000 万农村贫困人口的温饱问题。提出以贫困村为基本单位，以贫困户为主要工作对象，以扶持贫困户创造稳定解决温饱的条件发展种养业为重点，坚持扶持到村到户，坚持多渠道增加扶贫投入。该计划围绕扶贫资金安排、扶贫项目实施制定了一系列确保扶贫开发到村到户的措施。促进扶贫开发工作由道义性扶贫向制度性扶贫转变，由救济性扶贫向开发性扶贫转变，由扶持贫困地区（主要是贫困县）向扶持贫困村、贫困户转变。并且，较大幅度地增加了扶贫资金。二是国家在宏观经济政策中明确提出加快中西部地区的经济发展计划。该计划实际上将扶贫到户与促进中西部地区经济发展的宏观政策相结合，对缓解农村贫困产生了积极意义。三是构建综合扶贫战略政策体系。中央政府大幅度增加扶贫开发投入，明确资金、任务、权利、责任"四个到省"的扶贫工作责任制。建立东部沿海地区支持西部欠发达地区的扶贫协作机制。推行入户项目支持、最低生活救助、科技扶贫、劳动力转移、生态移民等多元化扶贫措施。2000年，我国宣布"八七扶贫攻坚计划"确定的战略目标基本实现，全国农村贫困人口的温饱问题基本解决。

### （四）实施整村推进与"两轮驱动"扶贫战略阶段（2001—2011年）

进入21世纪后，我国扶贫开发的战略重点开始从以解决温饱为主转入巩固温饱成果、加快脱贫致富的阶段。2002年11月召开的党的十六大再次强调要"提高扶贫开发水平"，"加大对革命老区、民族地区、边疆地区、贫困地区发展扶持力度"。2007年10月，胡锦涛同志在党的十七大报告中指出改革开放使"人民生活从温饱不足发展到总体小康，农村贫困人口从两亿五千多万减少到两千多万"，继而明确提出"着力提高低收入者收入，逐步提高扶贫标准和最低工资标准，建立企业职工工资正常增长机制和支付保障机制"等民生建设目标任务。长时间聚焦贫困重点地区的开发工作，改善了贫困地区的基础设施条件，不少贫困县的经济发展水平得到极大提高。

这一时期扶贫战略主要体现在《中国农村扶贫开发纲要（2001—2010年）》和《中国农村扶贫开发纲要（2011—2020年）》的政策制定和实施安排上。第一个十年扶贫纲要在中西部地区确定592个国家扶贫开发重点县，把贫困瞄准重心下移到村，全国范围内确定了15万个贫困村，战略政策主要以整村推进、产业发展、劳动力转移为重点进行构建与实施，贫困人口继续减少。2007年，以全国全面实施农村最低生活保障制度为标志，扶贫开发进入扶贫开发政策与最低生活保障制度衔接的"两轮驱动"阶段。第二个十年扶贫纲要所体现的扶贫战略意图和政策构建重点，主要确定了14个集中连片特困地区。扶贫开发的重点范围覆盖14个集中连片特困地区、592个国家扶贫开发重点县，坚持开发式扶贫方针、坚持扶贫到村到户。事实上，这一时期扶贫开发取得了明显成效。一方面，大多数贫困群体的温饱问题得以解决；另一方面，扶贫开发对促进国民经济持续健康发展，缓解区域、城乡差距扩大趋势，都作出了重要贡献。

## 三、新时代脱贫攻坚取得全面胜利

党的十八大以来，以习近平同志为核心的党中央把脱贫攻坚放在治国理政的突出位置，针对农村贫困人口呈现出的"大分散、小集中"特点，党和国家再度调整扶贫工作的中心，在继续聚焦集中连片特困地区、重点贫困县和贫困村的同时，进一步聚焦瞄准贫困家庭和贫困人口，实施更加精准、精细的扶贫工作。2013 年 11 月，习近平总书记在湖南湘西十八洞村考察时首次提出"精准扶贫"理念，提出精准扶贫的目标是"到 2020 年解决现有标准下所有贫困人口的绝对贫困问题"；精准扶贫的标准是"贫困人口的收入要超过贫困线，稳定解决贫困人口的'两不愁三保障'问题"；精准扶贫的内容是"识别和瞄准到户到人，因户因人制定帮扶措施，扶持对象动态调整，脱贫退出需要评估"；精准扶贫的措施是"特色产业扶贫、就业扶贫、生态补偿、易地扶贫搬迁、危房改造、教育扶贫、健康扶贫、社会保障兜底"。以习近平同志为核心的党中央高瞻远瞩，强调"小康不小康，关键看老乡，关键在贫困的老乡能不能脱贫""没有农村的小康，特别是没有贫困地区的小康，就没有全面建成小康社会"，清醒地认识到"农村贫困人口脱贫是全面建成小康社会最艰巨的任务"，庄严承诺"决不能落下一个贫困地区、一个贫困群众"。中国是一个农业大国，如果不能很好地解决农民群体（尤其是贫困地区的农民群体）的贫困问题，其后果将不仅是经济发展不平衡的问题，而且直接影响到国家的稳定发展。为此，习近平提出了精准扶贫的要求，为新时期的农村扶贫脱贫工作指明了方向。

扶贫目标更加明确。习近平总书记在 2015 年中央扶贫开发工作会议上指出，"十三五"期间脱贫攻坚的目标是：到 2020 年稳定实现"农村贫困人口不愁吃、不愁穿，农村贫困人口义务教育、基本医疗、住房安全有保障"（即"两不愁三保障"），"同时实现贫困地区农民人均可支配收入增长幅度高于全国平均水平、基本公共服务主要领域指标接近全国平均水平"，"到 2020 年我国现行标准下农村贫困人口实现脱贫，贫困县全部摘帽，解决区域性整体贫困"。这一目标既符合国情，又与国际接轨，脱贫标准略高于国际水准。

扶贫措施更加精准。2015年6月，习近平总书记在贵州调研时强调，扶贫开发工作的基本要求是"六个精准"，即扶持对象精准、项目安排精准、资金使用精准、措施到户精准、因村派人（第一书记）精准、脱贫成效精准。强调确保如期脱贫"贵在精准，重在精准，成败之举在于精准"。围绕"怎么扶"的问题，习近平进一步提出了实施"五个一批"，即要发展生产脱贫一批、易地搬迁脱贫一批、生态补偿脱贫一批、发展教育脱贫一批、社会保障兜底一批。通过"六个精准"和"五个一批"解决好"四个问题"，即扶持谁、谁来扶、怎么扶、如何退。

扶贫步骤更加有序。精准扶贫是为了精准脱贫，因此，建立贫困退出机制，实现有序退出是精准脱贫的重要步骤。在精准脱贫问题上，要设定退出时间表，实现有条不紊的退出，要在缓冲期内实行"摘帽不摘政策"的保护措施，确保脱贫到人，"既要防止拖延病，又要防止急躁症"。

扶贫投入力度更大。在资金投入方面，扶贫开发投入力度要与打赢脱贫攻坚战的整体要求匹配，要从中央和地方的扶贫资金中更多调入。同时，加强监管，实现扶贫资金阳光化管理，对非法行为从严惩处。同时，加强和改善党的领导也是打好扶贫攻坚战的必然要求。

这一时期，贫困地区基本公共服务体系建设加快推进，城乡基本养老保险制度全面建立，具有减贫兜底功能的社会保障体系日益完善。随着2020年后精准扶贫对绝对贫困的消除，贫困问题的重点将会转向相对贫困问题，未来农村的扶贫规划将会在乡村振兴的框架下得到进一步的明确和施行，扶贫步伐也将逐步向一体化的方向发展。

## 第三节　谱写人类减贫史的中国伟业

在 2020 年 12 月 3 日召开的中共中央政治局常委会上，习近平同志听取脱贫攻坚总结评估汇报并发表重要讲话，宣布经过 8 年持续奋斗，我国如期完成新时代脱贫攻坚目标任务。现行标准下农村贫困人口全部脱贫，贫困县全部摘帽，消除了绝对贫困和区域性整体贫困，近 1 亿贫困人口实现脱贫，取得世界瞩目的重大胜利。新中国成立 70 多年来，我国扶贫工作取得了巨大成就，创造了世界减贫史上的奇迹，成为首个完成联合国千年发展目标中减贫目标的发展中国家，为全球减贫事业作出了中国贡献。

脱贫攻坚的重大胜利，历史性地解决了千百年来困扰中华民族的绝对贫困问题，为开启全面建设社会主义现代化国家新征程奠定了坚实基础，谱写了人类反贫史的壮美篇章。这不仅在中国历史上具有划时代的重要意义，也为全球减贫事业贡献了中国经验、中国智慧、中国方案。[①]

---

① 我国的脱贫攻坚事业和成果得到了全社会的充分认可和高度评价。本部分的相关资料和数据主要来源有：习近平《在全国脱贫攻坚总结表彰大会上的讲话》（人民出版社 2021 年版）、《减贫伟业——全面建成小康社会的伟大探索与实践》（《经济日报》2021 年 7 月 3 日），燕连福、王亚丽《脱贫攻坚精神是伟大民族精神和时代精神的赓续传承》（《光明日报》2021 年 3 月 2 日）、《中国农业银行为我国脱贫攻坚战取得全面胜利贡献力量》（《人民日报》2021 年 2 月 26 日）。

## 一、交出一份优异答卷

消除贫困、改善民生、实现共同富裕是社会主义的本质要求，建设社会主义就是希望全国人民都过上好日子。党的十八大以来，以习近平同志为核心的党中央把脱贫攻坚摆在治国理政突出位置，带领全党全国人民打响气吞山河的脱贫攻坚战，力度之大、规模之广、影响之深，前所未有，世所罕见。经过 8 年多矢志不渝、接力奋斗，如期完成了新时代脱贫攻坚目标任务，交上了一份放眼历史、放眼世界都无可比拟的"脱贫答卷"。

创造了前所未有的减贫成绩。按照贫困标准计算，党的十八大以来，经过 8 年持续奋斗，到 2020 年底，中国如期完成新时代脱贫攻坚目标任务，现行标准下 9899 万农村贫困人口全部脱贫，832 个贫困县全部摘帽，12.8 万个贫困村全部出列，区域性整体贫困得到解决，完成消除绝对贫困的艰巨任务。与此同时，贫困地区基本生产生活条件明显改善。2013 年至 2020 年，832 个贫困县农民人均可支配收入由 6079 元增加到 12588 元，年均增长 11.6%，增长持续快于全国农村，增速比全国农村高 2.3 个百分点。贫困人口工资性收入和经营性收入占比逐年上升，转移性收入占比逐年下降，自主增收脱贫能力稳步提高。脱贫人口全部实现"两不愁三保障"（不愁吃、不愁穿，义务教育、基本医疗、住房安全有保障），饮水安全也都有了保障。

构建了科学严密的脱贫体制机制。党中央加强党对脱贫攻坚工作的全面领导，围绕脱贫攻坚的责任、政策、投入、工作、监督和考核开展体制机制创新，建立起了各负其责、各司其职的责任体系，精准识别、精准脱贫的工作体系，上下联动、统一协调的政策体系，保障资金、强化人力的投入体系，因地制宜、因村因户因人施策的帮扶体系，广泛参与、合力攻坚的社会动员体系，多渠道全方位的监督体系和最严格的考核评估体系，为脱贫攻坚提供了有力保障。

推动了全球减贫事业的发展进程。改革开放 40 多年来，中国已有 8 亿多人脱贫，特别是党的十八大以来，平均每年 1000 多万人脱贫，相当于一个中等国家的人口脱贫，不仅是提前 10 年实现联合国 2030 年可持续发展议程确定的减贫目标的国家，而且是全球唯一提前实现联合国千年发展目标贫困人口减半的国家。与此同时，中国积极推动建立以合作共赢为核心的新型国际减贫交流合作关系，从同各国共享减贫经验信息到一批批合作项目在发展中国家落地生根，中国以实际行动助力他国减贫。中国的减贫工作不仅有力推动了全球减贫事业的发展，而且为其他发展中国家树立了标杆，坚定了全世界消除贫困的信心。

## 二、孕育一种伟大精神

伟大事业孕育伟大精神，伟大精神引领伟大事业。脱贫攻坚是亿万人民自己的事业，最终要靠广大群众的团结奋斗来实现。贫困群众的精神面貌如何，影响着脱贫攻坚的进度与成效。

上下同心的团结伟力。在波澜壮阔的脱贫攻坚实践中，以习近平同志为核心的党中央广泛动员全党全国各族人民以及社会各方面力量，举国同心，合力攻坚，党政军民学劲往一处使，东西南北中拧成一股绳，形成了脱贫攻坚的共同意志、共同行动。在脱贫攻坚的每个重要节点和重大关头，习近平总书记都亲自挂帅、亲自出征、亲自督战。各级党组织和广大共产党员坚决响应党中央号召，在脱贫攻坚这个没有硝烟的战场上呕心沥血、建功立业。

尽锐出战的昂扬斗志。习近平总书记强调："要坚决打赢脱贫攻坚战，对标'两不愁三保障'，瞄准突出问题和薄弱环节，一鼓作气、尽锐出战，确保如期实现脱贫目标。"面对一个又一个贫中之贫、坚中之坚，中国共产党把精锐力量派到第一线，激励广大党员干部以昂扬斗志向贫困开战。在这场脱贫攻坚战中，中西部22个省份党政主要负责同志向中央签署脱贫攻坚责任书、立下"军令状"，脱贫攻坚期内保持贫困县党政正职稳定，确保不获全胜决不收兵。全国累计选派25.5万个驻村工作队、300多万名第一书记和驻村干部，同近200万名乡镇干部和数百万村干部一道奋战在扶贫一线，推动农村贫困人口全部脱贫，脱贫地区经济社会发展大踏步赶上来，脱贫攻坚取得重大历史性成就。

精准务实的科学态度。习近平总书记指出："脱贫攻坚，贵在精准，重在精准。"全国各地认真贯彻落实习近平总书记提出的精准扶贫、精准脱贫方略，不断完善贫困治理的政策工具、思路举措，确保扶真贫、真扶贫，充分彰显了中国共产党人实事求是、精准务实的科学态度。各地坚持精准扶贫方略，重点解决"扶持谁、谁来扶、怎么扶、如何退"问题，通过具体分析贫困地区的致贫原因，做到对症下药、精准滴灌、靶向治疗。坚持开发式扶贫方针，把发展作为解决贫困的根本途径，改善发展条件，增强发展能力，实现由"输血式"扶贫向"造血式"帮扶转变。在脱贫攻坚、全面建成小康社会的总目标下，全体中华儿女，国内国外，不论东西，不分南北，众志成城，迎难而上，同舟共济，锲而不舍，攻坚克难，敢于斗争，善于胜利。这是伟大民族精神在新时代的再弘扬、再凝聚、再丰富、再强化。

开拓创新的进取精神。中华优秀传统文化中蕴含着变革创新的思想。中国共产党立足国情，充分把握减贫规律，继承和发展了马克思主义反贫困理论，形成了中国特色反贫困理论，走出了一条中国特色减贫道路。同时，以贫困问题为切入点，不断丰富、不断发展、不断创新扶贫体制机制，包括东西部扶贫协作、各个层面结对帮扶、定点扶贫、专项扶贫、行业扶贫、社会扶贫等不同类型的举措和创新，共同构建出大扶贫格局。

攻坚克难的担当精神。自古至今，在中华文化中蕴含着敢于担当的民族品质与精神。脱贫攻坚，啃的是硬骨头、打的是攻坚战，必须付出百倍努力。广大党员干部坚定信心，把脱贫职责扛在肩上，把脱贫任务抓在手上，干在一线、走在前列、冲锋陷阵，拿出"敢教日月换新天"的气概，鼓起"不破楼兰终不还"的劲头，攻坚克难，乘势前进，攻克了"贫中之贫、困中之困"，贫困地区实现脱贫目标。

不负人民的诚信精神。习近平总书记指出："脱贫攻坚是一场必须打赢打好的硬仗，是我们党向全国人民作出的庄严承诺。一诺千金。"为了兑现承诺、取信于民，不但从中央到地方层层签订了脱贫攻坚责任书、立下了军令状，还实施了最严格的考核评估制度。中共中央办公厅、国务院办公厅先后印发《省级党委和政府扶贫开发工作成效考核办法》《东西部扶贫协作成效评价办法》《中央单位定点扶贫工作考核办法（试行）》《关于建立贫困退出机制的意见》，各地结合实际出台了考核评估政策文件，初步形成了"纵向到底、横向到边"的脱贫攻坚考核评估体系。同时，将全面从严治党的要求贯穿于脱贫攻坚各环节、全过程，建立起了包括党中央、国务院扶贫开发领导小组、民主党派、扶贫办、纪检监察、检察、审计、财政、群众、媒体、社会等在内的多渠道全方位脱贫攻坚监督体系，让脱贫成效真正获得群众认可、经得起实践和历史检验。

## 三、创建一个特色理论

在长期扶贫脱贫的实践中，党和国家不断探索贫困治理规律，总结贫困治理经验，构建了一整套科学有效的政策体系、工作体系、制度体系，形成了中国特色反贫困理论。

始终坚持加强党的领导，为脱贫攻坚提供坚强政治和组织保证。十八大以来，我国不断强化中央统筹、省负总责、市县抓落实的脱贫攻坚工作机制，构建五级书记抓扶贫、全党动员促攻坚的局面，为脱贫攻坚提供坚强政治和组织保证。在脱贫攻坚的执行过程中，施行一把手负责制，中西部22个省份党政主要负责同志向中央签署脱贫攻坚责任书、立下军令状。广大农村是中国社会的基础，基层党组织能否在脱贫攻坚工作中发挥领导核心作用，直接关系着贫困治理的成效，更关系着国家长治久安的根基。在这场脱贫攻坚战中，数百万党员干部奋战在扶贫一线，鲜红的党旗始终在脱贫攻坚主战场上高高飘扬。通过抓基层党建，贫困地区农村基层治理能力和管理水平明显提高，基层党组织的凝聚力和战斗力显著增强，逐步形成了一个个真正带领群众脱贫致富的坚强战斗堡垒，为脱贫攻坚提供了有效的组织支撑。

坚持以人民为中心的发展思想，坚定不移走共同富裕道路。"治国之道，富民为始。"坚定人民立场，强调消除贫困、改善民生、实现共同富裕是社会主义的本质要求，是中国共产党坚持全心全意为人民服务根本宗旨的重要体现，是党和政府的重大责任。在这场脱贫攻坚战中，党和国家始终把群众满意度作为衡量脱贫成效的重要尺度，集中力量解决贫困群众基本民生需求。党的十八大以来，中央、省、市县财政专项扶贫资金累计投入近 1.6 万亿元，其中中央财政累计投入 6601 亿元。打响脱贫攻坚战以来，土地增减挂指标跨省域调剂和省域内流转资金 4400 多亿元，扶贫小额信贷累计发放 7100 多亿元，扶贫再贷款累计发放 6688 亿元，金融精准扶贫贷款发放 9.2 万亿元，东部 9 省市共向扶贫协作地区投入财政援助和社会帮扶资金 1000 多亿元，东部地区企业赴扶贫协作地区累计投资 1 万多亿元，真正兑现了"宁肯少上几个大项目，也优先保障脱贫攻坚资金投入"的承诺。正是始终坚持以人民为中心的发展思想，一件事情接着一件事情办，一年接着一年干，才最终取得脱贫攻坚伟大胜利。

充分发挥我国社会主义制度能够集中力量办大事的政治优势，形成脱贫攻坚的共同意志、共同行动。坚持合力攻坚，发挥社会主义制度能够集中力量办大事的政治优势，形成脱贫攻坚的共同意志、共同行动。凝聚各方力量补充政府扶贫职能，是我国政治优势和制度优势的重要体现。通过构建专项扶贫、行业扶贫、社会扶贫互为补充的大扶贫格局，形成跨地区、跨部门、跨单位、全社会共同参与的社会扶贫体系。东西部扶贫协作和对口支援，党政机关、企事业单位开展定点扶贫，军队和武警部队扶贫、社会力量参与扶贫，为脱贫攻坚凝聚起决战决胜的强大合力。特别是东西部扶贫协作和对口支援，是实现先富帮后富、最终实现共同富裕的重大举措。东部地区人才、资金、技术向贫困地区流动，不只是简单的帮钱帮物，而是产业新组合、资源再整合，实现多方共赢。这种广泛动员、多方协作、合作共赢的扶贫模式也得到了广泛认同与高度肯定。

坚持精准扶贫方略，用发展的办法消除贫困根源。精准扶贫作为脱贫攻坚的基本方略，是对传统扶贫开发方式的重大变革，由"六个精准""五个一批"以及解决"四个问题"构成贫困治理体系。在"六个精准"方略中，以扶持对象精准为基础和前提，以项目安排精准为基本路径，以资金使用精准为项目安排精准重要保障，以措施到户精准为政策落实重要手段，以因村派人精准为贫困村治理重要组织与人才支撑，以脱贫成效精准为落脚点和目的。在"五个一批"精准扶贫策略中，以发展生产扶贫为主攻方向，以易地搬迁扶贫为重要补充，以生态补偿扶贫为双赢之策，以发展教育扶贫为治本之计，以社会保障兜底扶贫为基本防线，重点解决"扶持谁、谁来扶、怎么扶、如何退"四项问题。

坚持调动广大贫困群众积极性、主动性、创造性，激发脱贫内生动力。脱贫攻坚战取得全面胜利，不仅得益于中国特色减贫道路，还在于调动了广大贫困群众的积极性、主动性、创造性，激发脱贫内生动力。一方面，各级党委和政府建立帮扶机制，加大财政转移支付力度，实施产业扶持和社会救助政策，努力克服贫困人口生存发展所面临的区域性、群体性与个体性的不利条件。另一方面，在实施脱贫攻坚过程中，坚持开发式扶贫方针，坚持把发展作为解决贫困的根本途径，充分发掘当地优势，将改变贫困人口的思想观念摆在前头，做到扶贫先扶志。总而言之，脱贫攻坚实现了党和政府的帮扶与广大贫困群众积极主动参与的有机结合。

坚持弘扬和衷共济、团结互助美德，营造全社会扶危济困的浓厚氛围。弘扬和衷共济、团结互助美德，营造全社会扶危济困的浓厚氛围。在脱贫攻坚中，各级党委和政府坚持扶贫和扶志扶智相结合，既富口袋也富脑袋，引导贫困群众依靠勤劳双手和顽强意志摆脱贫困、改变命运。同时，积极推动全社会弘扬和践行社会主义核心价值观，传承中华民族守望相助、和衷共济、扶贫济困的传统美德，引导社会各界关爱贫困群众、关心减贫事业、投身脱贫行动，营造了全社会扶危济困的浓厚氛围，形成了人人愿为、人人可为、人人能为的社会帮扶格局。

坚持求真务实、较真碰硬的工作作风。做到真扶贫、扶真贫、脱真贫。党的十八大以来，党中央将全面从严治党要求贯穿脱贫攻坚全过程和各环节，拿出抓铁有痕、踏石留印的劲头，把脱贫攻坚一抓到底。坚持实的导向、严的规矩，不搞花拳绣腿，不搞繁文缛节，不做表面文章，坚决反对大而化之、撒胡椒面，坚决反对形式主义、官僚主义，把一切工作都落实到为贫困群众解决实际问题上。对于扶贫工作的评价和管理，制定了严格的考核评估方案，开展扶贫领域腐败和作风问题专项治理，建立全方位监督体系，真正让脱贫成效经得起历史和人民检验。

在党的十九届六中全会通过的《中共中央关于党的百年奋斗重大成就和历史经验的决议》中，高度概括了脱贫攻坚的重要意义："脱贫攻坚是全面建成小康社会的底线任务，只有打赢脱贫攻坚战，才能确保全面建成小康社会、实现第一个百年奋斗目标；必须以更大决心、更精准思路、更有力措施，采取超常举措，实施脱贫攻坚工程。"中国共产党强有力的领导，组织实施人类历史上规模最大、力度最强的脱贫攻坚战，形成伟大的脱贫攻坚精神。中国共产党领导的脱贫攻坚战必将载入中华民族史册。

# 第二章

# 中国特色金融扶贫体系的架构

金融扶贫既是党中央、国务院对扶贫开发的要求，也是各个金融机构的义务和责任。习近平总书记多次强调"要做好金融扶贫这篇文章，加快农村金融改革新步伐"[1]，要加大金融资金对扶贫开发的投放。凭借数十年的扶贫脱贫经验，中国创造性地走出了一条独具中国特色的减贫之路，在解答中国减贫难题和打赢脱贫攻坚战的过程中，银行业既是社会经济的重要组成部分，又是金融扶贫工作中的核心力量，更是探寻扶贫新模式的重要生力军。

## 第一节　新时代反贫困事业中的金融力量

诺贝尔经济学奖获得者班纳吉和迪弗洛曾在《贫穷的本质》中指出：穷人脱贫的阻碍就是容易被隔绝在金融体系之外，很难从正规金融机构获得服务。事实上，金融扶贫能够有效增加扶贫资源投入，是精准脱贫的有力保障，是脱贫攻坚的关键举措。

---

① 习近平：《在中央扶贫开发工作会议上的讲话》，《人民日报》2015年11月27日。

## 一、多元主体同向聚合

自脱贫攻坚战打响以来，各金融机构以习近平总书记扶贫开发重要论述为新时期金融精准扶贫工作的行动指南和根本遵循，坚守"金融为民"的初心和使命，纷纷加入金融脱贫攻坚战。以中国农业发展银行和国家开发银行为代表的政策性、开发性金融机构，与以中国农业银行、中国邮政储蓄银行和各地农村商业银行为代表的商业性金融机构以及保险、证券、基金等多类主体积极参与，银行业、证券业、保险业依托各自的优势条件，从多个层面对贫困展开"围剿"。

以基础性扶贫为目标的政策性、开发性金融。政策性、开发性金融机构走在我国精准扶贫的前列。在中国人民银行的倡议下，政策性银行和开发性银行设立了扶贫金融事业部，主要采用易地搬迁进省、基础设施进县、产业进镇等形式发放贫困地区易地搬迁扶贫贷款、基础设施贷款和产业扶贫贷款，旨在通过完善农村地区基础设施、促进贫困地区产业发展和依靠龙头企业带动贫困户脱贫。

以项目和产业扶贫为目标的大型商业性金融。中国大型商业银行对贫困地区的贷款主要采取两种方式：一是根据贫困地区的产业禀赋和资源优势，支持贫困地区特色产业的发展，重点支持能够发挥行业引领和扶贫作用的龙头企业，通过"银行转利、企业带动、贫困户受益"的利益联结机制，大家庭或合作社能够准确联结和带动贫困户增收。二是通过扶贫小额信贷，支持具备一定农业技术和生产能力的贫困人口自主创业，融入当地特色产业链。

以综合小额信贷和基础金融服务目标的农村商业银行。农村商业银行通过发放扶贫小额信贷、支持贫困户自主创业和脱贫。2014年，国务院扶贫办会同财政部、中国人民银行、银监会、保监会发布了《关于扶贫小额信贷创新发展的指导意见》。各级政府相继出台了金融贴息、风险补偿、扶贫小额信贷政策保障等政策。同时，引入贷款保险，鼓励金融机构提高发放扶贫小额信贷的积极性。扶贫小额信贷在贫困地区的覆盖面不断提高，已成为我国金融扶贫的生动实践。①

## 二、构筑立体扶贫模式

在资金来源方面，从公共部门自有资本投资到引入引导型和结构性基金，以及保险产品、衍生品和其他类型的参与；在信贷产品方面，从传统银行信贷到小额信贷和互联网金融产品创新。在扶贫事业的实践中，金融机构探索创新，逐步形成了三种主导模式：

政府主导的金融定向扶贫模式。此模式由政府部门、财务管理部门和扶贫机构发起②。包括杠杆式金融扶贫模式、扶贫贴息贷款模式和民生金融扶贫模式、农业再贷款扶贫模式等。这种模式主要针对深度贫困户群体，能够有效调动更多社会资源，有较广的扶贫覆盖范围和较强的导向作用。

金融机构主导的金融精准扶贫模式。由商业银行、小额信贷

---

① 周孟亮：《脱贫攻坚、乡村振兴与金融扶贫供给侧改革》，《西南民族大学学报》（人文社会科学版）2020 年第 1 期。

② 杨奎等：《河北省阜平县金融精准扶贫模式探析》，《金融经济》2018 年第 5 期。

公司等在内的金融机构为主导，通过不断创新贷款产品、创新质押、抵押和担保的形式，实现金融精准扶贫。包括"金融机构＋互助资金＋贫困户"贷款模式、"金融机构＋农村产权抵押＋贫困户"贷款模式、"金融机构＋公司担保／公务员担保／贫困户互保／基地担保／协会担保……＋贫困户"贷款模式等。

"电商平台＋金融"扶贫模式。一些贫困地区的政府部门支持农村电子商务产业的发展。许多金融机构逐步加大与电商平台的合作力度，在农村地区推出新的第三方支付服务和电商平台阶段性消费贷款产品，贫困家庭可以通过电商平台购买农资、销售农产品。实现了"资金流""仓储物流"和"信息流"的有机结合，帮助贫困地区贫困户提高经济能力，获得资金支持[①]。

## 三、多管齐下扩大投入

党的十八大以来，中国人民银行、中国银监会、中国证监会、国务院扶贫办等部门不断完善金融扶贫政策体系，通过加强宏观信贷政策引导，综合运用多种货币政策工具，调动整个金融体系的力量，集中攻关，引导金融机构加大对贫困地区的投入，为打赢脱贫攻坚战提供有力支持。从 2016 年至 2020 年底，中国共发放扶贫再贷款 7501 亿元；在金融扶贫政策的指导下，到 2020 年底，中国扶贫贷款余额为 7881 亿元。主要由以下组成部分：

扶贫小额信贷。扶贫小额信贷是最贴近贫困家庭的一项金融政

---

① 廖戎戎：《左右江革命老区精准扶贫金融支持长效发展路径研究》，《时代金融》2020 年第 26 期。

策，是专门为建档立卡贫困户能够获取发展资金而定制的扶贫贷款产品。它为贫困户提供 5 万元以下、3 年以内的信用贷款，免保、免抵押、基准利率贷款、财政贴息、县级风险补偿。扶贫小额信贷具有申请程序简单、成本低、期限长的特点。它在帮助贫困家庭发展生产和增加收入方面发挥了巨大作用。脱贫攻坚战开展以来，扶贫小额信贷累计发放 7100 多亿元，扶贫再贷款累计发放 6688 亿元，金融精准扶贫贷款发放 9.2 万亿元，有力支撑了脱贫攻坚战取得胜利。

产业扶贫贷款。党的十八大以来，国内金融机构通过实施产业扶贫贷款，支持贫困地区特色产业发展和贫困人口创业就业，促进金融扶贫与产业扶贫一体化发展。脱贫攻坚战开展以来，国有商业银行、地方商业银行等金融机构根据贫困地区特色产业，创新产业扶贫信贷产品，有力支持了当地特色扶贫产业发展，为建档立卡贫困户提供就业岗位，带动当地贫困户通过产业脱贫致富。

易地扶贫搬迁金融债券。在中国人民银行的统一部署下，政策性银行通过发行易地扶贫搬迁专项金融债券，配合项目和资金需求，支持移民脱贫、安居。到 2020 年底，共发行扶贫搬迁专项金融债券 1939 亿元。

保险扶贫资金。银、保监会充分发挥监管引领作用，引导保险公司进一步推进保险扶贫，大力发展农业保险，积极开展健康扶贫，充分发挥风险保障作用，防止贫困人口因灾因病返贫。经过不懈努力，农业保险服务覆盖了全国 95% 以上的乡镇。农业保险覆盖 270 多种农作物，基本覆盖普通农作物。价格保险、收入保险、"保险＋期货"等新型农业保险业务发展迅速。2020 年，全国农业保险实现保费收入 814.93 亿元，共为 1.89 亿二级农户提供风险保障 4.13 万亿元，向 5181.86 万二级受灾农户支付补偿金 616.59 亿元，成为农民灾后重建和恢复生产生活的重要资金来源。大病保险政策向贫困群体倾斜，降低起跑线，放宽报销范围，提高报销水平，有效减轻贫困人口的医疗负担。在 1000 多个县（市）开展了贫困人口商业补充医疗的保险业务，覆盖 4000 多万贫困人口。

资本市场扶贫。为充分发挥资本市场为国家扶贫战略服务的作用，证监会于 2016 年 9 月发布《中国证监会关于发挥资本市场作用服务国家脱贫攻坚战略的意见》。截至 2020 年 6 月底，20 家贫困地区企业通过发行审核并首次公开上市，募集资金 138.7 亿元；贫困地区 303 家企业新三板上市，融资总额约 162.04 亿元。同时，中国证券业协会推出"一司一县""一县一企"配对帮扶举措，5 年时间里证券公司通过首次公开募股（IPO）和"绿色通道"政策为 18 家贫困地区企业提供服务，募集资金超过 126 亿元；通过公司债券、并购、新三板股权融资、产业基金等方式，服务贫困地区企业融资累计超 2500 亿元；设立或参与公益基金 66 个，规模达 6.08 亿元；贫困地区产业基金 47 个，规模 201.42 亿元；76500 名贫困学生通过助学金和生活补贴获得补贴，6.35 万个贫困家庭通过探访、慰问和帮助购买各种保险获得补贴。2020 年底，由 101 家证券公司援助的 294 个国家级贫困县（占全国贫困县的 35%）已全部脱贫。

## 四、共享发展普惠扶贫

习近平总书记在全国金融工作会议上明确指出，"要建设普惠金融体系，加强对小微企业、'三农'和偏远地区的金融服务，推进金融精准扶贫"①，为发展普惠金融推动精准扶贫指明了方向。中国人民银行运用差别化准备金率、再融资、再贴现、抵押补充贷款、宏观审慎等政策工具，引导金融机构加大对"三农"和小微企业的金融支持，出台了《关于金融助推脱贫攻坚的实施意见》等政策文件，提出推进普惠金融发展、推进金融精准扶贫的具体政策措施，使用货币政策工具引导金融机构增加普惠金融的信贷支持。2016 年 9 月，财政部发布了《普惠金融发展专项资金管理办法》。中央政府提供专项资金支持和引导地方政府、金融机构和社会资本进入普惠金融领域。专项资金主要用于奖励县域金融机构涉农贷款、农村金融机构定向成本补贴、创业担保贷款贴息奖励等。此外，一些地区通过建立农业、农村和小微企业风险补偿基金鼓励金融机构增加扶贫贷款。②

　　截至 2020 年底，人民币普惠金融领域贷款余额 21.53 万亿元，同比增长 24.2%；全年增加 4.24 万亿元，同比增加 1.75 万亿元。普惠小微贷款余额 15.1 万亿元，同比增长 30.3%，增速比 2019 年底提高 7.2 个百分点；全年增加 3.52 万亿元，同比增加 1.43 万亿元。这一增长率也远高于 2020 年金融机构贷款余额的总体增长率。同期，金融机构人民币贷款余额 172.75 万亿元，同比增长 12.8%。截至 2020 年 6 月底，我国农村金融机构（包括农村信用机构和村镇银行）资产规模达 39.87 万亿元，占全部银行业金融机构资产的12.9%，网点和服务的渗透率亦较高。可以说，经过 5 年的发展，

---

① 习近平：《在全国金融工作会议上的讲话》，《人民日报》2017 年 7 月 15 日。

② 尹优平：《普惠金融如何更好助推脱贫攻坚》，《学习时报》2019 年 1 月 30 日。

普惠金融已在多个领域取得了突出成绩。

将金融扶贫纳入贫困地区发展顶层设计，建立金融扶贫长效机制。长效的金融扶贫机制能长期有效地降低贫困农民贷款门槛和成本。推出最令贫困人口满意、金融市场最放心的扶贫产品，不仅在中国扶贫史上留下了浓墨重彩的印记，更开辟了合理解决贫困人群融资难、融资贵这一世界性难题的新路子。①

以传统金融机构为基础，打通了农村普惠金融的"最后一公里"。通过建立特色支行、代理机构、移动服务点和助农取款服务点，继续将实体服务网络延伸到偏远农村地区，扩大基本金融服务覆盖面，为低收入群体、偏远地区的人们和城镇中的弱势群体提供普惠金融服务。截至 2020 年底，农村银行业金融机构覆盖率达到 95.65%，行政村基本金融服务覆盖率达到 99.2%，全国乡镇保险服务覆盖率达到 95.4%。全国财政扶贫专项贷款余额达到 4.33 万亿元，334 个深度贫困县贷款增速高于全国 4.22 个百分点。小微企业贷款余额 42.7 万亿元，其中包容性小微企业贷款余额 15.3 万亿元，同比增长 30.9%，高于各类贷款平均增速 18.1 个百分点。其中，中国农业银行、中国工商银行、中国银行、建设银行、交通银行五大国有银行小微企业贷款余额增长近 59%，远高于政府工作报告提出的增加 40% 要求。

结合时代趋势，发展数字普惠金融事业。2016 年 9 月，G20 杭州峰会明确提出"数字技术"是推动普惠金融的首要原则。通过移动互联网技术，贫困地区的农民可以随时随地获得金融服务，大

---

① 姚文嵩：《科技赋能创新发展青岛建行普惠金融"惠懂"小微》，《半岛都市报》2021 年 6 月 30 日。

大降低了传统金融机构为贫困群体提供金融服务的成本。大数据和人工智能技术将有效降低金融机构收集和处理信息的成本，而区块链和云计算技术又能进一步提高金融机构风险识别的效率。[①]

## 五、优化管理长效扶贫

国内金融机构在推进扶贫事业时，始终坚持促进发展、防范风险的工作理念，坚持风险导向和主动积极应对，加强宏观审慎管理，高质量打好脱贫攻坚战，逐渐建立起了金融扶贫长效机制。

精心打造全方位监管体系。从精准扶贫贷款项目上看，在贷后监管中强化对项目的监管，采用"贷款＋监管"的模式能有效降低精准扶贫贷款的政策风险。一方面，银行积极关注国家政策、紧跟国家大政方针，分析项目建设背景与必要性。跟踪项目建设进程，密切关注项目资金到位情况。根据信贷资金监管要求，同地方人民政府、经济建设投资有限公司等项目有关方签订该类项目资金监管协议。加强对项目收入存款账户的监管，确保项目资金及时足额汇入银行账户。另一方面，贷款发放与相关行政程序的办理相匹配。涉及行政审批的项目确保项目合法合规。同时，根据项目进展情况，按照与项目资金相同的比例拨付贷款资金。银行还通过走访项目现场和与当地贫困户的有效沟通，掌握第一手相关数据，对项目运营全过程资金使用情况进行监督，对于具有巨大疑问的项目资金问题加大监管

---

[①]　孙国茂：《2018 山东省普惠金融发展报告》，社会科学文献出版社 2018 年版。

力度。①

全面实行项目资金专户管理。项目资金使用实行专户管理，降低资金挪用风险。借款人应在银行开立项目资金专用账户、信贷资金存款账户和项目收入存款账户，分别用于核算项目资本金、信贷资金和项目还款资金拨付情况，监督客户加强项目资金管理，督促借款人严格按照相关合同及银行的有关规定使用项目资金，协调主要施工单位在银行开立一般存款账户，确保资金专款专用，银行对资金的使用负有监督权力与职责，切实防止资金挪用风险。

持续不断优化风险防范体系。银行是经营风险的企业，贷款项目都具有一定的风险性，因此，在项目准入阶段，银行应当树立良好的风险防范意识。在推进金融扶贫工作中，各大银行积极作为，始终将金融精准扶贫贷款项目的风险限制在可控范围内。银行内部明确了解风险危害性和风险防范的重要性，将风险管理意识渗透到金融管理的各个层面，及时关注国内金融精准扶贫等相关政策变化，掌握市场信息，了解项目资金流动状况，及时有效预防风险的发生。

统筹协调推进扶贫项目建设。扶贫工作并非完全的市场经济行为，而贷款资金的使用高度市场化。在这复杂的背景下，金融机构一方面通过提高工作效率，按照项目相关的可行性研究尽快推进项目进度，避免因为市场性因素影响扶贫项目的开展。另一方面，通过密切关注国内政治经济环境和金融精准扶贫相关政策，熟知精准扶贫贷款业务的整体流程、业务办理的相关

---

① 杨文婷:《精准扶贫背景下金融风险防范与金融支持的可持续性研究——以临沧市为例》，《时代金融》2020年第3期。

规程和规定，积累实际风险管控经验，有效应对项目中的未知风险。

## 第二节  金融扶贫模式的探索实践

在扶贫过程中，我国现有金融扶贫模式主要包括政府主导的金融扶贫模式、金融机构主导的金融扶贫模式、产业金融扶贫模式、互联网金融扶贫模式、"电商平台＋金融"扶贫模式、国际金融组织参与扶贫开发模式、社会扶贫组织金融扶贫模式等七种模式。①

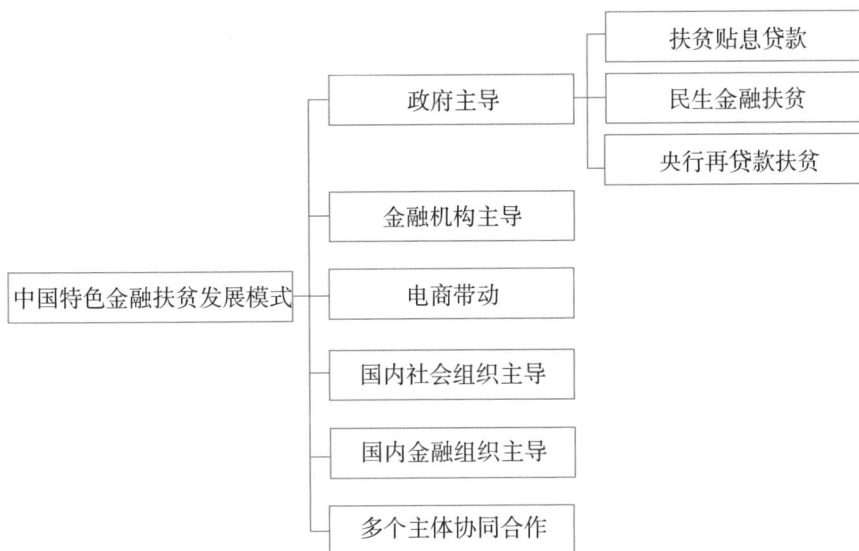

图 2-1  中国特色金融扶贫发展模式构成图

---

① 胡兴东、杨林：《中国扶贫模式研究》，人民出版社 2018 年版，第 121 页。

## 一、以政府为主导的金融扶贫模式

在政府主导的金融扶贫模式中，金融扶贫的帮扶主体主要包括政府部门、扶贫机构和金融管理部门。根据扶贫方式的不同，该模式可以分为以下三种：

（一）扶贫贴息贷款。这种方式是地方政府部门为向贫困地区的特定地区、特定产业和特定贫困户提供贷款的金融机构提供贷款贴息补助，以降低贫困户贷款的成本。该模式是由扶贫贴息贷款政策指导的，在这种模式下，金融机构与地方政府部门就扶贫贷款的发放对象、发放金额、利息及贴息比例做出明确约定。发放形式主要有家庭贷款、企业或合作社贷款、基础设施建设扶贫贷款等方式。扶贫贴息贷款政策的实施，一定程度上克服了救济式扶贫的缺陷，但自身带有明显的政府主观意愿使得信贷配给存在一定问题。

（二）民生金融扶贫。这种方式是地方政府与中国人民银行分支机构合作对满足民生类金融贷款指标的群体提供贷款，帮助因学、创业、实业等特定群体脱贫致富的一种模式。部分金融扶贫模式在金融扶贫的过程中，通过设立风险补偿金的方式为农户进行增信，撬动金融资金，主要形式为"银行＋农牧户＋风险补偿基金"，呈现出杠杆式金融扶贫特征。地方政府和扶贫机构建立风向补偿基金为贫困农户贷款提供担保，该模式主要在广西、内蒙古和宁夏等地区推广实践，杠杆比例一般在1：5至1：12之间。不仅可以提高政府扶贫资金的使用效率，而且可以扩大金融扶贫资源总量。一且出现违约现象，地方政府将按照与金融机构在早期阶段商定的分摊比例承担不良贷款或问题贷款的本金和利息。

（三）央行再贷款扶贫。这种方式指人民银行分支机构以专用贷款的形式向涉农金融机构发放支农再贷款和扶贫再贷款，支持金融机构向贫困户发放优惠贷款。2016 年，中国人民银行创设扶贫再贷款工具，专门用于支持贫困地区特色产业发展和贫困人口创业就业。中国人民银行各分行认真组织实施，强化扶贫再融资对贷款投资和利率的双重引导作用，调动金融机构参与扶贫的积极性，引导低成本资金投向扶贫开发。2019 年，中国人民银行设立专项扶贫再融资，支持中国农业发展银行、中国农业银行和中国邮政储蓄银行向"三区三州"扩大信贷，降低"三区三州"融资成本，推进定向扶贫和扶贫开发目标。农业支持再融资和扶贫再融资是中国人民银行支持"三农"经济发展和金融扶贫的重要工具。

## 二、金融机构主导的金融扶贫模式

以金融机构为主导的金融扶贫模式是指金融机构通过不断创新担保形式，创新金融产品，利用资本市场帮助贫困地区的个人和企业融资来实现金融扶贫。在实践中，银行金融机构包括政策性银行、商业银行和农村信用合作社；非银行金融机构包括保险公司、证券公司、租赁公司、基金管理公司、信托投资公司、期货公司、小微金融服务机构等。不同的金融机构提供了多样的金融扶贫模式。

（一）以银行金融机构主导的金融扶贫模式。银行金融机构主要通过创新担保形式、贷款产品来实现，有"银行金融机构＋农村产权抵押＋贫困户""银行金融机构＋公司担保／公务员担保／贫困户互保／协会担保等＋贫困户""农业价值链融资"等形式。为有效稀释贫困户贷款风险，部分地区进行"五权"抵押贷款产品的创新尝试。"五权"包括农村土地承包经营权、林权、水域滩涂养殖权、集体建设用地使用权、房屋所有权。土地流转扶贫模式是此模式下的一个典型代表。与贫困户有经济联系或是日常关系的公司、个人、基地和协会也可以提供担保，降低银行和金融机构发放的扶贫贷款的信用风险，解决银行与贫困家庭之间的信息不对称问题。这种金融定向扶贫模式的出现和发展，不仅关系贫困地区地方政府急于获取金融资源，也关系金融机构不断开拓零售信贷市场，大力拓展农村金融市场。基于农业产业链中不同实体之间的商业关系提供的金融服务一般以订单农业为基础，依靠产业链中实力最强的龙头企业的信贷，为签订农产品收购协议的农户提供贷款支持。一般只需龙头企业订单和担保，不需资产抵押，贷款关闭，农产品收购资金在支付贷款本息后转移给农户，基本保证了信贷资金的安全。这是目前应用最广泛的金融扶贫模式。

（二）以证券公司为主导的金融扶贫模式。利用资本市场帮助贫困地区企业融资，实施"绿色通道"发行上市，支持发行扶贫企业债券融资，进一步拓宽贫困地区融资渠道。保险公司还积极扩大贫困地区农业保险覆盖面，支持贫困地区开展特色农产品价格保险，推出成本保险、价格保险、指数保险、收益保险、"保险＋期货"等创新产品。农业保险覆盖全国各省、市、自治区。除传统农业保险外，中国人寿保险公司还推出了"区块链 + 公益 + 保险"的扶贫模式，以及针对建档立卡贫困户的意外伤害和医疗补充保险项目，有效解决了贫困人口"看病难，看病贵"的突出问题。同时，利用资本市场帮助贫困地区企业融资，实施"绿色通道"发行上市，支持发行扶贫公司债券融资，进一步拓宽贫困地区的融资渠道的模式。

总体而言，金融机构坚持积极探索和试验各种不同形式的金融扶贫，利用信贷、保险等金融手段，向贫困地区的贫困人口推出各种金融服务产品，满足贫困地区扶贫生产性金融产品的需求，缓解金融服务机构向贫困地区农民提供信贷的"信贷困难"，积极发挥金融杠杆作用，为贫困地区创造更多的致富机会，推动中国农村贫困地区"造血"扶贫工作模式持续稳定发展，提高农村贫困地区自我扶贫的能力和意识，从根本上扭转贫困地区经济落后的局面。

## 三、电商带动型金融扶贫模式

随着我国农村电子商务的快速发展，贫困地区许多政府部门将扶持农村电子商务产业发展作为金融扶贫的重要途径之一。这种模式具有边际成本递减优势，可以弥补线下实体营业网点不足，降低劳动力、设备和场地成本，突破"时空"限制，提高资金配置效率。中国农产品网、中国农村财富信息网、中国蔬菜网、中国水产网、农产品销售网、中农网、淘农网等农产品互联网平台与多家农村信用社积极合作，协同农村商业银行与其他金融机构共同构建农村电子商务生态圈。包括在线支付、电话支付、移动支付等新型第三方支付服务，以及电子商务平台商品的分期消费贷款产品在农村地区得到大力推广。在"电商平台＋金融"的扶贫模式下，电商平台与金融机构合作，为贫困户提供信息技术、农资采购、第三方支付、店铺定购取款、金融服务等一揽子金融服务，网上销售农产品等。该模式实现了"资金流""仓储物流"和"信息流"的有机结合，有效帮助贫困户提高经济能力。

## 四、国内社会组织主导的金融扶贫模式

由国内社会组织主导的金融扶贫模式包括我国各类社会组织发起、产业扶贫、教育扶贫、农村信息扶贫、文化扶贫等项目开展的金融扶贫活动，其最大特点是动员社会力量参与金融定向扶贫。例如，中国扶贫开发协会设立的"星火扶贫创业基金"项目、中国扶贫基金会的小额信贷项目和深圳惠民产业扶贫股权投资基金合伙企业的惠民产业扶贫基金等。与其他模式相比，该模式具有更广泛的社会参与度，扶贫活动主要集中在基础设施扶贫、教育扶贫、卫生扶贫、产业扶贫、金融扶贫、救灾扶贫，对中国贫困地区的贫困家庭提供了包括人力、财力、物力在内的大量扶贫资源；凭借自己扶贫瞄准率高、社会敏感度高、平等参与度高、灵活创新性强等社会组织优势，弥补了政府扶贫缺口；通过长期、深入、灵活、多样的扶贫实践，可以解决政府在扶贫中没有注意到的和特殊化的问题，为政府或其他机构提供了经验和方法。

## 五、国际金融组织主导的金融扶贫模式

这种模式主要由世界银行、亚洲开发银行、国际农业发展基金等机构和国际组织提供优惠扶贫贷款，支持中国贫困地区的经济和社会发展。引入国际金融组织参与扶贫开发模式，有利于调动国外资金和智力资源参与我国定向扶贫开发，也有利于中国借鉴国际先进的扶贫经验和发展模式，找到有针对性扶贫的突破口。最成功的案例是中国贫困地区产业扶贫试点示范项目。该项目覆盖三个省的 27 个县和 537 个村，重点帮助 400 多个农民专业合作社。世界银行为此项目提供了 1.5 亿美元贷款，期限 29 年，用于支持四川、贵州和甘肃省的农民专业合作社，帮助当地尽快实现农业产业化，提高生产率和产品质量。

## 六、多个主体协同合作模式

除了上述几种金融扶贫模式外，随着时代发展出现了政府、新型经营主体、金融机构、企业等多个主体协同合作的金融扶贫模式。以中国人民银行广州分行"百万干部深入基层进驻农村"工作组（以下简称"驻村工作组"）在广东省梅州市丰顺县北斗镇拾荷村创建的被誉为"拾荷模式"的金融扶贫机制为例，该模式是通过建立"种养贷款担保""农业合作社""温氏养鸡专业户协会"的"一金一社一会"，探索建立的一个"担保基金＋农村金融机构＋合作社＋农业龙头公司＋行业协会"的全新多方联动的金融扶贫模式，

形成农村金融机构、农业龙头企业、村集体和农村种养农民互利共赢的长效扶贫机制，实现了富民富村的目标。该模式的基本运作方式是：首先，"丰顺县拾荷农业合作社"作为"种养业贷款担保基金"的经营主体和组织引导村民发展商品农业生产的平台，在丰顺县工商局登记注册。其次，中国人民银行广州分行将准备20万元资金，以"丰顺县拾荷农业合作社"的名义存入当地农村信用社，作为"拾荷村种养业贷款担保金"，通过市场机制和信贷机制运作，取得当地农村信用社支持，按照"农户贷款、农户使用、农户归还"原则，通过信贷资金的放大效应，扩大信贷规模，解决农民在发展种养业生产过程中的财政困难，解决农村信用社因农民无担保而发放贷款的困难，进一步加大信贷资金力度，支持村民种养业发展，增加农民收入。再次，引进"公司＋农户"模式，重点支持拾荷村壮大"温氏养鸡"业，并引导拾荷村养鸡农户成立"拾荷村温氏养鸡专业户协会"，重点反映养鸡户的客观需求，维护养鸡户的合法权益；组织养鸡专业户开展互助合作，交流养鸡技能和经验，共同发展壮大养鸡业。最后，合作社将再次筹集资金，支持拾荷村"造血"扶贫项目的发展，并建立长期机制，通过参股当地水电站，不断增加村集体经济收入。

## 第三节　金融扶贫的历程与特质

金融扶贫是中国政府扶贫政策的重要组成部分，也是促进扶贫开发的具体措施。改革开放以来，中国的扶贫模式从救济式扶贫转变为开发式扶贫，并从 2012 年起开始实施精准扶贫，扶贫模式也从临时救济转向提高贫困人口的自我发展能力。在扶贫开发的长期探索和实践中，金融扶贫机制也不断完善和创新，从最初实施扶贫贴息贷款到推广小额信贷（微型金融），从探索金融扶贫模式到初步形成金融扶贫政策体系，再到发展普惠金融、金融科技和实施有针对性的扶贫战略，金融扶贫在我国扶贫开发的各个领域得到越来越广泛的应用，在我国扶贫开发过程中发挥着越来越重要的作用。[1]

## 一、金融扶贫体系的行进历程

中国特色金融扶贫实践经历了一个逐步深化、不断优化、改革创新的过程。在金融扶贫经验的不断积累中，走出了一条独特的扶贫之路，找到了许多可复制、可推广、具有金融特色的扶贫模式，实现了利用金融手段做好扶贫工作的目标，为打赢脱贫攻坚战提供了重要支撑。建立了全面涵盖建档立卡贫困户、扶贫产业项目、贫困村改造项目、基础设施建设、基本公共服务等重点领域的金融组织体系。从发展历程上看，随着扶贫工作的整体开展，中国的金融扶贫实践大致包括以下几个阶段。[2]

---

[1]　杜晶晶、尤光付：《精准扶贫背景下的金融扶贫实践与可持续性发展研究——基于宁夏回族自治区的金融扶贫经验》，《宁夏党校学报》2018 年第 5 期。

[2]　江聃、贺觉渊：《创新长效扶贫模式金融业祭出"十八般武艺"》，《证券时报》2021 年 2 月 25 日。

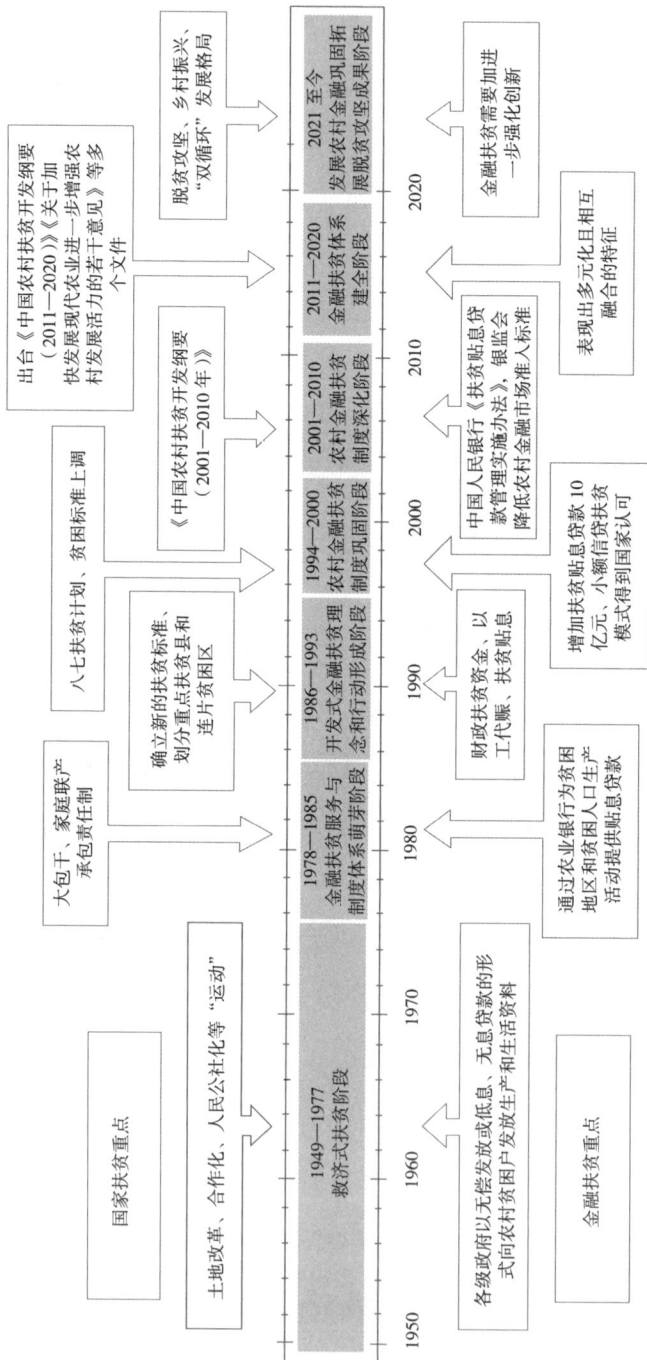

图2-2 金融扶贫体系发展历程时间轴

国家扶贫重点

大包干、家庭联产承包责任制

八七扶贫计划、贫困标准上调

出台《中国农村扶贫开发纲要（2011—2020）》《关于加快发展现代农业进一步增强农村发展活力的若干意见》等多个文件

脱贫攻坚、"双循环"发展格局

确立新的扶贫标准，划分重点扶贫县和连片贫困区

《中国农村扶贫开发纲要（2001—2010年）》

金融扶贫需要加进一步强化创新

| 1949—1977 救济式扶贫阶段 | 1978—1985 金融扶贫服务与制度体系萌芽阶段 | 1986—1993 开发式金融扶贫管理念和行动形成和阶段 | 1994—2000 农村金融扶贫制度巩固阶段 | 2001—2010 农村金融扶贫制度深化阶段 | 2011—2020 金融扶贫体系建全阶段 | 2021至今 发展农村金融巩固拓展脱贫攻坚成果阶段 |

1950　1960　1970　1980　1990　2000　2010　2020

金融扶贫重点

各级政府以无偿发放或低息、无息贷款的形式向农村贫困户发放生产和生活资料

通过农业银行为贫困地区和贫困人口生产活动提供贴息贷款

财政扶贫资金、以工代赈、扶贫贴息

增加扶贫贴息贷款10亿元，小额信贷扶贫模式得到国家认可

中国人民银行出台管理实施办法》《扶贫贴息贷款、银监会降低农村金融市场准入标准

表现出多元化且相互融合的特征

## （一）救济式扶贫阶段（1949—1977 年）

救济式扶贫被形象地描述为"输血式"扶贫，是以政府为主体，以国家财政为支撑，以财政补贴、实物救济为主要手段的政策体系。赈济灾荒是新中国成立后农村扶贫工作的重中之重，也是几千年来中国社会福利思想的一种延续。

1949 年新中国刚刚成立时，我国经济基础较为薄弱，农村生产力水平低下，整体上处于绝对贫困状况。为了改变农村地区贫困落后的面貌，以毛泽东同志为代表的中国共产党人对农村贫困群体、边远落后地区群体、因灾致贫群体、战争伤残群体实施了救济式扶贫。通过提供物资或现金，帮助他们维持基本的生活需要。同时，带领全国人民先后开展了土地改革，对恢复工农业生产，初步消除贫困发挥了重要作用。尤其是在这一时期，对于特别困难的农村"贫困户""五保户"以及孤寡老人，给予社会保障形式的救济式扶贫，即每个月发放一定数量的生活费，用以维持基本生活。此外，中央及地方各级政府以无偿发放或低息、无息贷款的形式向农村贫困户发放大量生产和生活资料。1965 年，中国农业银行从全国各地生产费用贷款资金中划出 5000 万元作为支撑贫下中农困难户的无息贷款专项资金。这种"输血式"的扶贫方式，对于保持农村社会稳定起到了重要作用。[①]

---

① 李顺前：《以精准脱贫为战略基点走好"以人民为中心"的乡村振兴之路》，《可持续发展》2020 年第 4 期。

## （二）制度体系萌芽阶段（1978—1985 年）

1978 年，我国约有 2.5 亿人还处于政府制定的贫困标准线下，其中贫困的农村人口占农村总人口的比例高达 30.7%。党的十一届三中全会后，中国开始实行土地承包和家庭承包责任制，解除了生产队制度和人民公社，打破了制约生产力发展的桎梏。农民获得了生产和经营的自主权，劳动积极性大大提高。同时，集体经济的经营权也得到尊重，商品经济和自由市场的萌芽开始出现，一些地区率先建立了乡镇企业，农村各种生产要素都被调动起来，农民的生产积极性空前高涨。在改革开放初期的减贫阶段，全国的贫困人口以 1786 万人 / 年的速度开始减少。1979—1984 年，全国农业总产值增长 455%，粮食总产量由 3.04 亿吨增至 4.07 亿吨。城乡居民的生活水平大幅度提高，国家副食品供应明显改善，国民经济状况快速好转。

在这样的背景和时代条件下，中央对扶贫工作的主要思路是改革在实际生产中不适应于生产力发展要求的生产关系。与此相对应，扶贫工作的主要特点，是解决制约生产力发展的"瓶颈制约"，激发生产要素的活力。在此阶段，国家的扶贫形式以经济救助为主，农村贫困人口在短短几年内减少 1.5 亿，社会面貌发生了巨大变化。这一阶段，金融扶贫主要通过中国农业银行为贫困地区和贫困人口的生产活动提供贴息贷款。1979 年 2 月，国务院恢复农业银行，明确农业银行的机构性质为国务院直属机构，并授权由其管理农村信用合作社，业务范围从单一的农村存贷款业务拓展到农村经济的多个领域。但是，金融扶贫工作也缺乏全局性扶贫开发。扶贫资金只在微观层面上分配给企业和贫困户，缺乏贫困地区扶贫开发的统筹协调；扶贫主体和参与形式单一，扶贫贴息贷款全部由中国农业银行发放和管理，其他机构参与扶贫力度不足。[①]

### （三）金融扶贫制度形成阶段（1986—1993年）

随着改革开放的不断深入，原本限制农村生产力发展的桎梏被纷纷破除，农村经济得到迅速发展，一大批农村人口脱离贫困，实现了温饱。不过，在全国范围内贫困地区和贫困人口数量迅速缩小的背景下，相对贫困问题逐步突出起来，一些连片贫困地区由于自然条件恶劣、基础设施建设差，贫困人口众多，很难摆脱贫困。

1986年，国务院批准成立贫困地区经济开发领导小组（后更名国务院扶贫开发领导小组办公室），设立扶贫专项贴息贷款，每年安排10亿元专项资金支持贫困县农牧业发展。全国重点扶贫地区划分为县，共有331个县被划分为全国重点扶贫对象。后来，根据进一步的总体测算，重新确立了贫困标准，规定贫困人口的收入标准为年人均纯收入不到150元（对民主革命作出重大贡献的老区县放宽到300元），按照新的划分标准，800多个县被划分为贫困县，1.02亿人口被划分为贫困人口。根据贫困县和贫困人口的分布，全国划分了18个连片贫困地区作为扶贫的重点目标。1993年底，贫困地区经济开发领导小组更名为国务院扶贫开发领导小组，负责制定扶贫开发的法律、法规、方针、政策和规划；审批中央扶贫资金分配方案；组织调查研究和工作考核；协调解决扶贫开发中的重大问题；调查指导全国扶贫开发工作；做好扶贫开发重大战略政策措施顶层设计。[②]这一时期我

① 张琦、樊响、孔梅：《2020年后我国金融扶贫的思考和建议》，《农村金融研究》2020年第2期。
② 王阳、陈磊：《坚决守住防止规模性返贫底线》，《法治日报》2021年7月9日。

国扶贫事业取得较大成绩，贫困人口缩减至 8000 万人，贫困发生率降至 8.7%，贫困县家庭年人均收入增长 13%，达到 483.7 元。扶贫工作向开发式转变，适时改"输血"为"造血"，不再单纯采用传统救济方式，而是大力推行开发式扶贫，推进新的扶贫理念。

此时，我国农村扶贫金融理念开始形成，但农村扶贫金融体系仍处于萌芽阶段。扶贫金融机构主要是中国农业银行和农村信用社。扶贫金融产品主要为财政贴息扶贫贷款。为生产环节提供资金几乎是农村金融扶贫的全部内容。因此，农村金融扶贫的扶贫手段和工具十分单一，主要为金融扶贫提供辅助作用。

### （四）金融扶贫制度巩固阶段（1994—2000 年）

在持续不断的努力下，虽然我国贫困地区经济得到长足发展，贫困地区人口的生活水平明显改善。但由于贫困地区和贫困人口主要集中在一些自然环境恶劣、基础设施薄弱、经济发展落后的中西部地区，这意味着中国的扶贫工作进入了一个关键时期。

1994 年，原由中国人民银行和专业银行办理的全国扶贫贷款全部由中国农业发展银行统一办理，规定扶贫信贷资金将集中在中西部贫困严重的省区。同时，要求国有商业银行每年安排一定数量的信贷资金，用于扶持贫困地区效益好、能还贷的项目。随着中国社会经济发展水平的提高，贫困标准也从 1993 年的 350 元提高到 2000 年的 865 元，相对增长 147%，是改革开放以来最快的时期。在此期间，小额信贷扶贫模式得到了国家的认可。1999 年，农村信用社开始推广小额信贷业务，资金主要来源于中国人民银行发放的低息支农再贷款。

## （五）金融扶贫制度深化阶段（2001—2011 年）

长时间对贫困重点地区的开发工作，改善了贫困地区的基础设施条件，不少贫困县的经济发展水平得到极大提高。这一阶段，贫困人口的收入标准尽管上调至 865 元，但农村贫困人口仍然快速减少到 3200 万人，成绩斐然。但发展不充分、不平衡的问题也逐步暴露出来，同一地区的不同乡村的发展差距逐步拉大。此时的扶贫工作如果不转向精细化，则很难真正落实扶贫政策，达到预期效果，反而会出现返贫或不公平的情况。因此，中央此时适时调整，将扶贫的重心放在了"整村推进"上，把工作重点从县转移到村，努力提高精细化、效率和公平性。

在此阶段，在党中央、国务院的领导下，全国各省因地制宜，与各方密切合作，形成了多元化的金融扶贫体系。政府主要提供指导和政策支持，金融机构更加积极主动，不仅增加了信贷资金，而且在产业扶持方面也更加积极，因地制宜地创新一些地方金融产品，支持扶贫。此阶段的金融扶贫模式主要是扶贫贴息贷款与小额信贷的联合发展，呈现出三个特点：一是微观与宏观并重，注重发展中小企业和产业对扶贫的溢出效应；二是扶贫资金规模和期限不断扩大；第三，金融扶贫主体更加多元化。商业银行、政策性银行、合作银行和小额信贷组织共同支持扶贫。但也存在扶贫认定机制不准确、扶贫资金和扶贫项目没有针对性、金融扶贫产品单一、以银行信贷服务为主等问题。[1]

---

[1]　张琦、樊响、孔梅：《2020 年后我国金融扶贫的思考和建议》，《农村金融研究》2020 年第 2 期。

该阶段农村扶贫金融制度也发生了一些变化：首先，继续实施扶贫贴息贷款，提高政策性金融和商业性金融参与开发式扶贫的积极性。其次，丰富农村扶贫金融组织。2006年，银监会降低了农村金融市场准入门槛，推广普惠金融理念，允许各地根据实际情况因地制宜发展村镇银行、小额贷款公司、农村资金互助社等小微金融机构加入，尽快实现贫困地区金融机构乡镇金融服务的全覆盖。再次，逐步推进农村扶贫小额信贷。邮政储蓄银行、农村信用社、农村商业银行等正规金融机构和新成立的小额信贷机构积极推出小额信贷扶贫模式。最后，积极发展农村扶贫保险。政府鼓励保险机构在贫困地区建立基层服务网点。通过上述措施，农村扶贫金融制度已经从过去关注单一的正规金融扶贫转变为注重正规金融与非正规金融的联合扶贫模式，从过去单一的信贷扶贫转变为信贷与保险的联合扶贫，农村扶贫金融的内涵得到了极大的丰富，普惠金融的概念在我国得到了广泛的普及和实践。

### （六）金融扶贫体系健全阶段（2012—2020年）

党的十八大召以来，习近平总书记指出"小康不小康，关键看老乡，关键在贫困的老乡能不能脱贫"，拉开了新时期脱贫攻坚的序幕。

2013年的中央一号文件《关于加快发展现代农业进一步增强农村发展活力的若干意见》从商业金融支农、农村信用社改革、政策银行职能定位、支持社会资本参与建立新型农村金融机构、改善农村支付服务条件等角度提出了符合时代要求的农村金融发展手段。2013年11月，党的十八届三中全会就全面深化改革的若干重大问题作出决定，赋予农民承包土地抵押权和担保权，为进一步开展农村产权抵押贷款融资试点提供了政策依据。2013年12月，中共中央办公厅、国务院办公厅印发了《关于创新机制扎实推进农村扶贫开发工作的意见》，提出做好扶贫开发工作的6项创新机制和10项重点工作，从创新金融产品和服务、推动农村金融合作、完善扶贫贴息贷款、进一步推广小额信用贷款等方面完善金融扶贫服务机制。2014年3月，中国人民银行、财政部、银监会、证监会、保监会、国务院扶贫办、共青团中央联合发布《关于全面做好扶贫开发金融服务工作的指导意见》，提出做好扶贫开发金融服务工作的总体规划，从完善金融组织体系、创新金融产品和服务、巩固金融基础设施、优化金融生态环境等方面确定了扶贫开发金融服务的重点工作。2015年10月，习近平总书记在"2015减贫与发展高层论坛"上详细阐述了精准扶贫的政策举措，强调我们坚持中国制度的优势，构建省市县乡村五级一起抓扶贫，层层落实责任制的治理格局。我们注重抓六个精准，即扶持对象精准、项目安排精准、资金使用精准、措施到户精准、因村派人精准、脱贫成效精准，确保各项政策好处落到扶贫对象身上。我们坚持分类施策，因人因地施策，因贫困原因施策，因贫困类型施策，通过扶持生产和就业发展一批，通过易地搬迁安置一批，通过生态保护脱贫一批，通过教育扶贫脱贫一批，通过低保政策兜底一批。我们广泛动员全社会力量，支持和鼓励全社会采取灵活多样的形式参与扶贫。[①]11月，中央召开扶贫开发工作会议，习近平总书记提出"要做好金融扶贫这篇文章，加快农村金融改革创新步伐"，为新常态下的金融扶贫工作提出了新

①　习近平:《携手消除贫困　促进共同发展》,《人民日报》2015年10月17日。

要求。同时，中共中央、国务院印发了《中共中央国务院关于打赢脱贫攻坚战的决定》，指出银行等金融机构应拓展服务网络，创新金融产品，增加对贫困地区的信贷支持。2016 年 3 月，中国人民银行等七部门联合印发《关于金融助推脱贫攻坚的实施意见》，2017 年，中央一号文件提出要加快农村金融创新，并再次强调积极推动农村金融立法。银行等传统金融机构结合新技术的应用和客户群体的变化，积极进行产品创新，为农村金融提供更为便捷的服务。与此同时，众多互联网企业也积极布局农村金融领域，发展农村普惠金融领域相关业务，为农村地区提供更加便利的存贷款和支付结算等金融服务。

在这一阶段，我国金融扶贫市场呈现出多元化且相互融合的发展格局。首先，银行业积极发挥金融扶贫主力军作用，不断进行创新实践。2019 年，中国人民银行设立了专项扶贫再贷款，支持中国农业发展银行、中国农业银行、中国邮政储蓄银行向"三区三州"扩大信贷，降低"三区三州"融资成本。银行还注重创新信贷服务，简化手续，提高贫困地区农民贷款的可获得性和便利性。银行信贷资金与多方资本协同拓展贫困地区资金总量和融资渠道，信贷品种也在不断丰富，包括"财政惠农信贷通""政银保""两权抵押贷款""银押贷款""回乡创业贷款"等。涉农金融机构也在持续加强农村场景建设，因地制宜推出"惠农 e 贷""益农贷"等特色农村信贷产品，极大地提高了农村金融服务的质量和效率。其次，证券市场综合服务能力不断扩大。证券业运用专业知识，为贫困地区企业提供规范公司治理、完善融资的专业服务，培育行业"造血"功能，帮助贫困地区企业筹集资金 2684 亿元。同时，证券业开展"一司一县"结对，证券业协会指导建设了包含县域展示、产业扶贫、公益扶贫、消费扶贫等模块的综合性金融扶贫服务平台，为 220 个国家级贫困县提供展示服务，形成了规范化、全方位的扶贫报告、共享和展示窗口。最后，保险市场在贫困地区特殊性保障支撑方面也发挥了显著的作用。农业保险有效地遏制了贫困农民返贫和因灾致贫问题，保险扶贫增信体系成为贫困地区吸纳信贷资源的有力支撑，保险扶贫投资体系已成为引导保险资金流向的风向标。例如，国务院国有资产监督管理委员会牵头百家中央企业发起设立的贫困地区中央企业产业投资基金。该基金通过直接投资、在重点省区设立子基金、启动扶贫基金联盟等方式向贫困地区输入了超过 1700 亿元资金。

总体而言，中国人民银行全面推进并准确实施金融扶贫政策；地方政府提供全面引导，精准利用金融扶贫资源；银行创新产品，精准对接特色产业；特色保险有效跟进，精准分担金融扶贫风险；市场主体发力帮扶，精准对接建档立卡农户。实施"新型农业经营主体 + 建档立卡贫困农户"扶贫小额信贷管理办法，鼓励和引导市场主体与贫困户建立扶贫机制，帮助贫困户通过土地流转增加收入、脱贫，吸纳贫困人口就业，向贫困户提供承包经营订单，对贫困劳动力进行有针对性的培训，与贫困户建立起长效帮扶脱贫机制，帮助贫困户增收脱贫。截至 2020 年已建立起较为完善的金融扶贫体系（见图 2-2），包括扶贫目标定位与筛选机制、资金整合与投资机制、扶贫风险防范与补偿机制，解决扶贫保障、风险共担、部门合作、信息共享、渠道共享等问题，有助于最大限度地发挥减贫作用。[1]

---

① 朱文胜：《精准扶贫与金融创新：从个案研究到一般分析》，《西南金融》2017 年第 3 期。

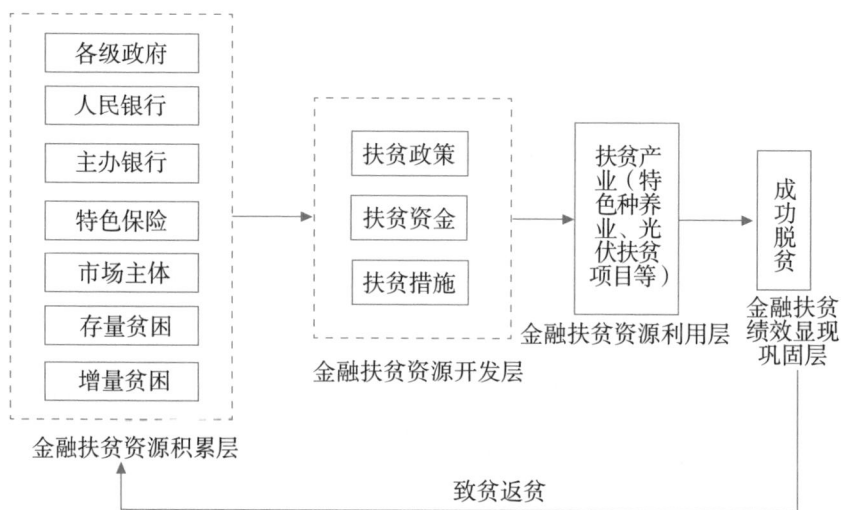

图 2-3　金融扶贫体系与基本路径

## （七）巩固拓展脱贫攻坚成果阶段（2021 年至今）

按照党中央的既定部署，在如期打赢脱贫攻坚战后，下一步要把党和国家"三农"工作的重点转移到全面推进农村振兴，乘势而上开启全面建设社会主义现代化国家新征程，向第二个百年奋斗目标迈进。今后一段时间，巩固和扩大扶贫成果，有效对接乡村振兴，将成为"三农"领域的一项核心工作。

2021 年，中央一号文件明确指出，要在脱贫攻坚目标任务完成后，从脱贫之日起在摆脱贫困的县设立 5 年过渡期，实现巩固拓展脱贫攻坚成果同乡村振兴有效衔接。金融扶贫也需要适应新时代，进一步加强创新。一方面，国内减贫的重点将发生变化，巩固和扩大减贫成效需要时间也需要金融支撑，脱贫地区的基础设施建设仍需要持续的投资。另一方面，随着这些地区的不断发展，当地对金融的需求会逐渐增加。低成本、宽领域地提供普惠性金融服务将成为未来农村金融发展的主要方向，加大金融帮扶力度是乡村振兴战略背景下中国农村金融的题中应有之义。

## 二、中国特色金融扶贫体系的演化特征

我国农村金融扶贫依次经历了救济式扶贫、金融扶贫体系萌芽阶段、形成阶段、制度巩固阶段、制度深化阶段、体系健全阶段和新发展阶段等七个阶段，总体上呈现出以下演化特征：

### （一）始终坚持党管扶贫

党的领导是国家富强、民族振兴、人民幸福的最大压舱石。中国共产党历来高度重视对金融事业的领导，坚持牢牢把握金融事业发展和前进的方向，不断探索金融扶贫的科学道路。新中国成立后，党领导下的金融工作支持社会主义经济建设取得了丰富经验。改革开放后，金融扶贫作为中国特色扶贫体系的重要组成部分，逐步向市场化转型，扶贫作用不断凸显。特别是党的十八大以来，金融系统在以习近平同志为核心的党中央领导下，坚持创新、协调、绿色、开放、共享的新发展理念，为经济社会稳定发展、为实现摆脱贫困提供了有力支撑，成为党中央扶贫开发的重要制度安排。在党的坚强领导下，金融扶贫事业有了充分的组织保障，各级党委肩负起扶贫重任、基层党组织发挥战斗堡垒作用、广大党员充当先锋模范，将党的执行力和领导力扎根于基层一线、深入人民大众，汇

聚成脱贫攻坚之伟力。

## （二）坚持政府宏观调控

作为扶贫开发的工具和手段，中国金融扶贫在政府的宏观调控体制下，各金融扶贫参与主体坚持以市场配置资源，合作或独立开展各自领域的金融扶贫工作，同时协力配合脱贫攻坚。数十年的扶贫开发历程，逐渐形成了中国的金融扶贫供给主体体系（见图2-3），该体系主要由中央和地方政府，政策性、商业性、合作性和新型农村金融机构，公益性小额信贷机构（社会企业），互联网金融企业等组成，其中合作性金融机构包括农信社、农商行、农合行等，新型农村金融机构包括村镇银行、小贷公司、资金互助社等。中国金融扶贫实践正是在这些供给主体的具体参与推动下进行的。

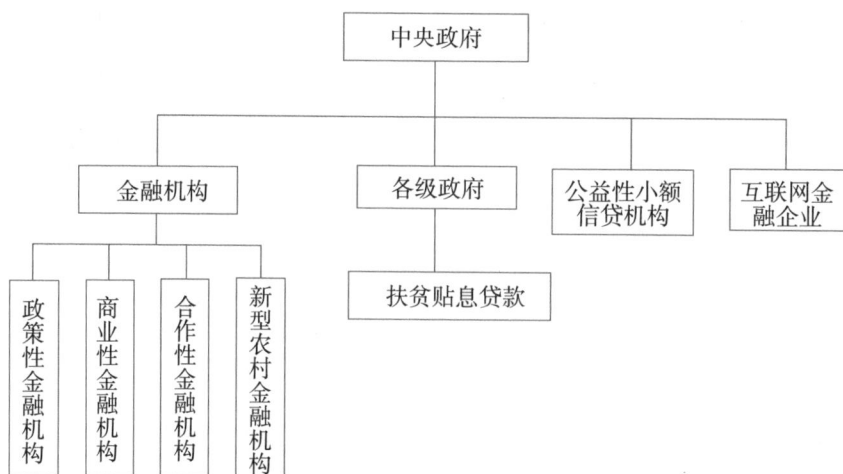

图2-4　金融扶贫供给主体体系

### （三）信贷是扶贫之利剑

1986 年以来我国农村金融扶贫始终以扶贫贷款运作的动态变化为主导。1994 年以前，中国扶贫贴息贷款由中国农业银行发起。贷款方式主要有信用贷款和担保贷款，贴息方式为金融机构贷前财政贴息，统一执行年利率 3% 的优惠利率，贫困户由贷款金融机构和政府扶贫办公室共同确定。1994 年以后，贷款方式主要为担保贴息贷款。贴息方式为金融部门贷款后财政以 5% 的年利率将利息贴现给借款农户。承贷金融机构自主决定贷款利率，借款对象为建档立卡贫困户。近年来，随着小额扶贫信贷和微型金融机构的兴起，担保和保险机构相继参与了农村扶贫开发，但在我国农村金融扶贫实践的演进中，政府主导下的信贷扶贫体系一直占据主导地位，担保、保险、基金扶贫等其他金融扶贫方式基本服务于信贷扶贫，或在信贷扶贫中起到互补或风险共担的保驾护航作用。[1]

### （四）脱贫攻坚作用显著

在农村扶贫资金支持体系中，主要有财政和市场金融两种方式，二者共同对贫困地区的基础设施建设、产业发展、贫困户生产发展和人力资本积累等薄弱环节提供资金支持。农村扶贫开发的准公共产品属性决定了财政应在扶贫开发中发挥主导性、基础性、先

---

[1]　吴本健、马九杰、丁冬:《扶贫贴息制度改革与"贫困瞄准"：理论框架和经验证据》，《财经研究》2014 年第 8 期。

导性作用。金融扶贫则需要遵循市场原则，将金融资源配置到获得经济效益的领域或环节，对财政扶贫起辅助性作用。目前，我国金融机构正处于由国有企业向商业化、市场化转型的完成期，盈利目标和安全目标明显增强。然而，贫困地区的经济主体缺乏充足有效的抵押资产，这使得贫困地区的经济主体难以内生地获得银行信贷支持。即使要完成政府交办的任务，基本上也需要财政贴息的引导。这就引出了中国农村金融扶贫体系在与金融扶贫合作中始终起辅助作用，辅以金融贴息的基本逻辑，减税等激励措施，降低金融扶贫风险，调动金融机构扶贫积极性。但是，随着脱贫攻坚战役的推进，农村金融扶贫制度的作用越来越大，已从一个辅助的角色逐渐演变为与其相伴而行的主要角色。[①]

### （五）坚持市场配置资源

1992 年，中国共产党第十四次全国代表大会正式确立社会主义市场经济体制后，中国经济体制正式由计划商品经济向市场经济转变，主要表现在政府在资源配置中的分权和利益转移，市场机制在资源配置中的决定性作用逐步增强，我国农村金融扶贫体系也呈现出由计划向市场逐步过渡的特点。1994 年以前，中国人民银行和专业银行负责办理国家扶贫贷款，资金由政府统一拨付，具有典型的计划经济特征。1994 年以后，农村金融扶贫开始具有市场经济特征。2006 年，银监会开始放宽农村金融市场准入条件，鼓励各地积极发展小微金融机构和组织，规范民间金融发展，鼓励担保

---

① 周蕾：《"三转变、三注重"》，《青海日报》2020 年 9 月 1 日。

保险机构参与扶贫，大力推进扶贫小额信贷。这些以市场机制为主导的金融深化措施逐步在贫困地区扎根，为促进农村扶贫开发提供了重要的金融制度条件。[①]

① 岳彩申、马建霞：《宏观调控法律制度的施行及其绩效》，《重庆社会科学》2009 年第 5 期。

# 第三章

# 中国特色金融扶贫的农行力量

"中国革命历史是最好的营养剂，重温这部伟大历史能够受到党的初心使命、性质宗旨、理想信念的生动教育，必须铭记光辉历史、传承红色基因。"习近平总书记在党史学习教育动员大会上的重要讲话意义重大、鼓舞人心。中国农业银行因农而生、因农而兴、因农而强。农业银行发展史，就是一部服务"三农"的历史。回顾中国农业银行扶贫的历史，弘扬红色传统，继承红色基因，吸纳前进的力量，推动中国农业银行立足新的发展阶段、落实新的发展理念、服务新的发展模式，为全面建设社会主义现代化国家贡献农行力量。

## 第一节　中国农业银行的发展历程

自 1951 年成立以来，从国家专业银行、国有商业银行到如今的国有控股大型商业银行，从肩负国家赋予的发展农村金融事业的责任和使命到成为当今金融市场的竞争主体，从单一的农村市场发展成为大型国有控股商业银行，中国农业银行在改革中走过了涅槃、重生、发展、壮大的光辉道路。

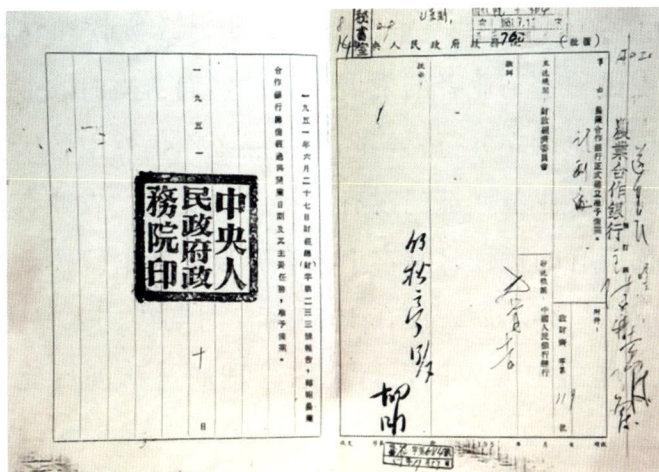

图 3-1　1951 年政务院批准农业合作银行成立的文件（影印件）

## 一、新中国设立的第一家专业银行

1950 年夏，中央政府颁布了《中华人民共和国土地改革法》，这标志着延续了数千年的封建剥削土地制度彻底被废除，人民当家作主，农民成为土地的主人，农民的生产积极性空前高涨起来，农村生产力得到巨大发展。正如《人民日报》发表的社论称土地革命是"中国人民对于残余的封建制度所发动的一场最猛烈的经济的政治的战争"[1]，此时的农村金融业务还是由中国人民银行各级分行负责管理，难以适应当时农村发展的新形

---

[1] 《人民日报》社论，1950 年 6 月 28 日。

势。经中央人民政府行政会议批准，农业合作银行于1951年正式成立，也即中国农业银行的前身。它负责领导农村信用社的工作，按照国家计划办理一年以上的农业财政拨款和农业长期贷款，满足农民和手工业者的发展需要。然而，当时农业合作银行没有在全国各地设立分行，实际上基层工作仍然由各级人民银行管理。与各级农业金融部门没有直接隶属关系。农业合作银行没有充分发挥应有的责任，基本上没有开展农业财政拨款和长期贷款业务。成立一年之后，便在1952年7月与中国人民银行合并，农村金融工作由中国人民银行金融管理局重新进行统一领导和管理。[①]

1955年，国家"一五"计划在全国如火如荼地展开，当时农村金融管理模式已经难以适应农村经济发展的需要，迫切需要建立一家农业银行，专门从事国家对农业的投资和对农业的长期贷款。因此，3月1日，国务院批准成立由中国人民银行总行领导的专门从事农村信贷工作的专业银行——中国农业银行。这不仅是国家进入计划经济建设时期进一步支持农业生产的重要举措，也是我国金融体系的重要分工。作为中国人民银行中央直属银行，中国农业银行的主要任务是积极发展农村特困户贷款、国有农业贷款、农田水利贷款、贫困农民合作基金贷款等农村金融业务。但由于与中国人民银行在农村信贷等业务上存在职能交叉、关系不顺等问题，国务院于1957年4月决定将中国农业银行与中国人民银行合并，且在中国人民银行内部成立了农村金融管理局来经营农村金融业务。

---

[①] 贾澎:《基于金融供需视角的农业产业化发展研究——以河南省为例》，知识产权出版社2014年版。

图 3-2　1951 年 7 月农业合作银行成立后的第一处办公地址
位于北京西城区西郊民巷 27 号

　　1960 年 9 月，中共中央批转国家计委党组《关于 1961 年国民
经济计划控制数字的报告》（后简称《报告》），《报告》中首次提
出对国民经济实行"调整、巩固、充实、提高"的方针，在这种
背景下，中国农业银行第三次成立了。1963 年 10 月 23 日，国务
院第 136 次全体会议决定复立中国农业银行。中国农业银行作为国
务院直属机构，对农业扶持资金进行了全面安排。同时，建立贫困
线以下中产农民免息专项贷款，实行农业贷款资金管理基金制度，
接管投资拨款监督工作，1961 年前全面清理农业贷款。同时，制定
了一系列农村金融规章制度，帮助生产队建立牲畜和农具折旧制度，
部署和整顿信用社的相关工作，打击高利贷。然而，中国人民银行
和中国农业银行在建立农村基层机构方面存在许多重叠。1965 年 11
月，中国农业银行在精简机构、积极备战的气氛中第三次被撤销，

重新并入中国人民银行，再次成为中国人民银行的机构。[①]

从中华人民共和国成立到改革开放前的 29 年间，中国农业银行经过了三次成立、三次合并的曲折历程。中国农业银行的发展历史，见证了中国经济建设的复杂性和艰巨性。尽管如此艰难，在党中央、国务院的领导下，中国农业银行从新中国成立之初支持农村经济和农业互助合作运动，支持农业合作化运动，打击农村高利贷，统一管理国家支农资金，促进农业生产发展，一直为服务"三农"作出了重要贡献，已成为促进我国农村经济发展的重要力量。[②]

## 二、第一家恢复成立的国家专业银行

1978 年 11 月 24 日夜，在安徽省凤阳县小岗村的一间低矮破旧的草屋里，18 位村民借助昏黄的油灯在一纸契约上庄严地按下手印，分田到户，包产到户，实行农业"大包干"，标志着家庭联产承包责任制的诞生，拉开了中国农村改革的序幕。次月，党的十一届三中全会原则通过了《中共中央关于加快农业发展的若干问题的决定》，将"恢复农业银行，大力发展农村信贷事业"作为加快农村经济发展的重要决策，充满活力的中国新农业银行重新诞生。

1979 年 1 月 23 日，国务院发出关于恢复中国农业银行的通知。3 月 13 日，中国农业银行总行正式营业，开始独立行使职权，开展业务活动，并立即在全国范围内进行了大规模的机构恢复和建设。

---

① 刘鹏：《中国商业银行变革与转型经济市场化中商业银行的作用与可持续发展》，中国金融出版社 2014 年版。

② 许立成：《中国银行业发展和监管理论、历史与逻辑》，南京大学出版社 2015 年版。

在短时间内形成了城乡机构体系，承担了支农帮农工作，统一管理支农资金，集中办理农村信贷，重点发展农、林、牧、副、渔业，为贫困地区农副产品的收购和扶贫提供资金支持，其贷款98%以上集中在农村，大力支持农业资源开发和技术改造。[①]

图3-3　《西藏日报》（1979年3月3日）刊登的《国务院决定恢复中国农业银行》

自恢复设立以来，中国农业银行大力筹集资金，积极探索适合中国国情的农村金融体制，不断拓展服务领域，完善经营管理，各项业务取得长足进步。同时，工作重点逐步从扶持公社、班组集体经济转向扶持国有企业、合作经济组织和农民；从单纯支持农业生产到支持农、林、牧、副、渔业全面发展；从配套生产环节到配套生产、流通、消费的整个再生产过程；从主要经营农业贷款到为农业、农村工商、交通、服务等行业提供综合金融服务。中国农业银

---

① 王家传等：《农村金融》，北京农业大学出版社1994年版。

行在为农业提供产前产后服务、支持农村经济结构调整等方面发挥了重要作用。到 1989 年底，中国农业银行存贷余额为 2055.5 亿元、3057.96 亿元，分别比 1979 年增长 6 倍和 6.4 倍。其中，储蓄存款余额 848.5 亿元，比 1979 年增长 39 倍。[①]到 1994 年，银行总资产达到 1.0565 万亿元，比恢复初期增加 20 倍，全国共有 5 万多家营业机构。中国农业银行和农村信用社的储蓄存款超过 7000 亿元。

在国内金融业务蓬勃发展的同时，中国农业银行的国际金融业务也从无到有，迅速发展。到 1989 年底，已与 20 多个国家和地区的 69 家银行建立了海外代理关系，先后加入了亚太农业信贷协会、联合国粮农组织银行家计划投资中心、国际农业信贷联合会等国际金融组织。同时，积极引进外资，发展外汇信贷业务，支持出口农业基地建设和乡镇企业技术改造，出口创汇。1984—1991 年，中国农业银行先后成功引进了 4 笔世界银行贷款。贷款金额达到 5.85 亿美元，这些贷款主要用于多个省的农林牧渔以及农产品加工等农业发展项目。到 1997 年底，外汇存贷款余额分别达到 39.3 亿美元和 53.7 亿美元。金穗卡发卡量达 883 万张，交易额达 1446 亿元。

抚今追昔，从 20 世纪 80 年代至 90 年代初，中国农业银行随着国家改革开放和农村经济发展的步伐奋勇前进。在此期间，中国农业银行始终致力于支持国民经济快速健康发展，积极扩大资金征集和融资，增加信贷投放，全力支持经济发展。同时，中国农业银行以农村金融业务为主，与城乡金融业务相结合，国际国内业务相组合，构建了完整的农村金融体系，成为服务领域广泛、金融服

---

① 李守荣：《中国金融体系概论》，经济管理出版社 1993 年版。

务全面的全国性专业银行。可以说，中国农业银行发展的每一步
都受到了党和国家领导人的亲切关怀，每一次变革都离不开党和
国家的正确领导，每一份成就都凝结着广大农行人的辛勤汗水和
智慧心血。

## 三、从专业银行向国有商业银行的华丽转身

从 1994 年开始，中国农业银行开始由国家专业银行向国有商
业银行转轨。中国共产党第十四次全国代表大会首次提出了中国社
会主义市场经济体制的改革目标，明确了市场在资源配置中的基础
性作用。随着社会主义市场经济体制改革的深入，农村金融，特别
是作为农村金融主渠道的中国农业银行，受到了内外部经营环境的
影响。政策性业务与经营性业务的矛盾日益突出，改革势在必行。
1993 年，国家正式启动了国有银行的商业化综合改革。12 月 25 日，
国务院发布《关于金融体制改革的决定》，着力建立由国务院领导、
独立实施货币政策的中央银行体系，打造以国家政策性银行和国有
商业银行为主体，中央银行领导下多种金融机构并存的金融组织体
系，形成统一的、高效有序的金融体系，建立符合国情和社会主义
市场经济要求的金融体制。[①]中国农业银行的改革目标是成为一家
社会主义国有商业银行，一家以市场为导向、以效益为目标、符合
中国农村市场经济要求的综合性、多功能、现代化的国有商业银
行。为此，中国农业银行调整市场定位，促进农村产业结构转型

---

① 　王家传、张兵、宋金杰、王厚俊：《农村金融》，北京农业大学出版社 1994 年版。

升级，提高农业资金使用效率。为农村商品生产、农村联产承包责任制的实施、农业产业化发展、农民脱贫致富提供了全方位的金融服务。

1994年以来，伴随农村金融服务体系改革的深化，中国农业银行经历了农业发展银行分设、银社脱钩、资产剥离等一系列重大金融体制改革，完成了从专业银行向商业银行的转型。[①]1994年，随着中国农业发展银行的成立，中国农业银行的政策性业务与商业性业务逐渐分离。中国农业银行由原来兼营政策性业务和商业性业务的专业银行改制为商业银行，成为农村金融体制改革的开路先锋，也标志着新型农村金融体系的建立。

1996年8月，国务院发布的《关于农村金融体制改革的决定》明确规定，农村信用社和中国农业银行从行政隶属关系中分离，农村信用社的业务管理和金融监管分别由农村信用联社和中国人民银行承担。此后，中国农业银行认真贯彻国务院精神，积极组织实施"脱钩"具体工作，重点抓好银行与社会之间人、财、物、资的界定和转移。到1996年底，基本宣布农村信用社与中国农业银行脱离行政隶属关系。

1999年10月18日，中国长城资产管理公司成立，主要负责从中国农业银行剥离的不良资产的收购、管理和处置。这对从专业银行转变而来、历史包袱沉重的中国农业银行来说，是一次难得的历史机遇，对银行经营与发展具有重要的历史意义和深远的影响。中国长城资产管理公司的成立大大减轻了中国农业银行的历史经营

---

① 唐青生:《农村金融学》，中国金融出版社2014年版。

负担，显著降低了不良贷款比例，显著提高了经济效益。[①]

## 四、国有商业银行股份制改革的收官之战

不良资产剥离仍然没有触及银行经营管理体制的深层次矛盾，也无法从根本上扭转国有银行的经营困境。与此同时，中国加入世贸组织（WTO）在2001年取得了重大突破。中国政府承诺在2001年12月中国加入世贸组织三年后开放外资银行境内公司的人民币业务；五年后进一步开放外资银行的国内人民币零售业务。这意味着，到2006年底，外资银行全面进入中国金融市场后，中国银行业将不得不与外国同行，与西方大型银行展开激烈竞争。这场竞争是对中国银行业生死的考验，改革势在必行。在此背景下，国家决定启动大型商业银行股份制改革。2003年10月，党的十六届三中全会在《中共中央关于完善社会主义市场经济体制若干问题的决定》中明确提出，国有商业银行应成为"资本充足、内控严格、经营安全、服务好、效率高的现代金融企业"，国有商业银行改革全面加快。[②]

作为改革开放初期最先恢复成立的国有银行，中国农业银行在股份制改造的必经之路上却是最后一家挂牌。因此，中国农业银行的股份制改革，既是中国农村金融体系改革的一件大事，也是国有商业银行股份制改革的收官之战，经历了一个漫长的酝酿和准备过程。由于中国农业银行股份制改革涉及国有商业银行改革和农村

---

① 唐青生：《农村金融学》，中国金融出版社2014年版。
② 史建平、杨长汉：《商业银行管理》，机械工业出版社2014年版。

金融体制改革两个领域，改革筹备时间较长，启动时间也较晚。且由于历史等原因，与其他商业银行相比，中国农业银行的政策负担更重，承担的转型改革成本更多，机构人员负担最大，情况更为复杂，要在摸索改革试点经验的基础上，认真考虑全局，积极稳妥地推进。2002年，根据全国金融工作会议精神，中国农业银行开始了股份制改革的研究与探索。国有银行股份制改革是一种新的实践，而农业银行的情况更为复杂和特殊。因此2003年至2006年，中国农业银行主要按照中央和国家有关部门的要求，组织专门力量做好股份制改革的前期酝酿和准备工作，积极开展资产和验资工作，摸清风险资产底数，稳步推进机构撤并和人员分流。①

2007年1月19日，第三次全国金融工作会议确定了中国农业银行"面向'三农'、整体改制、商业运作、择机上市"的股份制改革总体原则，标志着股份制改革正式启动。同年6月，中国农业银行新一届党委成立，中国农业银行股份制改革筹备工作全面展开。随着股权分置改革准备工作的深入，股权分置改革的时机和条件越来越成熟。2009年1月9日，中国农业银行股份有限公司创立大会在北京召开。会议选举产生了中国农业银行股份有限公司第一届董事会、监事会。1月15日，中国农业银行股份公司依法成立。在国际金融危机纵深演变，国际知名金融机构纷纷破产或分拆自保之际，中国农业银行的上市表明了中国银行业的信心，标志着国有商业银行股份制改革取得阶段性胜利，意味着农业银行迈入了新的发展阶段。

---

① 刘鸿儒：《变革——中国金融体制发展六十年》，中国金融出版社2009年版。

2010 年 4 月 16 日，中国农业银行召开发行上市工作启动会，正式开启了中国农业银行公开上市的进程。6 月 9 日，中国证监会第 89 次主板会议通过了首次公开发行股票的申请。第二天，H 股上市通过港交所聆讯。6 月 17 日，IPO 路演开始。路演期间，以城乡联动、快速增长为核心的中国农业银行"大象起舞"投资故事获得了投资者的广泛认可。7 月 15 日和 16 日，中国农业银行在上海和香港实现了"A+H"公开上市，成为全球第三大 A 股上市公司和世界第七大上市银行。中国农业银行的上市，标志着国有商业银行改革的顺利结束，对提升银行业稳健经营和可持续发展能力具有全局意义。这是中国农业银行历史上的一个新的里程碑，开启了中国农业银行建设世界级现代商业银行的新篇章。①

截至 2020 年底，中国农业银行境内分行共计 22938 家，包括总行总部、总行营业部、3 个总行专营机构、4 家培训学院、37 家一级分行、396 家二级分行、3372 家一级支行、19073 个基层营业机构和 51 个其他机构。海外分支机构包括境外分行和 3 家境外代表处。此外还拥有 16 家主要控股子公司，其中境内 11 家、境外 5 家。总资产达到 27.2050 万亿元，发放贷款和垫款总额 15.1704 万亿元，吸收存款 20.3729 万亿元，资本充足率 16.59%，全年实现净利润 2164.00 亿元。自 2014 年以来，金融稳定理事会已连续 7 年将中国农业银行列入全球系统重要性银行名单。2021 年，中国农业银行在《财富》全球 500 强排名中排名第 29 位；英国银行家杂志（British banker Magazine）对全球 1000 家顶级银行进行了排名，

---

① 江若尘等：《中国 500 强企业案例精选第 2 辑寻求中国大企业创新转型发展的路径》，经济管理出版社 2017 年版。

中国农业银行在一级资本方面排名第三。[①]

纵观农行的辉煌发展历程,农业银行始终坚持勠力创新、与时俱进,把服务国家、服务社会放在重要位置,始终顺应国家"三农"政策导向,不断提升"三农"金融服务水平和自身可持续发展能力。1951—2021 年,70 年峥嵘岁月,一路风雨兼程的锐意拼搏;70 年沧桑巨变,一段砥砺前行的光辉历程;70 年波澜壮阔,一首昂首阔步的壮丽诗篇。70 年来,中国农业银行紧随共和国成长历程,与祖国共成长、同进步、齐发展,见证了祖国从贫穷落后走向繁荣富强的壮丽奇迹,孕育出熠熠生辉的农业银行精神。虽然经历"四分三合"、股份制改革和挂牌上市,但中国农业银行服务"三农"的决心没有改变,服务"三农"的信心没有动摇,服务"三农"的力度没有削弱。

## 第二节　脱贫路上的农行金融力量

《管子·治国》有云:"民事农则田垦,田垦则粟多,粟多则国富。"《史记·文帝本纪》亦云:"农,天下之本。务莫大焉。"一语中的说出农业是国家的根本。中国是传统的农业大国,自古以来就有以农治国的传统,"三农"是关系国计民生的根本性问题。习近平总书记在河北省阜平县考察时指出:"全面建成小康社会,最艰巨最繁重的任务在农村、特别是在贫困地区。"如果按当年价现行农村贫困标准衡量,1978 年末我国农村贫困发生率高达 97.5%,以

---

[①] 中国证券业年鉴编辑委员会:《中国证券业年鉴 2015》总第 23 期上,复旦大学出版社 2016 年版。

乡村户籍人口作为总体推算，农村贫困人口规模 7.7 亿人。这也就决定了金融扶贫是中国农业银行的重要使命。

长期以来，商业银行如何有效服务农业、农村和农民，已成为金融业公认的世界性难题。作为新中国农村金融事业的拓荒者、国务院扶贫开发领导小组成员单位中唯一的商业银行，中国农业银行始终遵循和贯彻落实习近平总书记关于扶贫工作的重要论述，认真贯彻落实中央脱贫攻坚决策部署，坚定走在服务"三农"金融机构的前列，举全行之力，不断增加农村金融供给，持续探索创新，充分发挥出农村金融体系的骨干和支柱作用，探索出了大型商业银行支持新时期"三农"发展的有效途径。特别是在脱贫攻坚的战场上，以显著成效和自身健康发展诠释并践行了服务"三农"是农业银行立行之本和党中央赋予的政治使命与社会责任。[①]

## 一、奋进在扶贫路上的中国农业银行

1986 年，一个今天大家耳熟能详的机构——扶贫开发领导小组办公室成立，彼时它的名字是"贫困地区经济开发领导小组"。也是从这一年开始，中国农业银行负责发放专项扶贫贴息贷款。2008 年，农业银行的金融扶贫工作转移到以支持两类贫困县和扶贫龙头企业等为重点的扶贫阶段。2011 年，中国农业银行积极响应党中央号召，将集中连片特困地区作为新的扶贫工作重点。自始至终，中国农业银行将全力做好脱贫攻坚金融服务工作看作自己的

---

① 吴德立：《牢记使命耕耘"三农"热土 农业银行服务"三农"发展综述》，《中国城乡金融报》2019 年 3 月 8 日。

政治责任，认真贯彻落实党中央精神以及习近平总书记关于扶贫工作的重要论述精神和政府工作报告对扶贫开发工作的部署要求。随着国家扶贫政策的发展，中国农业银行的扶贫工作也在不断变化，其进行金融扶贫实践的历史可以分为以下四个阶段：

图 3-4　农业银行反贫困和金融扶贫事业的实践历程时间轴

### （一）支持农村发展阶段（1951—1985 年）

作为过渡时期专门从事农村金融工作的国家银行，中国农业银行在发展农业经济的总任务下，承担了帮助贫困农民和手工业克服困难、发展生产，支持发展互助合作组织和农业技术改造，逐步实现农业手工业经济的社会主义改造。同时，组织领导信贷合作，逐步改造农村自由放贷和高利贷剥削等问题。[1] 1979 年，农业银行承担起发展农村金融、服务农村商品经济的重任。1980 年，农业银行根据国家发展需要制定了以"因地制宜支持商品生产，讲求经济效益、活跃农村经济"为内容的经营指导方针。

### （二）发放专项扶贫贴息贷款阶段（1986—1993 年）

1986 年，中国农业银行承担起开展扶贫贴息专项贷款、支持

---

① 农村产业金融部课题组：《农业银行金融扶贫模式初探》，《农村金融研究》2013 年第 5 期。

贫困地区经济发展、解决群众温饱问题的重大政治任务。中国农业银行采取行动，支持全国重点贫困县经济和商品生产发展，解决群众温饱问题。贴息贷款的信贷资金每年由中国人民银行专门安排，由中国农业银行负责分配和管理。贷款收回后，将其归还中国人民银行。这笔贷款的大部分利息由中央政府补贴。从 1986 年到 1993 年，农业银行一直承担着我国扶贫贴息贷款的管理职责。在此期间，农业银行累计发放各类扶贫专项贷款 248.5 亿元。1994 年，随着国家"八七"扶贫攻坚计划的实施和中国农业发展银行的成立，扶贫贷款业务由农业银行划转到农业发展银行。1998 年 5 月，扶贫贷款业务再次划转回农业银行。1998—2007 年的十年间，农业银行加快推进扶贫贴息贷款发放的同时，每年安排约 8 亿元康复贷款计划，专门用于解决农村地区贫困残疾人温饱问题。[2]

### （三）探索商业金融扶贫模式阶段（1994—2014 年）

中央于 1994 年颁布了《"八七"扶贫攻坚计划》，提出要在七年内，解决贫困群体的温饱问题，增加扶贫贴息贷款 10 亿元，2001 年，为响应国家第一个扶贫十年规划，农业银行稳步提高扶贫贴息贷款投放数量。2001 年至 2007 年，农业银行累计发放扶贫贷款 1491.91 亿元，其中发放扶贫贴息贷款 882.74 亿元。[1]自 2008 年开始，扶贫贴息贷款不再由农业银行一家发放，各家金融机构均可介入。为了适应这一变化，中国农业银行发布了《中国农业银行

---

[1]　国家统计局农村社会经济调查司：《中国农村贫困监测报告 2009》，中国统计出版社 2009 年版。

[2]　《农业银行助力脱贫攻坚》，《经济日报》2018 年 12 月 27 日。

贫困县"三农"金融服务方案》，明确了服务重点领域，形成了"大扶贫"的理念，确立了以国家和省级扶贫开发重点县为主要支持对象的工作原则，明确了以"两类区域、一类客户"为重点的信贷扶贫工作思路。[①]2009，中国农业银行向中国扶贫基金会发放了 2 亿元贷款，委托专业小额信贷机构为贫困地区的贫困农户提供小额信贷，开创了商业银行参与扶贫开发的新模式。此后，农业银行从服务"三农"的市场定位出发，顺应国家扶贫工作思路变化，先后下发《关于贯彻落实〈中国农村扶贫开发纲要（2011—2020 年）〉做好金融扶贫工作的意见》《关于做好集中连片特困地区金融服务工作的通知》《关于加强集中连片特困地区金融服务工作的意见》，确定了信贷投放持续增长、基础金融服务显著改善、市场竞争力显著增强三大定量目标，在信贷规模、信贷政策、产品创新、财务费用、考核激励和人力资源等方面向集中连片特困地区行倾斜扶持政策，并要求各级行与政府密切合作，摸清片区底数，制定金融服务计划[②]，探索可持续的商业服务模式，有效提升金融扶贫能力[③]。

## （四）大力投入脱贫攻坚阶段（2015 年至今）

2015 年，党中央、国务院颁布《中共中央国务院关于打赢脱贫攻坚战的决定》后，在"创新、协调、绿色、开放、共享"新发展理念的指引下，中国农业银行先后组织实施了消费扶贫、东西部扶贫合作、教育扶贫等一系列专项扶贫行动，积极落实习近平总书

---

① 农村产业金融部课题组：《农业银行金融扶贫模式初探》，《农村金融研究》2013 年第 5 期。
② 农村产业金融部课题组：《农业银行金融扶贫模式初探》，《农村金融研究》2013 年第 5 期。
③ 《中国农业银行近五年来金融扶贫政策文件摘要》，《中国城乡金融报》2017 年 9 月 1 日。

记精准扶贫的重要思想，持续强化政策制度创新、业务模式转型和体制机制改革，健全符合高质量发展要求的组织管理体系、资源配置模式、激励约束机制，充分激发各机构、各条线干事的创业热情与主动性。

中国农业银行坚持创新驱动发展战略，紧紧围绕"三农"发展的实际情况，建立起总行统筹、分行主导的产品创新机制，先后开发创新农民安家贷、美丽乡村贷、普洱贷、油茶贷等线下产品，探索出惠农e贷、小微e贷、产业e贷等线上产品，推出土地承包经营权、集体经营性建设用地使用权、禽畜活体等新型抵质押担保方式，创新金融产品总量达到230个。此外，农业银行积极构建"年度信贷政策指引＋行业信贷政策＋区域信贷政策"的"三农"信贷政策体系，出台白酒、苹果、粮食等近40个涉农行业区域信贷政策。同时，引进现代农业产业基金、融资租赁、资产证券化等金融工具。大力加强多方合作，探索政府增信、银行担保合作、农业产业链金融等一大批服务模式，为农村发展提供差异化、精准化的金融服务。[①]

中国农业银行坚持区域协调发展战略，面对不同地区、不同自然条件、不同资源禀赋和不同经济基础等问题，农业银行积极响应国家政策，开展东西部扶贫协作，倾斜信贷资源，重点支持区际产业转移、京津冀协同发展和长江经济带的小微企业，协助构建要素有序、自由流动、主体功能约束有效、公共服务均等、资源环境可承受的区域协调发展新格局，推动区域协调发展。

中国农业银行坚持绿色健康发展战略，紧跟国家重大绿色发展

---

① 谷澍：《努力让金融更好服务乡村振兴》，《人民日报》2021年7月9日。

战略，以信贷手段引导循环经济发展，根据国家环保法律法规、产业政策和金融监管政策，从信贷客户角度设置不同维度的指标和准入标准，重点防范信贷活动中的环境和社会风险，建立了绿色信用指标体系，内容涵盖效率、效益、环境保护、资源消耗和社会管理等五大类指标；通过差异化信贷管理手段，建立健全长效机制，支持小微企业由"高投入、高能耗、高污染、低产出"的传统模式向"低投入、低能耗、低污染、高产出"的模式转变，支持在绿色农业发展、绿色林业发展、工业节能节水、自然保护、生态恢复、生态建设等节能环保领域的发展。

中国农业银行坚持全面开放发展战略，围绕出口企业转型、"一带一路"建设、全面对外开放所衍生出的金融需求，依托自身分支机构遍及海内外、金融资源及服务经验丰富的优势，持续加大对外向型小微企业的支持力度。农业银行抓住外向型小微企业转型升级发展的机遇，出台差异化区域政策，适度增加信贷供给，选择票据池、国内信用证、保理、应收账款融资和单位结算卡等供应链金融产品。在大力推广简易贷款、工商物业贷款的基础之上，全面满足企业"走出去"的跨境投融资需求和当地贸易客户的国际贸易融资需求。

中国农业银行坚持共享共赢发展战略，秉承普惠金融理念，肩负国有大行的责任与担当，积极整合多方资源，扶持贫困地区的小微企业发展，支持城乡居民实现就业创业，促进商贸、教育、医疗等民生领域的小微企业茁壮成长。作为中国主要的综合性金融服务提供商之一，中国农业银行在全国各地设有大量分行，覆盖城乡，致力于以全面的业务组合、庞大的分销网络和领先的技术平台为广大客户提供普惠金融服务。通过深入开展"金穗惠农通"工程、大力推广单位结算卡业务、完善互联网"三农"金融服务平台、建设中小企业网上贷款平台等途径，不断提高金融服务的可得性，切实解决"融资难"问题，尤其是贫困户"融资难"的问题。

进入 2020 年，中国农业银行把未摘帽贫困县作为全行金融扶贫工作的重中之重，出台专项工作意见，明确了一系列优惠倾斜政策。建立挂点指导机制，总行、分行党委成员直接挂点联系尚未脱帽的贫困县。疫情期间，他们通过电话直接联系，线上解决支行在金融扶贫中的实际困难和具体问题。建立总行机关部室党建结对帮扶贫困村机制，通过联合学习共建、产业扶贫、消费扶贫、爱心帮扶等多种形式的结对帮扶活动，促进贫困村脱贫摘帽。[1]针对疫情导致贫困地区农产品滞销问题，中国农业银行专门召开会议，部署相关工作，促进贫困地区农产品销售。建立贫困地区扶贫商品库，汇总 625 个贫困县近 3000 种扶贫产品清单，滚动更新，供各级银行开展有针对性的线下帮扶销售，全年共帮助销售贫困地区农产品 16.7 亿元。以粮食安全、农田水利、农村基础设施等乡村振兴重点领域为重点，补上短板，增加县域"三农"信贷，增加县域贷款 7525 亿元；线上农户贷款"惠农 e 贷"余额 3534 亿元。持续推进定点扶贫和东西部协作扶贫，多方协力帮助贫困地区引入产业项目和帮扶资金。在贫困地区新建开业 73 家人工网点，对贫困地区的金融服务供给能力进一步提升。截至 2021 年 5 月底，中国农业银行已提供县域贷款余额 5.78 万亿元，涉农贷款余额 4.59 万亿

---

[1] 《中国农业银行全面助力打赢脱贫攻坚战》，《人民日报》2020 年 5 月 23 日。

元，为832个脱贫县提供贷款1.4万亿元，精准扶贫贷款4959亿元，农户贷款1.98万亿元，为脱贫攻坚和乡村振兴提供了源源不断的"金融活水"。

## 二、勇担金融扶贫责任的中国农业银行

中国农业银行始终不折不扣贯彻落实党中央关于脱贫攻坚的决策部署，把助力脱贫攻坚作为重大政治责任扛在肩上，勇当金融扶贫排头兵，投入巨额信贷扶贫资金，创造出多种适合贫困地区农户脱贫致富的信贷扶贫模式，为我国坚决打赢脱贫攻坚战源源不断地贡献金融力量。

### （一）金融扶贫的主力军

中国农业银行始终牢记初心使命，坚持服务"三农"的定位，坚决承担起大型国有商业银行金融扶贫的政治责任，努力发挥金融扶贫的国家队、主力军和先锋队的作用。这一使命与担当有着悠久的历史传承。早在中国农业银行恢复成立之初便承担起了发展农村金融事业、服务农村商品经济的重任，并根据农业发展的需要调整行业发展重点。1987年，为响应水利部《关于发展农村水利增强农业后劲的报告》提出的加强水利建设的号召，农业银行在原有支持农村小水电的基础上，出台政策支持都江堰灌区、大藤峡水利枢纽、毗河供水一期工程、贵州夹岩水利枢纽、天津永定新河治理二期工程等一批农田水利重点项目。20世纪90年代初，国家提出"科技兴农"战略，中国农业银行顺势调整信贷投资方向，先后推出"星

火计划""丰收计划""科技开发""两高一优"和"节水农业灌溉计划"等专项贷款,加大对农业科技的支持力度。此后,中国农业银行紧扣优质粮食工程和大豆振兴计划等,不断推出特色化、差异化金融服务。此外,与国家天然林保护工程、草原生态保护工程对接,大力支持市场化农业绿色资源开发项目。①

实施乡村振兴战略,是党中央作出的重大战略决策。这不仅对中国农业银行服务"三农"提出了更高的要求,而且为中国农业银行的发展带来了新的机遇。根据中央政府的战略部署,中国农业银行迅速行动起来,发布了服务于乡村振兴的"七项行动计划",重点包括金融服务与农村产业融合、农村产权制度改革、国家粮食安全战略、扶贫开发、农村经济发展、农村社会发展等,建设美丽宜居的村庄、县域幸福产业以及"三农"和县域绿色发展,不断完善相关信贷政策,切实为实施农村振兴战略贡献了中国农业银行的智慧和力量。

### (二)金融扶贫的创新者

中国农业银行发挥"三农"服务优势,创新金融扶贫工作思路和方法。在机制建设上,形成系统化组织保障体系、精准化政策支持体系、长效化带贫益贫机制,构建多元化金融扶贫模式;在金融扶贫产品上,创新金融扶贫产品,满足贫困地区和贫困人口多层次、多元化的金融服务需求,在金融扶贫领域起到了引领作用。特别是党的十八大以来,农业银行顺应国家"三农"政策导向和我国

①  岑婷婷、郑旭华:《凝心聚力鼎力大国工程  农业银行支持国家重点工程项目纪略》,《中国城乡金融报》2018 年 10 月 31 日。

农业农村经济发展的实际情况，根据农村千差万别的实际情况和发展趋势，不断提高产品和服务的创新性、针对性和适应性，推出专项扶贫产品。服务对象不仅包括农业重点建设项目、农业龙头企业、各类园区等大中型客户，还包括小微企业、家庭农场、农民专业合作社和其他新的农业商业实体，致力于为不同群体提供高质量的金融服务。

农户"融资难"是困扰农村经济社会发展的突出问题之一，受内外部条件制约，商业银行通过传统信贷模式一直未能很好解决这一问题。当前，随着科学技术的广泛应用，农村信息化、数字化建设加速推进，为解决农户融资难问题提供了重要契机。2017年，"银行＋企业"公益合作模式、"重庆扶贫年货农业银行公益展卖"活动成功举办，正式开启了农业银行大型公益扶贫主题展销会的序幕。不久，中国农业银行公益性扶贫在线服务平台正式上线，为广大社会公众提供了基于互联网的公益扶贫共享服务。通过中国农业银行县级机构推荐和"中国农业银行 e 管家"供应链体系的遴选，"益农融商"公益商城优先服务于贫困地区企业，有效探索"中国农业银行金融支持＋扶贫龙头企业＋公益扶贫营销"的合作模式，成为精准扶贫的又一创新模式。2018年，农业银行积极完善系统平台、优化业务流程、更新信贷政策，通过方案营销、模式营销、培训营销和组织现场推进会等多种措施，推动"惠农 e 贷"业务实现了新突破。[①]此外，中国农业银行不断扩大贫困地区分行的产品创新权限，新增"三农"产品创新基地，研发符合扶贫企业和贫困

① 《中国农业银行全面助力打赢脱贫攻坚战》，《人民日报》2020 年 5 月 23 日。

人口需求的贷款产品。2016 年以来，中国农业银行不断扩大贫困地区分支行产品创新权限，在贫困地区设立了 37 个"三农"产品创新基地。先后推出了特色产业扶贫、政府增信扶贫、龙头企业扶贫等 25 种金融扶贫专项服务模式，编发了 40 多个典型案例，努力提高全系统金融服务扶贫能力和水平。

### （三）金融扶贫的承载者

中国农业银行在服务渠道和服务模式创新上进行了大量富有成效的探索，针对农村地区结算难、取现难等困难，不断推出信贷服务之外的金融服务。目前，中国农业银行是国内唯一一家在各县市均设有分行的商业银行，在边境地区、自然条件恶劣的地区，农行成为当地唯一的黄金银行，享有"马背银行""摩托车银行""帐篷银行"等称号，承担起了金融边防和金融支农的社会责任。在高寒缺氧的青藏高原，农业银行的网点占当地银行业金融机构的 75%，在西藏多数县域及以下地区，农业银行是当地唯一的金融机构；在边境线上，农业银行建立的网点机构占全行系统边境网点的 33% 以上；海拔 4000 米以上的网点有 245 个、4500 米以上的网点 101 个、5000 米以上的网点 5 个，为当地居民提供开户、挂失、存取款和汇款等金融服务，真正实现了高海拔边境地区的服务全覆盖。2018 年，最后一批 114 家营业网点实现电子联网，结束了 23 年的手工操作历史。据不完全统计，在全国范围内，中国农业银行在各县域基层拥有 1 万多家机构，20 多万名员工长期在各县、乡村和边远地区工作。

中国农业银行构建了"物理网点 + 自助银行 + 惠农金融服务点 +

互联网金融平台 + 外呼远程银行 + 流动金融服务"六位一体的新渠道服务体系，为贫困地区群众提供足不出户的基本金融服务。2016年以来，农业银行在 832 个国家扶贫工作重点县累计新建人工网点168 个、自助网点 599 个。截至 2020 年末，农业银行在贫困地区累计投入移动金融服务车 43 辆，重点解决贫困地区的金融服务问题。2020 年，农业银行建立起总分行党委成员直接挂点联系未摘帽贫困县的挂点指导机制，持续推进定点扶贫和东西部协作扶贫，多方协力帮助贫困地区引入产业项目和帮扶资金。

伟大的事业需要崇高的精神，崇高的精神推动着伟大的事业。中国农业银行是党的银行、国家的银行、人民的银行，在其历史发展的长河中，始终流淌着红色的金融血脉，厚植着深厚的历史底蕴，传承着优秀的农业银行精神。这种精神力量源自农业银行厚重的历史积淀和与时俱进的不倦追求，伴随着农业银行改革发展的深化而发展，在传承和弘扬中进一步发扬光大。

# 第四章
# 脱贫攻坚战答卷上的农行印记

"消除贫困、改善民生、逐步实现共同富裕，是社会主义的本质要求，是我们党的重要使命。全面建成小康社会，是我们对全国人民的庄严承诺。脱贫攻坚战的冲锋号已经吹响。我们要立下愚公移山志，咬定目标、苦干实干，坚决打赢脱贫攻坚战。"习近平总书记在中央扶贫开发工作会议的重要讲话掷地有声，向全党全国发出了打赢脱贫攻坚战的总动员令，吹响了脱贫攻坚战决胜阶段的冲锋号。

中国农业银行在发展的过程中，始终遵循党和国家的大政方针，积极响应国家重大战略需求，牢记社会责任，坚定地走在金融机构服务"三农"的前列，发挥在农村金融体系中的骨干和支柱作用，践行中国特色扶贫理论，全面阐释了农业银行人"为什么我们要做""为什么我们能做"的时代使命感与责任感。特别是积极构建了以服务"三农"为出发点、以建立和完善体制机制为立足点、以不断加强资源投入为支撑保障、以不断改革创新为动力、以精准定向聚焦为突破、以动员社会参与为增力、以搭建数字化平台为优势、以实现脱贫攻坚与乡村振兴有机衔接为落脚点的高效助力脱贫攻坚的金融扶贫体系。

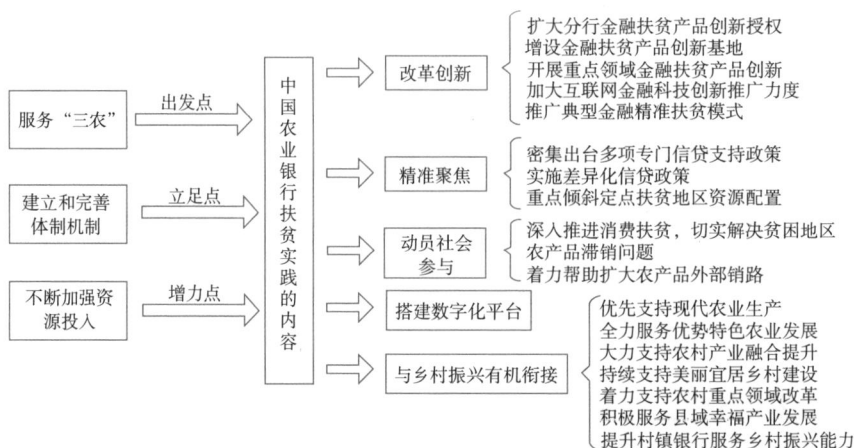

图 4-1　中国农业银行践行中国特色反贫困理论的内容

# 第一节　坚持党的领导是实践的根本

金融是"国之重器"，党的领导是中国金融事业兴旺发达的根本保证。中国农业银行始终坚持党的领导，始终以党和国家的政策方针作为企业发展的指导。目前，农业银行共有 4.4 万个基层党组织、35 万名党员，在中管金融企业中党组织和党员数均最多，这是农业银行最大的政治资源和政治优势。作为党领导下的国有银行，农业银行的发展始终遵循党和国家发展的需要、服务国家建设的大局，自觉把党的领导融入现代公司治理全过程，自觉把党旗插在金融服务"三农"最前沿，切实担负起金融服务决战决胜脱贫攻坚政治责任，自觉把堡垒建在支持脱贫攻坚第一线，把支持打赢脱贫攻坚战，作为检验各级党组织和广大党员干部政治站位和政治能力的重要标准，举全行之力高质量推进各项工作，集中攻坚力量，在组织领导、资源保障、考核激励等方面出台一系列针对性的专门政策、制度和措施，统筹推进全行金融扶贫工作。

## 一、建立"总行统筹、分行推进、县支行抓落实"的三级行联动机制

中国农业银行在总行、分行成立了由党委书记任组长的金融扶贫工作领导（推进）小组，完善议事规则，定期召开会议部署金融扶贫工作。同时在总行、分行设立了扶贫开发金融部，组建了一支专业化的金融扶贫队伍。选派总行优秀干部和党员同志驻村帮扶，与贫困地区的党支部书记形成合力，通过发挥帮扶干部较高的文化素质、组织水平、管理能力等优势，壮大扶贫工作队伍，激活贫困地区党组织活力。例如，陕西略阳支行开展党建引领驻村包扶，与村"两委"班子确立"坚持开发式扶贫方针，以增加贫困户收入、降低贫困发生率为核心，以改善农民生产生活条件、大力实施产业项目为支撑"的扶贫工作思路，带领贫困村走向脱贫致富。[①]

## 二、党员干部充分发挥模范带头作用

习近平总书记指出，基层党组织能力强不强，抓重大任务落实是试金石，也是磨刀石。为此，中国农业银行不断增强贫困地区的人力资源配置，选优配强扶贫干部，在贫困地区执行特殊招聘政策，

---

① 吴建轩、高山松：《唤醒沉睡的大山》，《各界导报》2018 年 5 月 16 日。

2016 年以来，累计为 832 个国家扶贫工作重点县支行补充员工 6017名。同时，中国农业银行加强人员的职业道德和业务知识培训。不断强化员工合规经营意识，通过优化网点劳动组合，实行弹性开门、弹性排班、弹性排柜等方式，释放人力资源，投入流动服务中去，促使贫困地区基层网点人岗匹配优化。此外，农业银行把贫困地区和脱贫攻坚一线作为培养锻炼干部的重要平台，大胆提拔使用在脱贫攻坚工作中实绩突出的干部，鼓励优秀年轻干部到深度贫困地区磨砺成长，积极选派他们赴定点扶贫县任挂职副县长、村第一书记、支行副行长，依托农业银行资源优势，协助引进资金、信息、技术，赢得了地方党政和群众认可。如河北饶阳县挂职副县长李海波荣获"全国脱贫攻坚创新奖"，邹村驻村第一书记郧玺获得"河北省扶贫脱贫优秀驻村第一书记"称号；贵州黄平县挂职副县长李建平荣获"黔东南州脱贫攻坚优秀共产党员"称号，学坝村驻村第一书记吴剑荣获"贵州省脱贫攻坚优秀村第一书记"称号。此外，秀山分行挑选精兵强将 45 人组成 8 个扶贫专门团队，对全辖 27 个乡（镇）分片包干，开展金融知识巡回宣传，金融产品宣讲辅导，定点扶贫工作推进落实。内蒙古分行向近千个乡镇派出 1000 个"支持脱贫攻坚流动服务党员先锋队"，被广大牧民称赞为"金融乌兰牧骑"。四川昭觉县支行组织党员突击队为"悬崖村"设立"银讯通"助农取款服务点，在悬崖上架起金融助力脱贫的"天梯"。党员干部们发扬"缺氧不缺精神""金融戍边"精神，坚守在为少数民族、边疆地区提供金融服务的第一线。①西藏分行领导班子全部深入一线艰苦支

---

① 王敬东：《落实部署使命担当》，《人民日报》2021 年 6 月 22 日。

行结对帮扶，指导重点县支行精准扶贫工作，按照建档立卡户脱贫增收、产业扶贫等"八个全覆盖"要求，将全行 75% 以上的新增营业网点向重点扶贫县倾斜，80% 以上业务骨干安排在扶贫一线，连续八年派出 20 多支、1000 多人的驻村工作队进行扶贫，并将捐赠资源重点向驻村点倾斜，累计捐赠 3000 多万元。[①]杭州分行实行"党建＋消费帮扶"模式，向员工下发《"扶贫献爱心团购暖人心"倡议书》，鼓励党员干部发挥先锋模范作用，提倡员工积极参与消费扶贫活动。通过本单位集采、推荐客户单位采购、线下员工团购、掌银平台零购等方式，全力协助贫困地区解决农产品滞销等问题。农业银行焦作分行实行"党建＋人文关怀"模式，鼓励青年党员和入党积极分子在脱贫攻坚中勇挑重担，开展金融精准扶贫政策宣传和讲解，了解贫困群众生活，开展志愿服务，给予老年人群人文关怀；组织员工献爱心，党员干部起带头作用，与贫困孤儿家庭开展结对帮扶，实施留守儿童健康成长项目。

## 三、积极传播各项扶贫政策和强农惠农政策

农业银行通过党员座谈会、主题党日等活动，强化思想教育，增强贫困村党组织对决胜脱贫攻坚的决心，做到扶贫扶志。为落实金融扶贫实效，农业银行将金融扶贫工作纳入一级分行党建考核、贫困县支行党委书记抓基层党建述职评议的必述内容，将金融扶贫列为基层行党组织清单式管理和党员积分制管理的重要指标，引导

---

① 刘艳辉、赵新吉：《金融之光普照高原贫困户 农业银行西藏分行助力打赢脱贫攻坚战纪实》，《中国城乡金融报》2018 年 9 月 14 日。

各级党组织和党员干部在脱贫攻坚一线切实发挥战斗堡垒和先锋模范作用。宜宾分行实行"党建＋产业帮扶"模式，与贫困村成立联合党支部，把基层组织的党建工作与脱贫攻坚紧密结合，发挥村组干部在脱贫攻坚中的主体示范作用，向贫困村捐款进行党建工作室改造和农村产业发展，为贫困户解决产业发展资金难题，用活"党建＋金融＋产业"的扶贫模式。①

## 四、将金融扶贫政策、产品和服务推广到深度贫困县和乡镇

农业银行为贫困地区发展提供优惠的信贷支持，协助引进资金、信息、技术，并积极鼓励党员同志或者致富能人发展产业，起到模范带头作用，从而带动贫困地区产业发展，有效带动贫困地区脱贫致富。北川支行实行"党建＋精准结对"模式，开展"结亲帮万户，奔上小康路"活动，支行26名党员干部全部下沉到村，对168户农户深入开展结亲帮扶工作。通过开展政策宣传、完善帮扶措施、完成对标补短、规范软件资料等方式，帮助贫困群众致富。②聊城分行实行"党建＋思想教育"模式，加强与贫困户的交流，对其进行红色教育，使其树立脱贫信心。加强与政府部门党委的合作，统一思想认识，形成工作合力，推动帮扶工作有序开展。

---

① 王喻:《金融助力精准扶贫　农行宜宾分行产业扶贫跑出"加速度"》,《宜宾日报》2018年6月28日。

② 李佳芮:《农行北川支行创新"党建＋精准扶贫"显成效》,《绵阳日报》2019年3月21日。

**图4-2 农业银行云南省怒江州分行员工向独龙族群众宣传普及金融知识**
（梁志强 摄）

**图4-3 农业银行甘肃省平凉市崆峒支行员工深入了解贫困地区群众金融需求**
（孙自强 摄）

党建扶贫遍及祖国的大江南北，从高寒缺氧的雪域高原，到山高路险的偏僻山村，都有农业银行扶贫干部的身影。与此同时，党建引领扶贫模式下涌现了以陕西略阳支行和湖北省保康支行为突出代表的典型事迹，也得到了国家的高度评价，先后被国务院扶贫办选入"攻坚克难全国脱贫攻坚展"，在中央定点扶贫单位考核中连年被评价为第一等次"好"。

## 案例 1　党建引领扶贫模式——略阳县支行

陕西省略阳县观音寺镇毛垭子村，距县城 85 公里，是全县最偏远的村子。全村耕地面积 960 亩，退耕还林 1320 亩，林地面积 1.8 万亩，村域内山大沟深，村民经济来源主要以种植香菇、木耳、天麻、猪苓、黄精、杜仲，养殖大鲵和外出务工为主。全村辖 3 个村民小组，有 117 户 438 人，其中建档立卡贫困户 51 户 203 人。2015 年，县委县政府将该村定为农业银行的扶贫包扶村。略阳县支行充分发挥党建引领作用，帮助当地发展产业，有效带动贫困户脱贫致富。

农业银行积极发挥党组织的核心领导作用，通过安排优秀员工进行驻村帮扶，带领贫困村走向脱贫致富。首先，明确工作思路，结成"一对一"包扶对子。结合帮扶村实际情况，支行与村"两委"班子确立"坚持开发式扶贫方针，以增加贫困户收入、降低贫困发生率为核心，以改善农民生产生活条件、大力实施产业项目为支撑"的扶贫工作思路。由支行班子成员带头，党员干部承担主体帮扶责任，全行 32 名员工与包扶村 51 户贫困户结成"一对一"包扶对子。首先，开展智力帮扶，支行员工按月走访贫困户了解贫困状况，宣讲国家扶贫政策，并对村民进行种植、养殖技能培训，极大地激发了群众发展产业的热情，增强了他们用双手创造美好生活、脱贫致富奔小康的信心和决心。其次，在驻村帮扶期间，驻村干部主动作为，改善村里基础设施建设。一是解决出行难题，支行驻村干部积极协调县交通局、农业局和财政局等部门，拨付项目资金260万元，先后修建了磨刀石沟路、安马路、老毛流路3条通村公路，竭力解决毛垭子村出行难题。二是改善人居环境，支行驻村干部争取到项目资金120万元，对村卫生室、文化广场、农家书屋进行了改扩建，完成了贫困户危房改造和人居环境整治。三是保障饮水安全，在水利部门的支持下，实施新建人饮工程3800米，受益农户117户438人，其中分散供水户数70户，占总户数的59.8%。在发展农村经济中，支行驻村干部落实帮扶责任，积极支持特色产业发展。一是确定产业发展方向，结合当地实际，支行把天麻、猪苓、黄精药材种植作为该村发展产业的主要产品，向上级行争取5万余元资金为该村村民购买药材种子。二是建立政府增信机制，略阳支行与县扶贫办、财政局签订三方协议，建立了政府增信系统，为14户建档立卡贫困户发放贷款69万元，支持家庭农场和农业生产经营专业大户7户、投放贷款77万元。三是成立互助基金，筹措资金10万元帮助该村成立中药材合作社，使51户贫困户全部入股经营，并多方筹资23万元资金，成立了互助基金会，解决贫困户临时资金周转。在解决农村基础设施、发展农村产业同时，支行驻村干部通过开展热心捐赠活动，助推贫困村精神文明建设。一是组织外部资源。驻村第一书记组织社会资源，为毛垭子村送文化下乡、组织嘉陵摄影协会捐款3000元为村里20名小学生购买书包等学习用具、组织奇石协会捐款2000元为贫困户实现"微心愿"。二是调动行内力量。号召系统内员工认领"爱心包"，共筹资6.2万元对观音寺镇中心小学123名学生开展"农浓情谊让爱起航"爱心包捐赠活动。另外,在观音寺镇中心小学组织开展了"小小银行家"活动,增进当地学生对金融知识的了解。

在陕西略阳支行的驻村包扶的带动下,毛垭子村多户贫困户住进了干净舒适的移民安居房,旧宅基地退耕,既改善了居住条件又保护了生态环境,2018年毛垭子村整体摘帽脱贫。支行选派的驻村包扶同志尽职尽责,热心为村民办实事、解难题,受到政府、当地干部群众的一致好评。2015年支行选派的第一书记何昱同志,因扶贫工作业绩突出,被陕西省委组织部评为"全省优秀第一书记",其事迹《唤醒沉睡的大山——略阳县支行驻村第一书记何昱扶贫记》被多家媒体报道。

## 案例2 党建引领扶贫模式——保康支行

湖北保康是国家级重点贫困县,尧治河村是保康县集高寒、边远、贫穷于一体的贫困村,地处襄阳、十堰、神农架林区交界的高山之巅。全村33.4平方公里,有160多户640多人,村集体经济空壳,人均收入不足300元。为摆脱贫困,贫穷落后的尧治河村决定修路开矿,苦于7000块钱的资金缺口没有着落。村支书孙开林找到了对口支援的农业银行保康支行,拿到了第一笔贷款7000元。在贷款的帮助下,尧治河人买来炸药和雷管,孙开林带领群众,炸响了向贫困宣战的第一炮,尧治河打通了通向矿山的路并赢得了"第一桶金"。正是凭借这笔贷款,尧治河打开了通往外面世界的大门,把一车车磷矿石拉出山外,改变了尧治河贫穷落后的命运。农业银行就是看准了孙开林这个"能人",所以才敢押宝,助力贫困的村子开启了一条脱贫新路。

农业银行在助力尧治河村开矿产业开发过程中，不断创新融资担保方式，充分将已有的资源开采优势转化为融资渠道，农业银行提出了"采矿权抵押"的新概念，一举突破了传统房地产、机械设备抵押贷款"小打小闹"的瓶颈。农业银行省分行领导亲自到尧治河实地调查，农业银行率先采取采矿权抵押，一次性发放采矿扩建项目贷款1亿元，解决了项目资金需求，也突破了担保抵押难的问题。如今，尧治河村企业在农业银行拥有采矿权抵押贷款5.85亿元。开矿产业发展之后，尧治河村决定发展小水电，资金渠道来自房县桥上乡电业技术公司技术入股、组织村民劳务入股、村里磷矿销售资金积累三个方面，还剩余资金缺口300万元。保康农业银行主动找到村支书孙开林深入尧治河考察项目，以村委会房地产和机械设备作抵押，给尧治河村发放流动资金贷款290万元，村里第一座水电站建成，年底就获取利润20万元。在农业银行全力支持下，尧治河村出资8800万元收购原马桥一级站、二级站、竹林口电站、孙家湾电站和清溪河电站等全县五座水电站所有权，成立尧治河水电开发公司。农业银行率先推行电费账户收费权质押贷款，向尧治河水电开发公司发放流动资金贷款7000万元，在最短时间内解决了企业燃眉之急。如今，尧治河村水电工业年创产值4000余万元，实现利税1000万元。尧治河山高、谷深、自然风光旖旎，历史文化深厚，富起来的尧治河，没有停止发展的脚步，该村利用积累的财富，把目光投向旅游经济。在农业银行的支持下，该村先后成立了酒业公司、旅游开发公司等，并建成大酒店。后来集团又买下3A景区——野人谷、野人洞，并投资8000万元打造成4A级景区。有了旅游基础后，该村着力建设村内环境，并顺利通过国家 4A 旅游区评定验收，农业银行接力发放旅游贷款 5000 万元支持尧治河村旅游发展，促进乡村旅游文化升级。如今，尧治河村企业在农业银行拥有旅游行业贷款 1.35 亿元。近年来，在政府的政策支持下，在农业银行保康支行的大力扶持下，尧治河村依托磷矿产业，大力发展"水电＋旅游＋餐饮＋休闲观光等"产业链，不仅彻底摆脱了贫穷，而且实现了致富。[①]

保康支行积极推动"能人＋银行"产业链扶贫模式，通过金融手段支持尧治河村实现经济发展，尧治河村精准扶贫贷款余额 5.2 亿元，累计带动本村及本地建档立卡贫困人口 799 人，尧治河村成功实现全村脱贫摘帽。在保康支行的大力帮扶下，尧治河村的工农业总产值达到 40 亿元，实现税费 2 亿元，利润 1 亿元，尧治河村成为远近闻名的幸福村、小康村，同时尧治河村被评为湖北省旅游名村、新农村建设示范村。保康支行创新的产业链扶贫模式，为襄阳地区金融扶贫工作贡献了新力量，得到襄阳市委、市政府充分肯定，襄阳分行连续 4 年被襄阳市扶贫办评为"扶贫先进单位"。襄阳市扶贫攻坚领导小组专文通报，襄阳分行获评"2018 年度精准扶贫先进企业"，为农业银行树立了良好的社会形象。

## 第二节　坚持人民至上是实践的命脉

共同富裕是社会主义的本质要求，是我国社会主义现代化建设

---

[①]　江时强、袁志国、皮曙初：《尧治河：中西部乡村共同富裕的一个样本》，《经济参考报》2013 年 7 月 10 日。

的重要目标，是实现第二个百年奋斗目标的重要内容。"治国之道，富民为始。""江山就是人民，人民就是江山"，2021年2月25日习近平总书记在全国脱贫攻坚总结表彰大会上，深刻总结了取得脱贫攻坚全面胜利的重要经验，脱贫攻坚之所以取得举世瞩目的成就，依靠的是坚持以人民为中心的发展思想，坚定不移走共同富裕道路。2020年10月底出台的《中华人民共和国国民经济和社会发展第十四个五年规划和2035年远景目标纲要》提出，要实现人均GDP达到中等发达国家水平、城乡区域发展差距和居民生活水平差距显著缩小的奋斗目标，全体人民共同富裕取得更为明显的实质性进展。[①]

中国的金融扶贫实践，为金融促进共同富裕打开了思路、积累了经验。数据显示，仅近5年间，中国的贫困人口及产业精准扶贫贷款累计发放超过6.5万亿元，惠及贫困人口超过9000万人次。有效地激发了贫困地区经济发展活力和贫困人口内生动力，促进了贫困地区产业的可持续发展。[②]作为我国金融机构的国家队与主力军，农业银行积极响应中央统一部署，始终坚定人民立场，将实现共同富裕作为工作导向和奋斗目标。切实把促进共同富裕作为金融工作的出发点和着力点，综合运用多种货币政策工具，不断提升金融支持区域发展的平衡性，持续做好金融服务乡村振兴和金融帮扶工作，采取有力措施保障和改善民生，努力为促进农民农村共同富裕、巩固拓展脱贫攻坚成果、全面推进乡村振兴创造良好条件。通过多年良好有效的运营发展，农业银行在财务、信贷、人力等方面

---

① 郭旭红、武力:《从五年规划看中国共产党治国理政的基本经验》,《华中师范大学学报》(人文社会科学版) 2021 年第 4 期。

② 陈果静:《金融扶贫 "四两拨千斤"》,《经济日报》2021 年 2 月 28 日。

积累了丰富的资源，为脱贫攻坚深入基层、促进共同富裕提供了有力的金融支持。

## 一、持续提升金融支持力度保障民生

中国农业银行不断增加资金投入，全力保障深度贫困地区的财政需求，为确保按时高质量打赢脱贫攻坚收官战提供更有力、更精准的金融支持。

### （一）保障国家扶贫重点县、深度贫困地区机构的财务需求

"十三五"期间中国农业银行总行每年年初向 832 个国家扶贫重点县机构单列信贷计划，一级分行实施贷款规模动态管理，保障贷款投放。[1]总行穿透配置脱贫攻坚专项战略投资预算，全额保障贫困地区网点建设投资需求和网点建设外的其他基建投入。在贫困地区，逐年加大财务费用投入力度，保障业务经营、金穗惠农通工程和互联网服务"三农""一号工程"建设。制定了扶贫小额信贷、法人精准扶贫贷款尽职免责规定，细化了免责范围，明确了免责认定流程，为敢做事、能做事的扶贫干部松绑撑腰。全行捐赠资源主要用于贫困地区，在用工计划、招聘政策、培训资源等方面，向贫困地区行倾斜。[2]鼓励分、支行研究制定差异化的金融扶贫政策，允许"三区三州"深度贫困地区支行突破总行信贷政策创新信贷产品，备案总行后实施。2020 年农业银行持续全力保障贫困地区经

---

[1]　陈鑫:《十大创新"因地制宜"农行万亿资金扶贫攻坚》,《中国经营报》2018 年 12 月 17 日。

[2]　周慕冰:《当好脱贫攻坚金融服务的排头兵》,《人民日报》2018 年 10 月 15 日。

济资本需求，通过战略配置，按月动态调整，对经济资本超计划部分全额安排战略型经济资本予以补充；全额减免深度贫困地区和52个未摘帽县贷款经济资本占用，增强经营行贷款投放的积极性。

### （二）专项下达贫困地区网点建设固定资产预算指标

中国农业银行在战略投资预算、建设准入和标准上继续实行差异化政策，优先满足贫困地区县支行网点建设改造需要。中国农业银行落实新建和迁址自助网点向扶贫重点县和深度贫困县倾斜政策，对贫困地区新建网点开辟绿色通道、加快建设周期。例如，青海分行在柴旦地区设立大柴旦支行，开辟了这片土地上的网点服务绿色通道，使客户免于奔波之苦，金融服务的体验度得到了有效提升。在此基础上，大柴旦支行在距离大柴旦镇70公里外的马海村设立"惠农通服务点"，使村民享受到"足不出村"就能取款、消费、查询等基础金融服务，切实改善了当地支付金融环境。[1]经过不懈努力，在青海大柴旦腹地、西藏雪域高原边陲、云南怒江大峡谷，都能看到标识醒目的农业银行网点。通过建立"人工网点＋自助网点＋惠农通服务点＋互联网线上渠道＋外呼远程银行＋流动金融服务"六位一体服务渠道体系，农业银行有效延伸了"三区三州"地区金融服务网络。2020年，农业银行专项下达5.3亿元网点建设预算指标，全额保障贫困地区网点建设改造需求，开展人工网点和自主网点建设改造，上线超级柜台指纹签名功能，实现自助设备少数民族语言文字显示及语音播报。[2]

---

① 于泳：《贫困地区金融服务有啥变化》，《经济日报》2021年1月12日。
② 《中国农业银行积极推进贫困地区金融服务网络建设》，《人民日报》2020年12月17日。

### （三）对贫困地区加大资金费用匹配力度

农业银行在"三区三州"深度贫困县试点移动金融服务模式，为四川、云南、西藏、新疆和新疆生产建设兵团等5家分行配置移动服务车专项购置指标。例如，四川分行积极推进"物理网点＋自助网点＋惠农通服务点＋互联网金融平台＋外呼远程银行＋流动金融服务"六位一体的新型渠道服务体系，通达金融便民"最后一公里"[①]。截至2020年末，农业银行在贫困地区累计投入移动服务车43台，为600个空白乡镇提供移动金融服务，有效解决了边远贫困地区金融服务难题。

### （四）倾斜配置工资资源、财务资源和捐赠资源

农业银行每年为国家扶贫工作重点县支行匹配专项工资、专项费用。[②]自2016年起农业银行每年投入1亿元专项工资和1亿元专项费用，专项用于对扶贫重点县支行金融扶贫工作进行激励，切实改善一线扶贫人员生活和工作条件，并在服务"三农"下乡差旅费开支政策、"三区三州"深度贫困县机构职工周转房建设、业务用车等方面给予更大支持，2019年增加到2亿元专项工资和2亿元专项费用，2020年进一步增加到2.1亿元专项工资和3亿元专项费用。同时，农业银行全面开展捐赠扶贫，2016年以来扶贫捐赠总额达3.2亿元，其中向国家扶贫工作重点县捐赠金额近3亿元，向深度贫困县捐赠金额7847万元。

---

① 《中国农业银行全面助力打赢脱贫攻坚战》，《人民日报》2020年5月23日。
② 李建菲：《农业银行金融服务脱贫攻坚"五个最"》，《农村金融时报》2020年10月19日。

## 二、持续加大贷款投放力度改善民生

中国农业银行不断加大扶贫贷款投放力度，最大限度地投入信贷资源，精准施策，服务地方经济发展，推进贫困地区人民生活改善取得显著成效。

### （一）全力保障信贷规模

农业银行全额保障国家扶贫工作重点县、深度贫困县支行贷款规模需求，总行加强信贷规模动态调剂和管理，向 832 个国家扶贫重点县机构单列 1000 亿元信贷规模，各一级分行积极满足扶贫重点县支行计划外的信贷规模需求。

### （二）倾斜配置经济资本

农业银行对国家扶贫重点县、深度贫困县的贷款经济资本超过计划部分，全额安排战略性经济资本予以补充[1]；同时，全额减免深度贫困地区贷款经济资本占用，增强经营行贷款投放的积极性。

### （三）实行差异化产品创新政策

农业银行对于"三区三州"深度贫困地区、定点扶贫县、重点帮扶县机构的精准扶贫信贷产品进行创新，在符合法律法规、监管规定的前提下授权一级分行审批，超出总行现行政策制度规定范围的，备案总行相关制度维护部门。针对农民融资难问题，福建分行

---

[1]　逯彦萃、杨志勇、姚大顺、崔又午：《为了庄严的承诺》，《河南日报》2020 年 3 月 13 日。

组织党员骨干创新推出免抵押、免担保、利率低的"快农贷"，服务范围覆盖省内所有乡镇和 86% 的行政村，近三年累计发放"快农贷"724 亿元，帮助 19.7 万户农民脱贫致富。山东分行创新推出"强村贷"，截至 2021 年上半年已累计发放贷款 6 亿元，支持村党组织领办合作社 720 个，有力带动了入社农民增收致富。

### （四）实施利率优惠政策

农业银行对全行个人类精准扶贫贷款执行不高于基准利率、最低可执行基准利率 0.9 倍的优惠政策，对深度贫困地区法人精准扶贫贷款客户执行不高于 LPR 的优惠利率政策，其他地区的法人精准扶贫贷款利率优惠水平在授权范围内自主确定，切实向贫困地区企业和个人让利，对建档立卡贫困人口（含已脱贫享受政策的贫困人口）生产经营性贷款继续执行利率最高不超过同期基准利率的优惠政策。[1]

## 三、持续加快公益事业建设发展民生

要实现贫困地区和贫困人口长久脱贫，实现脱贫攻坚与乡村振兴的有效衔接，必须注重长效机制的建设。农业银行通过探索构建多种扶贫模式，打造凝聚社会合力的扶贫共享平台，充分发挥了央企制度化、规模化、组织化的力量优势，形成了可复制推广的经验做法。

---

[1] 王磊：《农业银行山西分行聚力"精准扶贫"打造"经典案例"》，《农村金融时报》2020 年 5 月 18 日。

## （一）"公益岗位"扶贫

中国农业银行针对贫困人口多为五保低保等劳动能力较弱人员的问题，以"公益岗位"为切入点，通过统筹财政涉农资金、政府出资购买、公益岗位专项扶贫等方式，筹措公益岗位扶贫资金，开发公益扶贫岗位，吸纳贫困家庭劳动力参与保洁、治安、护路、管水、扶残助残、养老护理等获得收益，带动贫困户增收脱贫。

"公益岗位"扶贫模式不受地域限制，具有可复制、易推广、流程简便的特点。同时能够力所能及地调动贫困户参与劳动的积极性，增强劳动脱贫的荣誉感，与政府部门对接洽谈后即可快速开展，并且带动方式长期稳定、成效明显。具体实践过程中，由公司所在的镇政府在各村确定一定数量的公益岗位，专门用于安排有一定劳动能力的建档立卡贫困户。农业银行还对公司贷款执行优惠利率，公司将让利资金和部分利润向镇政府支付薪酬补助，帮助从事公益岗位的建档立卡贫困人口实现增收。例如，农业银行平凉分行驻村扶贫工作队选聘林果员、护林员等公益性岗位 23 个，并联合培训机构和企业开展劳动技能培训，扶贫公益岗位人员可享受年补助资金 3000 元到 8000 元不等，促进有劳动能力的贫困户充分就业。

## 案例 3　扶贫模式——河北肃宁支行

"公益岗位"扶贫模式下涌现了以河北肃宁支行为突出代表的典型事迹。肃宁支行以华斯公司愿意为脱贫攻坚作贡献、政府要帮扶贫困户增收脱贫为切入点，主动作为，积极探索，创新出"公益岗位"扶贫模式。由华斯公司所在的镇政府在各村确定一定数量的公益岗位，专门用于安排有一定劳动能力的建档立卡贫困户。农业银行对华斯公司贷款执行优惠利率，华斯公司将让利资金和部分利润向镇政府支付薪酬补助，帮助从事公益岗位的建档立卡贫困人口实现增收。为规范运作"公益岗位"扶贫模式，银政企三方签订合作协议，明确由镇政府负责筛选确定公益岗位从业能力、帮扶对象和帮扶人数，且帮扶对象须为扶贫部门认可的建档立卡贫困人口。确定拟录用岗位人选后，由镇政府与拟录用建档立卡贫困人口签订用工协议。华斯公司在收到镇政府与贫困户签订的用工协议后，15个工作日内将薪酬补助通过转账方式支付给镇政府。镇政府收到款项后，定期将公益岗位补助工资发放给建档立卡贫困户。同时，肃宁支行加强薪酬补助款项划拨支付和兑现监督，一方面监督华斯公司及时将补助款项支付给镇政府，另一方面要求镇政府将贫困户工资收入证明反馈给华斯公司和肃宁支行，确保补助款项及时发放到贫困户手中。

此外，部分地区剩余的贫困人口劳动能力弱，相当一部分人不符合企业安置就业条件。针对具备简单劳动能力的贫困户，肃宁支行有序安排合适的公益岗位，银企让利帮扶，贫困人口受益增收，为解决剩余贫困人口脱贫探索了新路径。通过政银企三方合作开展"公益岗位"扶贫，农业银行履行了金融扶贫责任，政府解决了贫困人口增收问题，企业尽到了社会责任，贫困人户实现了增收脱贫，达到了多方满意的效果。同时，在扶贫合作中进一步密切了银政、银企关系，也树立了农业银行扶贫责任大行的良好社会形象。

### （二）养老扶贫模式

养老扶贫模式是金融机构通过对不能缴纳足额养老保险金额的失地农民提供贷款业务，使其缴纳养老保险，每月领取的养老保险金额用来偿还养老保险贷款，剩余部分作为自己收入的一种扶贫方式。

实际运作中，农业银行为贫困农户提供贷款、帮助贫困失地老人缴纳足额养老保险金额，政府为贫困农户按月发放养老金，贫困农户将每月获得的养老金归还贷款之后仍可获得剩余部分的养老金，解决了贫困失地老人的后顾之忧。例如，四川阆中支行与人力资源和社会保障局签订相关协议，开设专户建立县级农户养老信贷风险补偿基金，大力发放"农民养老贷"，切实缓解了阆中失地农民和缴费断档农民一次性补缴养老保险的资金压力，解决了年老农民退休生活保障，降低了贫困发生率。[1]

在具体实践中，农业银行针对符合补缴条件但无法一次性足额补缴养老保险费用的被征地农民，创新推出了"农民养老贷"，农行、被征地农民与当地市人力资源和社会保障局签订《农户养老贷款银政合作协议》《农户养老贷款三方合作协议》等协议，完善代理行为，结合实际，明确政策标准，切实解决被征地农户和贫困户的养老之忧。"农民养老贷"是一种无抵押、无担保的金融产品，失地农民可向银行申请贷款，额度从3000元到10万元不等，同时根据政策支持，可以降低对农民收取的贷款利息。贷款金额用来补缴养老保

---

[1]《上下同欲倾力脱贫攻坚　探索创新收获丰硕成果》，《中国城乡金融报》2020年1月15日。

险，领取的养老金用来偿还"农民养老贷"。借款人每月在偿还养老贷之后，还可以领取不低于400元的养老金，极大缓解了失地农民的贫困问题。例如，农业银行湖南分行通过农业银行、社保部门和被征地农民三方共同签署协议，实行资金封闭运行，借款人养老金优先还款的方式，解决农民不能缴足养老保险的困境，确保了贷款风险的可控性，失地农民享受到"农民养老贷"的福利，加入群体不断壮大，平均一年"农民养老贷"发放超过4亿元。[①]

## 案例4 养老扶贫模式——四川阆中支行

养老扶贫模式下涌现了以四川阆中支行为突出代表的典型事迹。为切实解决符合一次性补缴养老保险农民老年的生活保障，经国家有关部门批准，阆中市取得了在辖区内实施失地农民和缴费断档农民养老保险一次性补缴政策，每人最高补缴15万元，约有30亿元的资金缺口需要通过贷款解决。在农村"养老贷"扶贫模式中，阆中支行与阆中市人社局签订了《农户养老贷款银政合作协议》、与阆中市人力资源和社会保障局、四川省阆中劳动代理事务中心签订了《阆中市农户养老贷款三方合作协议》，对合作事项、贷款要素、风险责任分担、责任义务等进行了约定，重点对养老金发放代理行、发放账户等进行了明确，解决了阆中失地农民和缴费断档农民一次性补缴养老保险资金问题。阎良支行结合具体实际，以阆中市人力资源和社会保障局审核提供的失地农民和缴费断档农民为对

---

① 刘麟：《农行首笔"农民养老贷"在湖南发放》，《经济日报》2016年9月23日。

象，按照农户不同年龄补缴政策为依据测算一次性缴纳额度，农业银行提供单户贷款额度起点为 3000 元，最高不超过 8 万元。

为了降低贷款风险，由阆中市人力资源和社会保障局设立养老贷财政风险补偿基金，同时指定四川省阆中劳动代理事务中心管理，专门为农业银行向满足条件的区域内农户发放的养老贷提供担保，解决参保农民缴费难的问题。

### （三）重视民生工程

农业银行始终践行为民宗旨，坚持把履行社会责任纳入全行发展战略，坚持在服务"三农"、扶贫济困等社会发展薄弱环节积极承担企业公民责任，着力拓展金融扶贫工作的广度和深度。农业银行支持通过民生工程项目，对贫困地区开展水利工程、棚改区项目、危房改造等，解决贫困地区的饮水、住房、交通等民生问题，改善贫困人口的生产生活条件。

实际运作中，政府开启民生工程扶贫项目，农业银行通过对民生工程项目提供信贷支持，吸引贫困农户提供劳务或进行其他经营活动，改善贫困农户的生存环境。例如，河南分行积极跟进固始县"引鲇入固"PPP 项目，为项目提供融资 4.6 亿元，切实解决项目建设资金缺口难题，并推动企业共同带贫助贫，助力民生事业与扶贫事业协同发展。浙江绍兴分行则紧紧抓住当地政府投资热点，助力"两美"浙江建设，大力支持当地水利项目建设。[1]2014 年以来，该行已支持重大水利项目 7 个，累计投放贷款 21.69 亿元，包

---

[1]  郑祺勇：《绍兴分行助水城再现"镜湖水如月"》，《中国城乡金融报》2015 年 5 月 11 日。

括保供水项目 11.3 亿元、治污水项目 4.34 亿元、水环境综合整治项目 2.65 亿元、海涂围垦防洪项目 3.4 亿元。山东分行支持贫困地区农村环境治理，累计为 12 个垃圾焚烧发电项目投放贷款 17.5 亿，为 8 个农村污水处理项目投放贷款 4.5 亿。支持贫困地区学校改造、医院改建等项目 26 个，发放贷款 19.5 亿元。[①]

## 案例 5 民生工程扶贫模式——贵州分行

民生工程扶贫模式下涌现了以贵州分行为突出代表的典型事迹。易地扶贫搬迁是贵州"十三五"期间脱贫攻坚战的重要组成部分，"十三五"期间贵州易地扶贫搬迁人口超过全国总搬迁人口任务 10%，搬迁任务十分繁重，贵州省实施易地扶贫搬迁人口达 162.5 万人，其中建档立卡贫困人口 130 万人，同步搬迁人口 32.5 万人，由贵州省财政厅代表省政府与贵州省扶贫开发投资公司签订《易地扶贫搬迁政府购买协议》，由贵州省负总责（贵州省扶贫开发投资公司作为承贷主体），统贷统还进行资金筹措及推动项目实施。[②] 在推进民生工程扶贫模式过程中，贵州分行的主要做法包括如下方面。

一是积极营销对接，牵头营销省级扶贫开发投资公司，采用省级政府购买服务，由贵州分行对贵州省实施项目统一投标竞价、统

---

① 郑祺勇：《源头注活水　古城荡新波——农行绍兴分行金融支持水利建设助绍兴重建水城》，《浙江日报》2015 年 5 月 12 日。

② 吴键：《关于易地扶贫搬迁可持续性的几点思考——以义龙试验区易地扶贫搬迁为例》，《当代经济》2017 年第 10 期。

一调查评估、统一审查审批，提高项目评审效率，成为当地唯一一家连续 3 年中标支持贵州省易地扶贫搬迁工程的国有商业银行。二是充分运用政策，积极探寻重大扶贫项目支持突破口，充分参与省级政府主导实施的易地扶贫搬迁工程，采用省级政府购买服务，先后审批 2016 年、2017 年、2018 年度易地扶贫搬迁贷款共计 12.5 亿元，并对借款主体落实了 20 年（含 5 年宽限期）贷款期限、按约分期还本付息、贷款利率执行基准下浮 10% 等优惠措施。三是落实资金"两道监管"，项目采用内部银团贷款方式，将贷款资金放到项目地所在县支行，依据贵州易地扶贫搬迁资金管理使用特征，贷款使用需分别经过"贷款经办行放款"和"项目所在地支行用款"两道信贷资金审核流程，确保信贷资金封闭运行、专款专用。四是力促资金高效使用，贵州分行结合贵州省政府加快易地扶贫搬迁资金支付使用有关意见和当地监管部门意见，出台了《贵州分行易地扶贫搬迁工程资金监管方案》，优化资金支付监管要求，将最主要合法性手续（项目实施方案及批复）作为提款条件，其余合法性手续后置，作为贷后管理要求落实，提高资金支付使用效率。五是建立保障机制，贵州省分行与省级政府相关部门、省级扶贫开发公司建立了高层磋商、业务联动和风险反馈等机制，"银、政、企"三方充分发挥各自在信贷资金、行政手段和资金使用监管方面的优势，携手共防金融风险，持续高效带动贫困人口搬迁集中安置。

民生工程扶贫模式一方面有效解决了省级扶贫开发公司融资难、担保难、融资贵的问题，贵州分行与省级政府部门及公司合作，借助省级政府购买服务，有效破解了贵州省易地扶贫搬迁工程投资大、任务重、融资难的问题，执行利率下浮10%，仅提供应收账款质押担保即能融资，深受各级政府、扶贫开发公司、搬迁农户肯定。另一方面银政合作精准识别支持搬迁贫困户，贵州易地扶贫搬迁具体实施主要依托各级政府及相关部门统计、识别达到搬迁条件的农户，根据地方各级政府上报搬迁需求及省级政府认定的年度搬迁工程任务计划及清单，确定贵州分行信贷支持具体搬迁安置项目及农户数，主要支持集中安置房及配套基础设施建设，让贫困户搬得出、有事做、能脱贫。

### （四）光伏工程扶贫模式

光伏工程扶贫模式是指农业银行信贷支持在贫困片区县和国家扶贫开发工作重点县内已建档立卡的贫困户安装分布式光伏发电系统，支持光伏企业建设村级小型光伏电站和集中式光伏电站，使贫困人口获得发电收入、土地流转收入、劳务收入等，实现增收脱贫的一种扶贫方式。光伏发电清洁环保、技术可靠、收益稳定，既符合精准扶贫、精准脱贫战略，又符合国家清洁低碳能源发展战略；既有利于扩大光伏发电市场，又有利于促进贫困人口稳收增收，是打赢脱贫攻坚战的坚实力量。[1]实际运作中，能源公司投资建立村级集体光伏电站，政府提供财政支持，农业银行提供贷款支持，帮助村集体获得光伏发电收益。同时，政府对建档立卡贫困户给予资金帮扶，农业银行对贫困农户推出光伏贷款业务，光伏设施产权归农户所有，贫困农户获得光伏收益，实现增收。

---

[1]　梁晨霄：《农业银行山西省分行荣获"山西省脱贫攻坚组织创新奖"》，《太原日报》2020年11月3日。

图 4-4 农业银行地方分行大力投放光伏扶贫项目贷款
（张巍 摄）

在具体实践中，农业银行高度重视光伏扶贫项目，抽调精干人员成立营销小组，积极探索信贷投放的有效途径，与各地区扶贫办、供电公司、光伏企业等各部门通力合作，形成"农业银行＋政府＋光伏企业＋贫困户"的帮扶模式，推出"光伏扶贫"贷款业务，由惠民县扶贫办推荐建档立卡贫困户，扶贫办和光伏企业共同存入银行担保基金，农业银行向贫困户发放光伏扶贫贷款，安装光伏发电设备，发挥信贷资金的撬动作用，贫困户将发电卖给供电公司，获得长期稳定的资产性收益，实现增收。例如，农业银行山西分行通过发放光伏扶贫贷款，与各部门形成"政府＋银行＋光伏设备供应商＋供电公司＋贫困户"无妨协同的光伏扶贫模式，并在具备条件的县推出"光伏扶贫惠农贷"业务。[1]通过与大型光伏设备供应商合作，确保贫困户获得持续收益，已经实现连续 10 年贫困户

---

① 梁晨霄：《决战决胜进行时》，《山西青年报》2020 年 11 月 26 日。

光伏收益超过 3000 元。同时农业银行山西分行还在光照条件充足、具备并网条件的县直接支持农户户用式光伏电站，累计投放 7977 万元，支持 3117 户贫困户实现增收。

## 案例 6 光伏工程扶贫模式——安徽分行

光伏工程扶贫模式下涌现了以安徽分行为突出代表的典型事迹。

一是创新运作模式，在积极与安徽省扶贫办、省能源局、省电网公司等单位沟通联系的基础上，对商业化支持贫困县光伏扶贫项目进行了积极探索，确定法人和个人两种贷款运作模式，并对应出台光伏扶贫法人贷款和农户贷款管理办法。在法人运作模式上，以村级光伏电站为主、集中式光伏电站为辅，择优支持有政府背景的公司统一建设光伏电站。电站发电收入部分用于偿还贷款本息，其余收入主要用于补贴建档立卡贫困户。在个人运作模式上，对贫困户申办光伏扶贫农户贷款，不设年龄限制，贷款期限最长为 10 年；对评分卡评级较低的贫困户，可向上推翻 2 级，最高至良好级；允许贫困户以本人光伏发电产生的应收账款进行单独质押。[①]

二是加强银政合作，重点加强与各级政府扶贫部门、财政部门、电力部门的密切沟通，主动对接，及时获取扶贫动态和信息。安徽省分行牵头组建市、县两级行项目小组，第一时间对接项目公司，现场制定项目融资方案，开展调查评估。[②]建立光伏扶贫项目"绿色通道"，前后台部门积极沟通、高效运作。根据政府对扶贫

---

① 张承惠、潘光伟：《2016 中国农村金融发展报告》，中国发展出版社 2017 年版。

② 叶琦：《安徽农行"金融＋光伏"助万户脱贫》，《人民日报》2016 年 5 月 22 日。

贷款承贷主体的有关要求，灵活采用"宜私则私、宜公则公"的原则确定承贷主体，多元化承贷。

三是突出扶贫重点，在项目营销上，重点营销利用荒山、荒坡、空闲地、滩涂（湿地）以及立体光伏种养殖园等建设的光伏扶贫电站项目；在区域选择上，突出光伏扶贫与政府规划相结合，将国家首批光伏扶贫试点县作为重点推进县。在扶贫对象上，要求必须是经过当地扶贫部门认可且经过公示的建档立卡贫困户。

为做好风险防控，安徽分行一是全部落实符合规定的抵质押、保证担保；二是光伏扶贫发电收入由银行专户监管，同时及时监测补贴给贫困户的资金是否转到贫困户个人账户；三是受益的建档立卡贫困户由地方政府扶贫办公示，银行监督，确保公平公正；四是积极鼓励发电设备投保财产保险，防范电击和其他意外导致设备损失。实施光伏扶贫项目可有效带动贫困户增收脱贫。一是将光伏项目产生的收益，通过政府扶贫部门精准发放到每一位贫困户手中，据估算，项目带动贫困户户均每年增收2000—3000元。二是对于"农光互补"类光伏发电项目，在光伏支架下种植经济作物，聘用当地贫困户种植，平均每户每年可增收约7600元。同时，农行安徽分行光伏金融扶贫工作也得到了当地政府的高度认可，受到了农民朋友的普遍欢迎。人民日报以《安徽农业银行"金融＋光伏"助万户脱贫》为题对安徽分行光伏扶贫情况进行了报道。

### （五）水利项目扶贫

农业银行通过水利工程建设带动贫困农户实现脱贫。在该模式下，政府推动国家水利工程项目建设，农业银行对水利扶贫项目给予资金支持，推动农村饮水安全，在解决贫困地区生产生活用水问题基础之上，通过水利工程项目实施，吸纳贫困农户参与水利工程、实现就业，并推动贫困地区农业可持续发展。

在具体实践中，农业银行通过金融服务骨干水源工程等重大民生项目，以高标准农田、大型灌区、农田水利设施等为重点，与当地水利部门合作，形成"银行＋政府"的利益联结方式，提供全方位的资金支持，满足水利工程的融资需求，着力解决地区工程性缺水及农村饮水安全问题，改善农村人居环境；积极与水利企业沟通，争取与当地扶贫办签订精准扶贫协议，并通过在项目建设中优先吸纳贫困务工人员，优先解决贫困户的生产、生活用水问题形式，有效带动建档立卡贫困人口及周边农户增收受益。例如，甘肃分行与甘肃省水利厅签署《战略合作框架协议》，双方在重大水利项目融资、结算代理和中间业务等领域全方位开展合作，共同为甘肃"水务一体化"建设作出贡献。根据协议，甘肃分行将投放水利贷款 8 亿元，为甘肃引洮二期工程、上游防洪治理工程等两个国家级重大水利项目提供资金支持，并为甘肃省水利企业及项目投融资主体提供存款、贷款、理财、投资、债券等全方位金融服务。

## 案例 7  水利项目扶贫模式——陕西商洛分行

水利项目扶贫模式下涌现了以陕西商洛分行为突出代表的典型事迹。镇安地处秦岭南麓中段，县域总面积 3487 平方公里，山大沟深，是典型的"九山半水半分田"土石山区，也是陕西省 11 个深度贫困县之一。现有建档立卡贫困村 96 个，占全县行政村

（社区）总数的 64.86%，其中深度贫困村 15 个，建档立卡贫困户 17801 户、51503 人，贫困发生率 33.09%。贫困程度深、减贫成本高、脱贫难度大，脱贫攻坚任务异常繁重。支持镇安抽水蓄能电站，既是减贫摘帽的重要环节，也是事关群众利益的民生工程。商洛分行协调推动利益联结机制，依托电站建设项目，带动贫困户增收脱贫。①陕西商洛分行电站项目带贫的水利扶贫模式主要采取了以下做法：

第一，加强银政合作。商洛分行积极对接省政府、水利厅，抓住省分行与商洛市政府签署《金融支持商洛脱贫攻坚战略合作协议》的有利机遇，强化系统联动，大力营销水电工程项目，积极争取政府支持，促进镇安抽水蓄能电站项目成功落地农业银行。

第二，建立联动机制。商洛分行对水电金融服务实行"一把手"负责、开展分层营销、建立联动服务机制。面对激烈市场竞争，分支行联动、前后台平行作业，从项目营销、评估调查、审查审批等各个环节合力推进，确保营销工作顺利开展。

第三，合理设计信贷方案。核定项目授信及固定资产贷款额度 50 亿元人民币，项目建设期贷款总额度中核定 30% 可循环使用额度，用于办理银行承兑汇票和国内信用证业务。加强资金监管，借款人在农业银行开立项目资金监管账户，贷款资金的支付使用须经农业银行审核确认。项目运营期，在镇安农业银行开立水电资金缴纳专户，实现项目运营收入专户监管。截至 2019 年 6 月末，已签订贷款合同 16 亿元，已累计发放项目贷款 4 亿元。

---

① 《上下同欲倾力脱贫攻坚　探索创新收获丰硕成果》，《中国城乡金融报》2020 年 1 月 15 日。

第四，深化带贫机制联结。商洛分行与镇安县扶贫局密切配合，协助月河镇的菩萨殿、朝阳等村成立劳务队，动员和组织建档立卡贫困户到项目建设工地参与一些辅属工程、临时性工程建设，组织贫困户向项目建设单位供应蔬菜、粮油等生活物品，通过劳务输出、商品供应、征地及拆迁补偿等多个纽带，不断深化项目建设与贫困户的利益联结，带动贫困户实现增收脱贫。

陕西商洛分行电站项目带贫取得了积极效果。一是带动了贫困人口就业增收。陕西镇安抽水蓄能电站在项目建设中，雇用了大量当地农民务工，劳动力高峰人数约4200人，项目施工方租用大量民房、购买当地蔬菜、粮油等生产生活用品，带动当地建档立卡贫困户821人增收，总人口数达4485人，占月河镇总人口的32.27%。二是社会影响力得到提升。商洛分行依托重点项目带动贫困户增收脱贫的成功做法，得到了上级行、地方党政、监管部门和当地群众的一致好评。中央、省、市各级媒体对商洛分行"项目带动"脱贫模式进行宣传报道，2016—2018年，商洛分行连续三年在全省金融扶贫工作会议上介绍经验，品牌形象和社会影响力大幅提升。

## 第三节　坚持攻坚克难是实践的品格

2017年，习近平总书记在主持召开深度贫困地区脱贫攻坚座谈会时强调要加大对"三区三州"以及贫困发生率超过18%的贫困县和贫困发生率超过20%的贫困村的支持力度，统筹新增脱贫攻坚资金、新增脱贫攻坚项目、新增脱贫攻坚举措向深度贫困地区倾斜。[①]2020 年 3 月，习近平总书记在决战决胜脱贫攻坚座谈会上提出，要继续聚焦"三区三州"等深度贫困地区，瞄准突出问题和薄弱环节狠抓政策落实，攻坚克难完成任务，多措并举巩固成果。长期以来，中国农业银行紧盯最困难的地方，瞄准最困难的群体，不断加大金融扶贫支持力度，集中力量办好脱贫攻坚决战决胜这件大事。

## 一、精准支持"三区三州"打赢脱贫攻坚战

"三区三州"的"三区"是指西藏自治区和青海、四川、甘肃、云南四省藏区及南疆的和田地区、阿克苏地区、喀什地区、克孜勒苏柯尔克孜自治州四地区；"三州"是指四川凉山州、云南怒江州、甘肃临夏州。"三区三州"多为贫困地区的特殊性使其成为打赢脱贫攻坚战中难度最大的地区，其社会公共服务水平低、贫困程度深、贫困面积广、贫困人口多，并且致贫因素多、脱贫成本高、返贫压力大，是国家全面建成小康社会最难啃的"硬骨头"。2019 年，"三区三州"仍有 172 万建档立卡贫困人口，占全国现有贫困人口的 12.5%，贫困发生率 8.2%。[②]同年，习近平总书记在中央经济工作会议上强调要把资金重点向"三区三州"等深度贫困地区倾斜，落实产业扶贫、易地搬迁扶贫等措施，严把贫困人口退出关，巩固

---

① 《中办国办印发意见支持深度贫困地区脱贫攻坚》，中国政府网 2017 年 11 月 21 日，见 http：//www.gov.cn/zhengce/2017–11/21/content_5241334.htm。

② 胡腾蛟：《打赢扶贫攻坚收官战要继续念好"扶"字诀》，《长沙晚报》2019 年 8 月 22 日。

脱贫成果。[①]在实践过程中，农业银行统筹整合资源，精准施策，加大项目布局倾斜力度，集中力量攻关，在832个国家重点扶贫县、"三区三州"深度贫困地区累计新建开业物理网点212个，辐射周边乡镇600余个，直接服务和辐射周边群众超1200万人。依托新建网点，"三区三州"深度贫困地区覆盖率达到91.7%，村民们"足不出村"就能获得取款、查询等基础金融服务，构建了适应"三区三州"等深度贫困地区脱贫攻坚需要的支撑保障体系。

**（一）完善扶贫体制机制**

中国农业银行深入学习贯彻习近平总书记关于扶贫工作的重要论述，党委先后多次召开专题党委会，领会习近平总书记在听取中央有关脱贫攻坚专项巡视情况汇报时的重要讲话精神、在深度贫困地区脱贫攻坚座谈会上的重要讲话精神，及时研究贯彻落实举措。[②]同时深入"三区三州"和其他深度贫困地区开展专题调研，就基层意见建议列出清单，逐一分解到相关部门和分行，抓好落实，解决一批基层扶贫工作的痛点难点问题，不断完善扶贫工作体制机制建设。

明确金融扶贫工作实行"一把手"负总责，亲自抓，亲自管，层层传导压力，层层压实责任。各相关一级分行党委研究部署增加"三区三州"信贷投放的具体举措，并落实责任部门、责任人，防

---

① 李慧：《守住"三农"战略后院》，《光明日报》2019年12月21日。
② 李绍明、陈晓波：《以高度的政治责任感抓好整改落实　以脱贫攻坚实效体现对党绝对忠诚》，《云南日报》2019年3月26日。

止重视程度和工作力度层层递减。[①]明确全行全年金融扶贫工作目标，制定专项政策规划，从强化部署督导、完善工作机制、加大信贷投放、延伸服务渠道、统筹全行攻坚力量、强化资源保障、谋划服务乡村振兴等方面提出具体工作举措。总体来看，中国农业银行在总行、分行均建立了开展深度贫困地区脱贫攻坚挂点指导工作领导小组、推进小组，完善了小组议事规则，形成了"总行统筹、省市分行推进、县支行抓落实"的工作机制。[②]

　　建立并完善横向在总、分行相关部门，纵向在省、市、县行的扶贫考核体系。在全行综合绩效考核中加大扶贫考核力度，总行根据部门职责设置脱贫攻坚考评指标，在省市分行领导班子党建工作考核评价方案中增设"脱贫攻坚专项评价"量化考核指标。制定印发《金融扶贫专项评价方案》，将支持建档立卡人口、精准扶贫贷款增长、普惠金融服务覆盖率等指标纳入考核体系，专项评价"三区三州"和其他深度贫困地区县域支行金融精准扶贫工作情况。[③]在境内分行综合绩效考核中增设"脱贫攻坚"专项指标，对扶贫重点县机构实施穿透式考评，并专项匹配工资和费用与考评结果挂钩。[④]在内部宏观审慎评价体系中设置贫困地区贷款投放指标，对评价得分靠前的分行在资金成本上给予定向激励。值得注意的是，农业银行注重将金融扶贫工作纳入一级分行党建考核，作为贫困县支行党委书记抓基层党建述职评议的必述内容，列为基层行党组织

① 夏明辉:《农行召开"三区三州"信贷投放推进会》,《中国城乡金融报》2019 年 10 月 7 日。

② 王帅:《党建引领下农业银行金融扶贫的实践与探索》,《农银学刊》2019 年第 1 期。

③ 国家统计局农村社会经济调查司:《中国农村贫困监测报告 2017》,中国统计出版社 2017 年版。

④ 陈军:《认真贯彻中央部署　积极履行责任使命　努力为打赢脱贫攻坚战做出更大贡献》,《农银学刊》2020 年第 1 期。

清单式管理和党员积分制管理的重要指标，引导各级党组织和党员干部在脱贫攻坚一线切实发挥先锋模范作用。

紧扣国家扶贫部署，聚焦"三区三州"和其他深度贫困地区，积极推动各级行相关部门帮助深度贫困地区量身定制独有的脱贫计划。积极加强与各级扶贫、发改、财政、人行、银监等政府职能部门合作，深耕银政合作，创新开展政府增信扶贫、政府购买服务项目扶贫、光伏扶贫、产业基金扶贫等行动。[1]加强与农业担保公司的合作，有效解决了贫困地区客户融资难、融资贵问题。与保险公司开展合作，创新"银行＋保险"合作模式，通过数据共享，提高了工作效率。

### （二）持续加强资源投入

中国农业银行依托资源优势，协助引进信息、技术，在资金投入与服务能力建设上不断深化改革，实现人财物多重保障。

中国农业银行把贫困地区和脱贫攻坚一线作为培养锻炼干部的重要平台，大胆提拔使用在脱贫攻坚工作中实绩突出的干部，鼓励优秀年轻金融扶贫干部到深度贫困地区磨砺成长，使贫困地区管理和专业人才数量得到补充、能力得到增强。2015年以来，全行累计向贫困地区基层政府选派扶贫挂职干部4223人次，全力助推脱贫攻坚。他们与贫困群众同吃同住同劳动，千方百计解难题，被群众亲切地称为"花椒书记""油茶书记""牦牛书记"。

中国农业银行按照中央要求，不断加大扶贫贷款投放力度，最大限度地投入信贷资源，用好人民银行专项扶贫再贷款政策，要求

---

[1] 陈鑫:《十大创新"因地制宜"农行万亿资金扶贫攻坚》，《中国经营报》2018年12月17日。

各级行要抓好与人民银行各级机构的对接沟通工作，做好专项扶贫再贷款相关工作。全行强化对"三区三州"信贷投放的支持保障，针对落地"三区三州"的优质客户和项目，成立跨行、跨部门、跨层级的营销团队，指导各基层行做好项目拓展和贷款投放。加大已审批项目的贷款投放，在总、分行建立"三区三州"已审批项目台账，主动跟踪解决贷款投放中的问题。[①]具体实践中，云南分行按照总行要求加大怒江和迪庆分行贷款投放力度，成立跨行、跨部门、跨层级的营销团队，指导基层行做好项目拓展和贷款投放，优先支持当地扶贫部门提供的建档立卡贫困户和带动贫困户就业的企业，并及时做好"惠农 e 贷"提质上量、产品创新、审批优先办结等政策传导与解读工作，增强怒江和迪庆分行及相关支行贷款投放的积极性，助力当地打赢脱贫攻坚战。[②]四川分行充分发挥甘孜州分行和稻城县支行"前沿支点"作用，制定信贷审批绿色通道、优化旅游景区业务办理条件、实行优惠利率等差异化信贷政策，大力支持当地社会经济发展。甘肃分行与甘南州政府探索创新以农牧民专业合作社为载体的双联惠农贷款管理模式，双方在合作社准入、贷前调查、资金监管和贷后管理等具体环节密切配合，强化对合作社的规范运作管理，有效控制贷款风险。新疆分行坚决把金融扶贫摆在工作首位，大幅投放扶贫贷款，努力提升扶贫贷款增幅，大幅改善未摘帽县贷款，10 个未摘帽县支行贷款约 58.2 亿元，10 家支行增速全部高于全行贷款增速。西藏分行在精准推进上下实功，全力为建档立卡贫困户发展生产提供信贷支持，扶持建设了一批贫困人

---

① 夏明辉：《农行召开"三区三州"信贷投放推进会》，《中国城乡金融报》2019 年 10 月 7 日。
② 梁志强：《云南分行整合资源精耕深度贫困地区》，《中国城乡金融报》2019 年 11 月 13 日。

口参与度高、带动能力强的产业项目，基本实现对有劳动能力、有致富渠道、有贷款需求的贫困人口金融需求全覆盖。

**图 4-5　西藏雪域高原"惠农 e 贷"发放仪式**

中国农业银行实行差异化产品创新政策，创新"三区三州"深度贫困地区、定点扶贫县、重点帮扶县机构的精准扶贫信贷产品，在符合国家法律法规、监管规定的前提下授权一级分行审批。在实践中，云南怒江和迪庆分行围绕当地特色产业，以"批量采集、批量授信、批量放贷"的模式推出了"草果贷""花农贷""烟农贷""羊肚菌贷"等"惠农 e 贷"产品，降低农户融资环节，全力支持农户生产经营发展。①新疆分行积极制定了《关于积极推进新疆特色林果业

① 李茂颖、梁志强：《云南：金融创新助力"三区三州"脱贫攻坚》，《人民日报》2019 年 11 月 15 日。

发展金融服务实施方案》，根据发展实际，推出了特色林果贷款产品，创新保鲜果品质押担保，给予林果企业特别授信，适度扩大授权和缩短信贷流程，大力支持新疆特色林果业发展。西藏分行根据资源禀赋，创新"建档立卡贫困贷""'钻、金、银、铜'四卡信用贷"等产品，并在其基础上运用互联网、大数据手段，推出符合西藏特色的标准化、便捷化、自动化的"惠农 e 贷"产品，有效满足了农牧户农家乐、牧家乐、民族手工业、运输业等规模化经营融资需求。①

　　中国农业银行充分利用自身点多面广的网点优势，深入中国社会最基层，着力优化支付结算产品体验，提升"最后一公里"服务能力，不断加大网点建设力度。专项下达"三区三州"和其他深度贫困地区网点建设固定资产预算指标，在战略投资预算、建设准入和标准上继续实行差异化政策，优先满足贫困地区县支行网点建设改造需要。推动自助网点服务能力提升，进一步完善自助机具体服务功能，针对贫困地区客户特点，研发在超级柜台、叫号机和自助服务终端上线少数民族文字和语音导航等功能。在具体实践中，农业银行远程银行中心在对"三区三州"基层网点实地调研后，结合属地特色及基层网点需求，在成都分中心上线了视频客服藏语、彝语服务，并积极通过远程渠道强化对经营行的支持，至 2020 年底已累计服务四川凉山、甘孜、阿坝等地区基层网点工作人员和客户近 1000 人次，协同农户金融部开展农户贷款贷后管理外呼近 6 万人次。②青海大柴旦支行在距离大柴旦镇 70 公里外的马海村设立"惠

---

① 夏明辉、谭琼：《农业银行西藏分行倾力金融扶贫戍边纪实》，《中国城乡金融报》2019 年 9 月 27 日。

② 刘艳辉：《助"三区三州"网点全面提升服务水平》，《中国城乡金融报》2020 年 12 月 11 日。

农通"服务点，使村民享受到"足不出村"就能实现取款、消费、查询等基础金融服务。[①]2019 年，新疆分行在和田皮山县固玛镇、喀什英吉沙县乌恰镇等地新建 4 个乡镇人工网点和 1 个自助银行，业务更加侧重服务"三农"和扶贫，贫困地区金融服务可得性和便利性进一步提高。西藏分行不断提升普惠金融服务能力，2018 年实现最后一批 144 个手工网点电子化联网，并加快推进网络渠道建设，实现"线上＋线下"服务互补。

中国农业银行不断扩大"金穗惠农通"服务点覆盖面，全力提升"三区三州"公共基础金融服务水平。经过农业银行信用卡中心、研发中心上海研发部、西藏分行和新疆分行共同努力，研发上线了农业银行藏文、维吾尔文版智能 POS"惠农通"应用，可支持助农取款、助农转账、助农现金汇款、缴费、转账、惠查询等基础金融功能，同时聚合了银行卡刷卡及农业银行掌银、微信、支付宝、银联云闪付条码支付的交易受理功能，有效解决了"惠农通"服务点商户因少数民族语言差异导致的使用不便，能为广大藏族、维吾尔族农牧民提供更加丰富的金融产品和服务，有助于打通"三区三州"金融服务的"最后一公里"，进一步推动"三区三州"脱贫攻坚事业及乡村振兴战略发展。[②]在具体实践中，云南分行全力推进金穗"惠农通工程"，在县域农村地区，以惠农卡为载体，以服务点为依托，以电子渠道为平台，以流动服务为补充，加强"金穗惠农通"工程与涉农企业电商平台的应用对接，推动金融扶贫由"线下"向

---

[①] 《中国农业银行积极推进贫困地区金融服务网络建设》，《人民日报》2020 年 12 月 17 日。
[②] 刘艳辉：《农行上线藏文版维吾尔文版"惠农通"应用》，《中国城乡金融报》2019 年 11 月 4 日。

"线下线上并举"转变。四川分行和青海分行积极构建贫困地区"物理网点+自助机具+惠农通服务点+互联网金融+流动服务"五位一体服务渠道体系，通达金融便民"最后一公里"，有效改善了贫困地区金融服务环境。

图 4-6　农业银行四川省广元分行在贫困村设立金穗惠农通助农取款点
（卢晓宏　摄）

中国农业银行持续推广互联网金融服务方式，努力实现网络延伸与金融服务两个同步。各分行实施"金融+渠道创新"，构建"物理网点+自助银行+惠农通服务点+互联网"新型渠道体系，以"银讯通"产品、E农管家、电子商务等新兴产品为重点，与通信公司合作，在贫困地区加大网络金融、移动金融、电商金融推广应用，向县以下农村地区提供广覆盖、多功能的基础金融产品。在具体实践中，新疆分行主动开展智慧政务、指挥校园、智慧医院等金融服务，积极推行"非接触式"线上信贷业务，引导客户使用掌银渠道申贷、用款和还款，不断提升服务效率。截至 2019 年底，新疆分行已建成各类互联网金融场景 53 个，掌上银行用户达到 504 万户。甘肃分行发布手机版"四融"平台，农民可通过点击手机版四融平台界面中"融通、融资、融智、融商"四大模块，方便快捷地办理金融业务和获取相关服务。[①]云南分行在金穗"惠农通"工程中植入手机银行、电话银行、网上银行等新型渠道，开展线上金融产品创新，助力互联网金融发展下的农村扶贫开发。

积极开展流动金融服务。农业银行对具备交通和通信条件、有流动金融服务需求的深度贫困地区，加大资金费用匹配力度。在"三区三州"深度贫困县试点移动金融服务模式，为四川、云南、西藏、甘肃和新疆生产建设兵团等 5 家分行配置移动服务车专项购置指标。在具体实践中，西藏分行将 80% 以上的人员、财力、物力集中投入农牧区，对偏远地区的农牧民发扬"背包下乡、走村串户"的优良传统，利用"马背银行""帐篷银行""摩托车银行""流动服务车银行"等方式现场办理业务并形成常态机制，以"3+2"服务模式，丰富流动金融服务内涵。云南昭通分行制定了《中国农业银行昭通分行汽车移动金融服务管理办法（试行）》，以改装汽车为载体，依托 3G 网络，设置 2 个人工柜台及 1 台存取款一体机，向无物理营业网点的乡镇及广大农村地区的农民客户提供移动金融服务，开启了农业银行服务金融空白乡镇的新篇章。[②]四川甘孜分行探索出"助农取款服务点 + 社保 IC 卡 + 转账电话或移动 POS"的服务模式，充分契合和满足了社保部门和农村参保户双方的金融对

---

① 王永峰、吴鹏：《农行甘肃省分行服务三农 APP 上线》，《甘肃经济日报》2015 年 3 月 27 日。
② 陈忠华：《云南农行首辆移动金融服务车在昭营业》，《昭通日报》2016 年 5 月 9 日。

接需求，从根本上解决了康巴藏区广大乡村参保农牧民对金融服务"零距离"的迫切需求。

图 4-7　农业银行甘肃甘南玛曲县支行利用流动服务车为村民服务

## 二、坚决落实定点扶贫政治责任

2015 年 12 月 8 日，习近平总书记就机关企事业单位做好定点扶贫工作作出的重要指示中强调，党政军机关、企事业单位开展定点扶贫，是中国特色扶贫开发事业的重要组成部分，也是中国政治优势和制度优势的重要体现。

中国农业银行党委始终把定点扶贫作为头等大事，坚持把定点扶贫打造成农业银行金融扶贫的标杆，用真心、下真功，持续加大政策倾斜和投入力度。2016 年以来，中国农业银行在帮扶的河北武强和饶阳、重庆秀山、贵州黄平 4 个定点扶贫县共计直接投入帮

扶贫资金 2.77 亿元，引进帮扶资金 5016 万元，培训基层干部 19307
人、技术人员 57085 人，购买贫困地区农产品 3.83 亿元，帮助销
售贫困地区农产品 23.85 亿元。截至 2020 年 10 月末，农业银行在
4 个定点扶贫县贷款余额 119.04 亿元。[①]目前，4 个定点扶贫县已
全部脱贫摘帽。与此同时，为了构建定点扶贫县防返贫、助力乡村
振兴长效机制，农业银行还具有开创性地设立了"两个基金"，即
每个定点扶贫县设立"防返贫基金"和"乡村振兴产业扶贫发展基
金"，帮助定点扶贫县巩固脱贫攻坚成果。

### （一）系统谋划定点扶贫工作机制

中国农业银行第一时间成立定点扶贫工作领导小组。在每个定
点扶贫县均安排 2 名农业银行党委班子成员挂点指导，建立行领导
包干督导、业务总监挂点督导、相关业务部门结对督导、分支行就
近督导的四级督导工作机制。从 2016 年起，农业银行先后印发了
《定点扶贫工作支持政策》《关于做好 2017 年定点扶贫工作的意见》
《深入贯彻中办、国办〈关于进一步加强中央单位定点扶贫工作的
指导意见〉进一步做好定点扶贫工作的实施办法》等文件，形成了
一系列定点扶贫的重要配套政策。2016 年以来，农业银行党委班
子成员每年赴定点扶贫县、总行机关和省（市）分行每年数百人次
赴定点扶贫县开展调研督导，帮助解决实际困难。同时，农业银行
建立总行领导干部与定点扶贫县的联系机制，定期召开座谈会推动
定点扶贫工作，不断提高帮扶资金水平。

---

① 《农行扎实推进定点扶贫探索"金融+"助力扶贫县可持续发展》，《21 世纪经济报道》
2020 年 12 月 31 日。

## （二）优化定点地区人力资源配置

按照党中央关于人才工作的战略部署，中国农业银行持续完善科学合理的人才培育机制。各级分行建立健全员工职业发展机制，倾斜配置人力资源，在贫困地区执行特殊招聘政策。2016 年以来，累计为 832 个国家扶贫工作重点县支行补充员工 6017 名。[①]农业银行每年分批次选拔各级行本部优秀年轻干部到一级支行及以下基层机构挂职锻炼、基层优秀年轻干部到上级行本部业务部室跟班实践，探索通过管理序列和专业序列"双通道"进行岗位跟踪培养，结合交流挂职员工自身特点安排工作岗位，坚持人员和工作岗位合理匹配，确保贫困地区业务人员精干高效、岗位履职清晰。同时，农业银行规范岗位设置，根据效率优先的理念确定贫困地区基层支行人力资源规模，推广定量化管理，同时重视对业务领域拓展、岗位职责变动、人才发展情况的及时反馈，动态调整布局，统筹考虑人力资源存量和现有岗位需求。在解决人力资源结构性供需矛盾的基础上，不断完善薪酬考核办法，实行多元化和差异化的按岗付薪、按能付薪、按绩效付薪的分配原则，鼓励价值创造，极大调动了基层各支行员工的工作积极性。[②]

## （三）积极探索创新金融服务模式

全行上下勇于担当，苦干实干，因地制宜探索扶贫新路径，依托金融扶贫创新，不断扩大金融新产品、新模式的带贫成效，为定

---

① 李文：《农行全力以赴助力打赢脱贫攻坚战》，《证券日报网》2020 年 10 月 15 日。
② 王琳：《中国农业银行太原市网点人力资源配置问题分析》，山西大学 2015 年硕士学位论文。

点扶贫地区脱贫攻坚和乡村振兴贡献"金融力量"。典型的做法见以下案例。

## 案例 8　创新金融产品——河北省饶阳县支行

河北省饶阳县为国家级贫困县,在定点扶贫过程中,饶阳支行率先开展全国首个"党建＋信用＋金融"信用村、信用户试点建设,并推出了一系列卓有成效的建设措施。

一是积极推广"光伏扶贫贷"精准扶贫贷款,支持贫困户安装使用光伏发电系统,使贫困人口获得发电收入,实现稳定增收脱贫。2020 年 10 月末,饶阳支行累计投放"光伏扶贫贷"267 户 722 万元,余额 230 万元,带动 267 户贫困户、886 名贫困人口脱贫致富。

二是试点推出了"土地经营权抵押贷款",借助农村土地承包权经营权流转改革成果,探索推出了棚权抵押贷款,帮助贫困农户当年见效益,实现快速脱贫见效。截至 2020 年 10 月末,饶阳支行累计投放土地经营权(棚改)贷 111 户 1631 万元,余额 140 万元。

三是对"信用村、信用户"农户贷款模式进行了大力推广。饶阳支行按照省市分行要求,与饶阳县委、县政府合作开展"信用村、信用户"评定,向符合条件的信用户发放农户小额信用贷款。

截至 2020 年底,饶阳县已累计打造 45 个信用村、621 个信用户,发放贷款突破亿元,有力支持了扶贫产业长足发展。饶阳县开展"党建＋信用＋金融"信用村信用户创建工作做法入选中央全面深化改革委"中国改革 2020 年度 50 个典型案例",在全国宣传推广。

## 案例9　创新金融产品——河北省武强县支行

农业银行充分发挥客户、信贷、金融产品和服务等优势，积极扶持定点扶贫县特色产业，带动贫困农户致富增收。在河北武强县，农行创建了金融扶贫"富源模式"，目前已投放贷款3.5亿元，服务带动贫困人口和贫困边缘人口5665人。以此为基础，武强县积极创新：

一是紧抓主导产业，巩固"富源模式"带贫成效。根据政府、农业银行、企业三方签订的扶贫合作协议，武强支行对农业产业化龙头企业富源牧业给予信贷支持和利率优惠，由财政贴息，县扶贫办用扶贫基金以贫困户名义入股，富源牧业每年拿出入股资金按一定比例反哺贫困户。在近两年为蒙牛集团旗下富源牧业、富奥牧业投放15000万元的基础上，2020年继续为纳入疫情重点支持企业名单的富奥牧业新增用信4100万元，保障了蒙牛乳业的原奶供应。两家企业以土地流转、股权分红、劳动就业等形式累计带动5681名建档立卡贫困户增收。在全县贫困人口大幅缩减的情况下，富源、富奥两家企业仍带动贫困人口229人。①

二是紧抓特色产业，做强"乐器扶贫贷"。武强支行对有项目、有劳动能力的贫困农户直接发放"乐器扶贫贷"，由贫困户购买乐器配件加工设备进行加工生产并在加工车间就业，从而实现脱贫增收。武强支行投放该模式贷款44笔208万元，余额75万元，累计

---

① 乔西：《农业银行探索创设新模式新体系，燕赵古县换新颜》，《每日经济新闻》2020年10月20日。

带动 44 户 139 人脱贫。① 其中，谭封庄就为全部 18 户贫困户中的 16 户投放贷款 80 万元（另外两户为五保户，由政府兜底），实现当年支持，整村脱贫。

三是充分利用屋顶资源，推动做大"光伏贷"。对既缺乏项目有无劳动能力的贫困农户，根据政府安排部署，武强支行创新推出"光伏贷"产品，即每个贫困户建设 5000 瓦发电设备，由武强支行贷款 2 万元，光伏发电与电网系统并网，每户每年可收益 3000 元，从而实现脱贫增收。"光伏贷"既切实解决了农户缺少安装发电设备资金的难题，又践行了服务三农、绿色信贷的理念。

图 4-8 2019 年 8 月 8 日贫困户正在扶贫车间组装乐器

---

① 金穗轩：《中国农业银行深入推进定点扶贫工作》，《学习时报》2020 年 5 月 25 日。

## 案例 10　创新金融产品——贵州省黄平县、重庆秀山支行

中国农业银行积极为产业上下游量身定制有特色的信贷产品，结合客户、信贷、金融产品和服务等优势，因地制宜搭建一系列"创新"模式。黄平支行依托总行"惠农 e 贷"产品模式，创新推出"烟农 e 贷""烟商 e 贷""苗银 e 贷""太子参 e 贷""易地扶贫搬迁致富 e 贷""党建 e 贷"等 7 种专属金融扶贫产品，重点支持中药材、苗银加工、烟草烟商、扶贫搬迁、乡旅等领域。2020 年 1 月 1 日至 10 月 31 日，黄平支行累计发放"惠农 e 贷"1019 户共 11939.85 万元，其中"烟农 e 贷"累计投放 100 户共 879.1 万元，"烟商 e 贷"累计发放 38 户共 794.5 万元，"苗银 e 贷"累计发放 47 户共 1087.5 万元，"太子参 e 贷"累计发放 742 户共 7345.55 万元，"易地扶贫搬迁致富 e 贷""党建 e 贷"暂无投放。此外，黄平支行直接支持建档立卡贫困户 107 户、金额累计 1006.31 万元，并通过劳务用工等形式带动建档立卡贫困人口实现增收。

农业银行总行定点扶贫的秀山县，位于渝东南与贵州、湖南三省交界之处。这片曾因空间限制、交通制约而饱受贫困的土地，如今正通过农行消费扶贫、电商扶贫等新路子，让沉睡的农产品走出大山深处，引领当地农户走上了脱贫致富小康路。重庆秀山支行也因此荣获"全国脱贫攻坚先进集体"称号。

在这座喀斯特高原坝子名为"秀山"的边城，秀山支行紧扣秀山县"城镇商圈化、农村电商化、物流智慧化"的商贸业发展思路，发放贷款 6.98 亿元支持物流园区建设，吸引快销产品生产商在秀山县设立分拨中心，促成武陵山区生产、批发、物流企业联动发展。

建立 100 万元电商产业发展基金，孵化电商小微企业，拓宽扶贫产品销路。实施电商扶贫，连续 3 年捐赠资金 398 万元举办"中国农业银行杯"中国青年电商农产品销售大赛，推动秀山紫薯、白皮柚、土鸡、秦橙等农产品成为"网红"，累计实现在线销售收入 6.58 亿元。此外，秀山支行委托秀山土家族苗族自治县国有资产金融服务中心、秀山县华瑞实业有限公司与农业银行进行银政企合作，以"乡村振兴产业发展基金"模式支持新型经营主体发展。基金规模初步定位 2000 万元，首期到位 1000 万元（其中总行定向捐赠 500 万元），由县财政出资，采取市场化的手段，按照到位风险补偿基金 10 倍比例放大，单笔不超过到位风险补偿基金的 10%。2020 年 4 月，农业银行秀山支行制定《中国农业银行重庆分行政府增信产业贷款管理办法（试行）》，"乡村振兴产业发展基金"最终经秀山县政府批准设立。

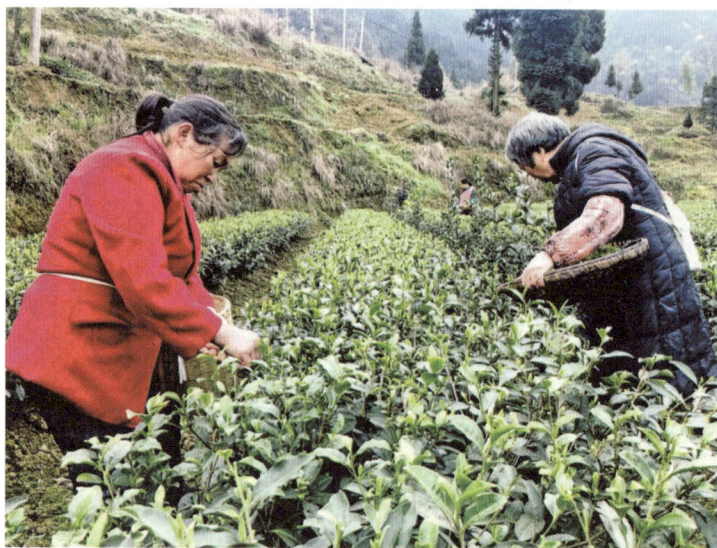

图 4-9　农业银行秀山支行运用总行捐赠资金 1000 万元
创新设立"政府增信产业基金"

在秀山这片有着上千年农耕历史的土地上，如何结合地方发展现状和产业发展特点，更好地助推山区人民脱贫致富？农业银行的做法是大力开展"造血式"扶贫，以农户信息建档为基础，创新推出"惠农 e 贷"系列产品，与政府合力拔"穷根"。围绕秀山县农业五大特色产业和旅游、电商、物流三大重点产业，创新"5+3""惠农 e 贷"系列产品全覆盖支持，"惠农 e 贷"余额 3.49 亿元。累计发放扶贫小额贷款 5482 笔、2.2 亿元；运用"十步法"实施"信用村、信用户"创建工程，已完成 11511 户农户建档，综合授信金额 3.9 亿元。支持创建市级金融扶贫示范企业 3 户，带动 110 户贫困人口实现稳定脱贫增收；发放贷款 2.24 亿元，支持新型农业经营主体 1156 户。

**图 4-10　农业银行秀山支行创新推出惠农 e 贷——乡村振兴带头贷产品**

创新"金穗惠农精准脱贫致富贷"。2017 年 8 月，农业银行秀山支行制定了《中国农业银行重庆秀山支行金穗惠农精准脱贫致富贷款管理办法》，为秀山县建档立卡贫困人口量身打造专属金融产品——金穗惠农精准脱贫致富贷，通过政府风险补偿金提供增信，对落实发展产业、有生产经营信贷需求的建档立卡贫困人口提供小额扶贫贷款支持。[①]自 2017 年 9 月推出"金穗惠农精准脱贫致富贷"以来，已累计发放 5482 笔，金额 2.2 亿元，覆盖全县 27 个乡镇，233 个村居委会，带动 2.4 万人增收致富，发放笔数和金额均居全县金融机构第一。

**图 4-11　农业银行秀山支行创新推出"金穗惠农精准脱贫致富贷"**

创新"智慧场景"，实施"县域医疗信息化建设项目"。该项目以互联网、物联网、大数据、云计算等先进的信息技术为手段，以居民为重心，以健康档案为核心，统一标准规范，建立资源合理利用、系统互联互通、信息充分共享的全县卫生健康信息化应用体系。通过信息化建设支持卫生健康全行业服务水平的提高，加强对

---

①　向红、潘钰琳：《来自农业银行定点扶贫县的报告（一）重庆秀山：武陵腹地写新章》，《中国城乡金融报》2019 年 6 月 28 日。

秀山县内医疗机构的有效监管，为居民提供及时可靠的卫生健康信息服务，有效支撑和推动全县健康卫生事业快速发展，使秀山县全民健康信息化水平成为重庆市乃至全国的标杆。同时，2019年农业银行的"智慧医院"一期线上平台成功落地秀山县中医院，2020年10月秀山中医院"智慧医院"线上版已经正式入驻"金穗慧生活"平台。目前，秀山川河盖景区、凤凰山景区、西街民俗文化景区已经成功入驻金穗慧生活"智慧旅游"平台。为助力百姓"智慧出行"，"智慧出行"场景已于2020年6月在秀山县涌图加油站成功上线，解决了传统加油站排队长、加油慢、效率低等痛点，为广大车主带来全新的移动支付智能化体验。

图4-12 农业银行秀山支行在秀山清溪场镇建设了重庆金融系统第一家乡镇"5G＋场景"智慧银行

在深耕定点扶贫工作的过程中，农业银行每年都圆满完成《中央单位定点扶贫责任书》各项指标任务，在2017—2019年3年的年度中央单位定点扶贫工作考核中，两次评为"好"（第一档）、一次评为"较好"（第二档）；赴定点扶贫县挂职干部和驻定点扶贫县工作团队先后荣获"全国劳动模范"等国家和省部级荣誉称号；农业银行定点扶贫实践成效和金融扶贫模式被国务院扶贫办选入"攻坚克难——全国脱贫攻坚展"。

## 三、扎实推进东西部协作扶贫

### （一）顶层设计东西部扶贫协作机制

2019 年 4 月，农业银行总行制定了《中国农业银行东西部扶贫协作金融服务行动方案》（以下简称《方案》），明确了农业银行东西部扶贫协作结对关系和帮扶机制，出台了一系列配套措施，组织引导东西部分行共同做好脱贫攻坚金融服务。

结合地方党政结对帮扶关系和各行实际，农行总行明确了东西部分行结对关系，由北京分行对接新疆和田分行、天津分行对接甘肃甘南分行、上海分行对接云南怒江分行、江苏分行对接青海分行、浙江分行对接四川凉山分行、福建分行对接西藏林芝分行、山东分行对接新疆喀什分行、广东分行对接四川甘孜分行、深圳分行对接西藏日喀则分行、青岛分行对接云南迪庆分行、宁波分行对接贵州黔西南分行、厦门分行对接甘肃临夏分行。在此基础上，结对双方的下级行可以进一步建立结对关系，使扶贫协作机制更加深入。

中国农业银行印发《中国农业银行聚焦精准扶贫开展"双百"干部人才结对帮扶计划实施方案》，从 2019 年至 2020 年，从深度贫困地区选择 100 家县支行，与东部发达地区 100 家一级支行建立"双百"

干部人才结对帮扶关系。[①]通过开展干部双向任职交流等活动，发挥干部人才帮扶效应，创新帮扶方式，对接落实好东西部扶贫协作具体事项，做好银政合作、招商引资、产业扶贫、消费扶贫等重点工作。

为推进帮扶地区产业扶贫工作，总行专门建立了东西部扶贫协作项目库。项目库按总分行联动方式进行运作，由基层行推荐上报入库项目，省分行结合各地发展规划、产业特点、项目收益风险和扶贫带动效果开展初步评估，总行对省分行上报名单进行审核入库。[②]项目库建立后，总行还出台了具体量化要求和相应支持政策，推动项目尽快落地。

总行把东西部扶贫协作工作纳入年度全行脱贫攻坚专项评价范围，突出目标导向、结果导向，重点考核招商引资、资金支持和选派干部等三个方面。总行每季度对分行东西部扶贫协作帮扶效果开展监测。同时，还建立了东西部扶贫协作金融服务台账，及时更新扶贫协作工作动态，督导相关分行切实加大扶贫协作工作力度。

## （二）强化落实推动东西部扶贫协作

加强组织推动，搭建协作机制。根据深度贫困地区帮扶需求和实际情况，东部12家分行分别制定了东西部扶贫协作金融服务工作方案，明确了总体帮扶目标和重点工作举措等。同时，东西部分行间积极建立沟通协调机制，畅通双方信息沟通和共享渠道，共同协商解决困难和问题。东部各分行还成立了扶贫协作领导小组，由

---

① 杨燊:《结对帮扶协同作战打造金融扶贫合力》，《中国城乡金融报》2019年5月29日。
② 刘艳辉、梁志强:《中国农业银行开展东西部扶贫协作金融服务行动纪实》，《中国城乡金融报》2020年1月17日。

行领导任组长，三农对公业务部、公司业务部、网络金融部、工会工作部、人力资源部等相关部室作为成员单位，组建联合工作团队，落实帮扶具体责任分工。

签订帮扶协议，细化帮扶措施。北京分行与新疆和田地区政府就扶贫协作议定八项重点工作，在协助招商引资、引进帮扶资金、推进金融创新等领域加强合作。天津分行与甘肃省甘南藏族自治州签署扶贫协作框架协议，双方将在建立对接机制、推进消费扶贫、协助招商引资、加强人才交流等方面进一步深入合作。山东分行与新疆分行、喀什地区党政、山东援疆工作指挥部签订四方脱贫攻坚合作协议，聚焦"产业扶贫、消费扶贫、人才交流"，丰富扶贫协作工作抓手；对接"山东百企万岗进喀什"工程，加大对在疆投资山东企业金融支持力度。上海、江苏、广东等分行也与当地对口支援部门进行了对接，密切关注基础设施建设、产业帮扶等相关政策和协作工作进展，探索提供金融支持。

助力产业扶贫，协助招商引资。东部地区分行根据贫困地区政府和西部地区分行提供的信息，结合当地政策和产业优势，仔细梳理了潜在项目和产业清单，积极推荐东部地区企业对接，着力做好配套金融服务。浙江分行先后组织 28 家优质企业赴四川凉山州实地考察调研，深入对接凉山农业产业。其中浙江国丰油脂有限公司确定投资建设 1 万吨核桃油深加工项目，辐射周边核桃种植贫困县，投资约 1.5 亿元。该项目成功落地将成为凉山州首个规模化核桃油加工企业，纳入凉山州"1+X"生态扶贫产业链中最重要的核桃产业，辐射全州 11 个深度贫困县 1200 万亩核桃林，提升核桃附加值、扩大销路。新疆分行研究制定驻村定点扶贫帮扶计划，累计捐赠209万元用于产业帮扶项目，组织全行员工购买杏干138万元，带动铁日木乡户均增收1000元以上。西昌支行和企业签订银企战略合作协议，提供意向性信用额度1亿元。后续还将创新"核桃扶贫贷"，全链条支持核桃采摘、收购、初加工等中间环节，进一步解决当地农户就业、乡村基础产业振兴难题，将核桃真正变成贫困户增收致富、贫困村造血消薄的"脱贫果"。

开展消费扶贫，直接带动增收。全行通过直接采购、广泛帮销等形式扩大深贫地区扶贫产品销售，助力贫困地区产业兴旺和贫困户稳定增收。东部各行积极通过工会、食堂等途径加大对贫困地区特色农产品的采购。截至2019年12月末，东部各行直接采购累计超过850万元。充分利用"益农融商"公益扶贫平台和"惠农e通"电商扶贫专区，通过线上＋线下渠道双管齐下，大力向分行员工、客户、合作单位等社会各界推介贫困地区特色农产品，帮助当地贫困户和扶贫企业解决特色农产品销售难问题。截至2019年12月末，东部各行已累计助销农产品约4500万元。其中，上海分行与云南怒江州政府、怒江分行在上海联合举办农产品推介会，积极邀请分行员工、客户、总行驻沪机构广泛参与，现场实现销售订单额超过300万元。

引入帮扶资金，增强扶贫合力。东部各行鼓励支持辖区内企业、社会组织和公民个人参与东西部扶贫协作，引进无偿帮扶资金。广东分行客户东莞广济事业有限公司向四川甘孜州理塘县无偿捐赠50万元，其中41万元用于曲登乡小学食堂改扩建、9万元用于哈依乡濯绒村蔬菜大棚建设。天津分行向甘肃甘南州临潭县卡勺卡村、甘尼村、左拉村三个困难村捐赠了医疗、文教用品，并提供帮扶资金100万元，助力贫困村壮大集体经济，打造特色旅游项目。青岛分行客户九联集团向云南迪庆州德钦县和维西县捐赠40万元用于农户入户电路改造和人居环境提升建设项目。新疆分行配合总行扶贫开发部等10个部室党组织与未摘帽县10个深度贫困村"一对一"开展党建结对帮扶行动，协调250万元帮扶资金落地见效，共同落实好党的民族、宗教、扶贫惠民好政策。

图4-13　农业银行西藏自治区分行积极落实金融惠农政策，帮助农牧民脱贫致富
（阿旺次仁　摄）

选派挂职干部，加强业务创新。根据帮扶行需求，东部各行立足智力帮扶，选派优秀干部赴对口行挂职，帮助贫困地区分支行提高经营管理水平。西藏分行持续做好驻村帮扶工作，连续八年派出20多支1000多人的驻村工作队进行定点扶贫，并将捐赠资源重点向驻村点倾斜。新疆分行面向南疆四地州增加专项招聘计划62人，选派17名干部交流到未摘帽县支行，竭力推进业务创新。截至2019年12月末，东部分行已选派13名处级干部和21名科级干部

到西部分行交流任职。其中，浙江分行专门成立了凉山扶贫协作工作组，建立"1+1+N"工作机制，即一名工作组组长（正处级）挂职凉山州党政部门、一名扶贫干部协同长期驻点凉山，从全省抽调懂信贷、懂三农的若干业务骨干根据工作需要轮流派驻。针对柜面无纸化过程中，凉山贫困地区较多群众不能手写名字，导致业务确认环节效率明显降低的问题，总分行联合开发柜面业务电子指纹签名功能，提升贫困群众金融服务体验，并陆续在凉山昭觉、越西、美姑3个深度贫困县试点运行。

## 案例 11　东西部协作定点扶贫模式——浙江分行

根据行党委统一部署，浙江分行对口帮扶黄平县。黄平县地处贵州省黔东南州，是贵州省 50 个国家级扶贫开发工作重点县之一，也是总行四个定点扶贫县中唯一没有摘帽的贫困县。2018 年末，全县 38.5 万人，贫困人口 3.17 万人，贫困发生率为 8.94%。

浙江分行积极发挥东西协作和定点帮扶的脱贫机制对贵州黄平县开展帮扶，取得巨大成效。首先，建立定点帮扶工作机制。浙江省分行成立由"一把手"任组长的领导小组，压实扶贫责任，每周听汇报、抓进度，强化组织领导，出台《贵州黄平县定点扶贫协作方案》，围绕开展招商引资、引入帮扶资金、推动特色农业产业发展等 8 个方面内容，突出帮扶重点，明确实施路径。配套制订《浙江分行 2019 年脱贫攻坚专项评价方案》，细化评价标准，进一步加强考核推动。通过扶贫建立协作机制，浙江分行、贵州分行分别成立扶贫工作组，合力打造定点扶贫协作"黄平样本"。其次，动员全行力量，进行招商引资，开展消费扶贫，实行产业带动。一是推动黑猪产业品牌化运作，积极协助国家级农业龙头企业浙江青莲食品股份有限公司调研当地黑猪产业情况，撮合政企共同打造黄平县黑猪地理标志产品，带动农户脱贫致富。二是推动打造区域农副产品集散中心，全力协调贵州省冷链物流投资发展有限公司与浙江省富春控股集团建立合作，拟打造辐射黔东南州的农副产品集散中心。三是推动提升地方中药材产业链。推介浙江省众安健康参与当地中药材产业园建设，建立中药材精深加工生产线，带动当地特色种植业发展。四是推动"一县一业种草养牛"特色项目，积极推动杭州华商日化公司到黄平建设小黄牛养殖和深加工基地，形成集牧草种植、牧场养殖、销售餐饮于一体的特色全产业链，服务黔东南州"一县一业"发展战略。五是推动企业精准带动贫困户就业，浙江分行联动贵州分行为A股上市公司尖峰集团申报项目贷款3亿元用于支持在黄平谷陇镇建设水泥生产线，并要求企业优先招纳建档立卡贫困人口就业。在促进消费方面，分行工会主动联系黄平屠宰、冷链企业和检验检疫部门，帮助打通了活禽出黔的路径；协调佐力药业、天子果业等上市公司或行业龙头企业，定向到黄平、凉山采购太子参、橙子等农特产品，助推优质农产品销售。帮助黄平县苗银、苗绣等传统手工艺品产销对接义乌小商品城，并就打造品牌、设计形象包装、丰富产品种类等方面提供专业指导，助力进一步扩大市场。浙江分行在对黄平县进行帮扶中，除了发挥自身系统作用，还积极主动作为，引进社会帮扶资源。浙江分行紧紧围绕中央单位定点扶贫责任书中引进无偿帮扶资金定量指标要求，组织浙商企业捐赠资金。与浙江省慈善总会合作开展"同圆中国梦守护安全行"

活动，拟向黄平县东坡小学捐赠 160 套安全防护书包。协调浙江省内知名教育企业海亮集团，把黄平纳入集团"少年英才培养工程"，按照中科院评估体系，现已顺利完成黄平县 100 名学生的选拔测试，其中少数民族学生占 69%，助力教育扶贫，提升主动脱贫能力。

黄平县在浙江分行的定点帮扶下，取得了显著脱贫成效。自对口帮扶以来，浙江分行已推动 6 家浙商企业与黄平县政府签订投资框架协议，与 1 家企业签订贷款意向协议，范围涵盖黑毛猪、黄牛养殖、屠宰及深加工、中药材收购以及冷链物流等。浙江分行工会首批采购黄平土鸡超过 2 万只。佐力药业订单发至种植户手中的采购金额达 100 万元以上。积极协调各类无偿帮扶资金投向黄平县，拨付 260 万元扶贫贷款，并不断向"两不愁三保障"方面倾斜。黄平县四套班子对浙江分行的帮扶充分认可，县委书记林昌富表示："浙江农业银行作为结对帮扶单位，这么实的工作作风和措施，还是第一次"，"感谢党中央的扶贫政策，感谢农总行党委委派浙江分行定点帮扶黄平，感谢浙江农业银行给予的帮助支持"，"有农业银行的鼎力支持，坚定了脱贫摘帽的信心和决心"①。

## 第四节　坚持精准扶贫是实践的方向

精准扶贫是中国特色反贫困斗争中的一份宝贵的精神财富。2014 年开始，党中央、国务院针对精准扶贫制定了一系列方针规

---

① 《农行浙江分行全面助力黄平县脱贫摘帽》，《学习时报》2019 年 12 月 18 日。

划，这些战略规划为精准扶贫工作的推进指明了方向，提供了明确的政策导引。精准扶贫强调"精准"二字，明确要求扶贫要做到对象精准、项目安排精准、资金使用精准、措施到户精准、因村派人精准、脱贫成效精准。中国农业银行坚持开发式扶贫方针，坚持把发展作为解决贫困的根本途径，帮助贫困地区改善发展条件，实现由"输血式"扶贫向"造血式"帮扶转变。[①]

## 一、坚持现代农业生产优先发展

农业生产是推动农业强起来、农村美起来、农民富起来的重要保证。为此，中国农业银行以富农兴农为己任，全力推动农业生产和农业产业的发展。

### （一）努力做好粮食生产金融服务

农业银行深入实施服务国家粮食安全行动，以粮食生产功能区和重要农产品生产保护区为重点，积极支持从事粮食种植的各类新型农业经营主体，支持主产区发展粮食精深加工，着力满足粮食收储金融需求，促进粮食全产业链发展。2020年疫情期间，农业银行向贫困地区特别是湖北省辖贫困县倾斜保障性政策，以"一事一议""一客户一政策"等方式，对因疫情影响还款困难的贫困户，采取无还本续贷、贷款展期等方式为其解忧纾困[②]；对因疫情受困的带

---

① 习近平：《在全国脱贫攻坚总结表彰大会上的讲话》，《人民日报》2021年2月26日。
② 李延霞、侯雪静：《银行业如何助力脱贫攻坚？听三位行长怎么说》，《抚州日报》2020年9月14日。

贫企业，实施不抽贷、不断贷、不压贷，允许调整完善企业还款付息安排，对从事农业产业的企业和个人，优先纳入防疫期间重点支持名单，在客户分类、行业限额、审查审批以及额度、担保、期限等贷款要素方面落实优惠信贷政策，在促进贫困地区信贷投放、支持贫困地区抗击疫情、复产复工和产业发展上发挥了积极作用。甘肃分行在服务现代农业和规模农业上力求突破，不断加强对农业产业化龙头企业的金融支持，对省级以上农业产业化龙头企业要做到"四定"，即定客户名单、定业务目标、定服务方案、定责任主体，不断提高对国家级和省级以上龙头企业的服务覆盖率；全力做好金融服务春耕备耕生产，早谋划、早部署，开春伊始各级行就深入乡村、走访客户，摸清资金需求。以信用村为依托，以惠农卡为载体，为农民购买春耕备耕生产资料提供资金支持，重点拓展家庭农场、专业合作社等新型经营主体；借助"三农"金融辅导平台，广泛宣传支农政策，推广特色金融产品，提高办贷效率。优先保障信贷规模，提高支付结算效率，方便客户资金汇划。

## （二）持续支持生猪恢复生产

中国农业银行贯彻落实国家关于稳定生猪生产、促进产业升级的部署要求，出台《支持生猪产业稳定生产加快转型升级的若干信贷政策》，加大政策、资金的支持力度，创新产品服务，全力保障生猪生产和市场供应的稳定。实践中，四川分行积极支持农民发展生产，重点支持有龙头企业签约的"订单户"、有产业链依托的"链条户"、有政策扶持的规模化种养"专业户"、有信用且经营好的"增信户"；大力促进涉农龙头企业与农户建立更加紧密的利益联结机制，依靠农业产业链连起农户、农民专业合作社、龙头企业、配套中小企业、流通市场等众多参与主体，为产业链上各个环节提供个性化的金融服务。该行以企业带动、集中连片、整体准入、批量授信等运作方式，推进"公司＋农户"模式下的农村个人生产经营贷款投放，同时实行"一个行业、一个方案"的集约化营销，依托农户小额贷款帮助农民发展生产。①

### （三）发动龙头企业的带动作用

贫困户与市场的联结纽带，是产业扶贫的重要载体，具有强大的带动能力，在全产业链发展过程中，除了能带动众多农户建立稳定的原料生产基地外，还可以带动众多农村富余劳动力在家门口就业并有稳定的收入。具体运作中，龙头企业与贫困农户或新型农业经营主体形成利益联结主体，促进地区产业发展。龙头企业向贫困农户提供种苗、对贫困农户进行技术指导和培训、提供疫苗化肥等生产资料、统一回收和销售成熟产品。农业银行与龙头企业或者贫困农户签订劳务合同，安排贫困农户到企业就业并提供技能培训，帮助贫困农户获得工资性收益。在具体实践中，农业银行与农业产业化龙头企业合作，批量为龙头企业上下游关联企业和农户提供贷款资金支持，龙头企业负责向农业银行推荐贷款客户名单，并为贷款户提供信用担保、订单收购等，在促进龙头企业扩大生产销售能力的同时，探索出了一条通过产业发展，让易地搬迁户就近就业、变身产业工人、稳定脱贫的新路子，形成了"农业银行＋龙头

---

① 钟颖、梁莹莹：《探索精准扶贫新思路》，《柳州晚报》2016 年 4 月 14 日。

企业＋农户""农业银行＋龙头企业＋基地＋农户""农业银行＋龙头企业＋合作社"三种帮扶模式。山东支行与当地的农产品加工企业合作，在企业扩大规模时积极给予贷款帮助，不仅提供贷款速度快，而且执行优惠利率。农业银行与龙头企业达成协议，每带动一名贫困人口就业银行给予企业5万元优惠利率贷款，龙头企业积极吸纳有劳动能力贫困人口就业，并与贫困户签订帮扶协议，根据家庭状况，每年发放1600元以上扶贫资金，帮助贫困人口实现就业增收。农业银行内蒙古分行支持蒙牛公司，采取"龙头企业＋基地＋农户"的贷款运作模式，向和林格尔县8000多户奶农发放5000万元奶源基地建设贷款，由蒙牛公司筛选奶户，奶牛养殖户承贷，农业银行对奶户直接办理贷款手续，签订借款合同，蒙牛公司提供担保并负责保证贷款按期还本付息，还贷方式为由蒙牛公司逐月从奶牛养殖户奶款中扣收贷款。通过这种模式，和林格尔县支行累计发放贷款6.63亿元，帮助蒙牛公司共建立标准化奶站3200多个，为蒙牛抢占奶源市场打下了坚实基础，同时带动200多万奶农从事奶牛养殖业增收致富。农业银行黄平县支行通过"农业银行＋龙头企业＋村级合作社＋农户"的方式，投入帮扶资金462万元，帮助黄平县发展百香果产业，通过劳务务工、土地流转、入股分红等方式，带动229户贫困户900多贫困人口实现增收。

## 案例12　龙头企业带贫模式——湖北蕲春支行

蕲春支行以"李时珍医药集团"为核心，贷款支持下游贫困户种植蕲艾。业务上，引入"快农贷"运作机制，实行"三免"，即免除常规信贷操作中的逐笔调查、审查和审批环节，实行"一站式"服务。一是批量确定对象。由县扶贫办提供建档立卡贫困户名单，经李时珍医药集团确认后，共同确定为贷款支持对象，省去调查环节。二是批量开展签约。省分行将贷款对象统一生成"白名单"，蕲春支行根据"白名单"生成放款通知单，通知贷款对象，集中签订借款协议，省去审查审批环节。三是批量发放贷款。在集中签订借款协议时，蕲春支行通过无线转账电话的自助放款功能，指导贫困户自助借款，贷款资金打入贫困户"社保卡"上。同时，蕲春支行充分利用平板"智付通"，进入"惠农 e 通"系统，指导贫困户在李时珍医药集团的网上商城中购买种苗、农药、化肥套餐，购买套餐的资金自动划转至李时珍医药集团，李时珍医药集团通过贫困户的网络下单，及时配送种苗套餐，整个过程体现了"一站式"服务。①

为做好风险防控，蕲春支行坚持市场运作，确保风险可控。一是还款来源有保障。贷款金额不超过 4 万元，李时珍医药集团支付给农户的款项偿还贷款本息，财政负责贴息。二是实现风险"零敞口"。李时珍医药集团和县政府按照 3∶7 比例提供风险补偿金，并及时足额缴存农业银行专户，农业银行对专户资金有优先受偿权。三是坚持全程监督。重点监督风险补偿基金能否足额到位、贴息资金是否提前足额到达、贷款资金使用是否合规等。四是贷后管理到位。贷款发放后 10 日内，开展首次跟踪回访，每次贷后检查都要有详细的影像记录。

---

① 黎阳:《农业银行打通脱贫之路"最后一公里"》,《中国金融家》2018 年第 10 期。

为鼓励贫困户积极参与种植，李时珍医药集团按高于市价10%的价格统一收购，确保每户年收益最低不少于3200元。蕲春支行向贫困种植户发放扶贫小额贷款，贷款执行基准利率，县扶贫办对贷款给予全额贴息，减轻贫困户的贷款负担。凡帮扶对象达到脱贫验收标准的，李时珍医药集团按每户1000元给予奖励；对种植达到一定规模并实现年度出列的贫困村，奖励2万至3万元。目前，蕲春支行在该模式下，已累计发放精准扶贫贷款近1.51亿元，支持3795户贫困户脱贫致富。

图4-14　农业银行地方分行发放农村土地承包经营权抵押贷款

## （四）推进全产业链扶贫

农业银行通过扶贫产业的布局，扩展产业的价值链条，使农户参与产业发展的各环节，帮助农民增收。农业产业链涉及农产品的种植、养殖、深加工、销售、仓储、餐饮等各个环节，每个环节都可以吸引大量贫困人口就业，实现增收。该模式下，企业通过将产业链上下游群体连接起来，吸引中小企业和贫困农户参与产业链发展，吸引贫困农户通过产业经营或提供劳务参与产业链发展；政府加强对贫困地区基础设施投入，为扶贫项目提供财政支持，帮助企业融资，引导信贷资金投入产业链发展；农业银行通过对产业链各个环节的参与主体进行信贷支持，有效解决资金问题，吸引更多贫困农户参与产业链扶贫，提高贫困地区经济发展水平。

在具体实践中，农业银行与贫困地区龙头企业合作，金融支持产业链各参与环节，积极支持企业流动资金贷款需求，支持高标准农田整治、水利设施建设、农村土地整治等项目，为农业科技发展提供技术支持、创建农业科技园区等；向贫困农户发放"惠农 e 贷"，开设农业抵押贷款，土地承包经营权抵押贷款等业务，支持农户发展种养殖产业，促进农业产业化，扩大农户经营范围；企农融合，根据不同地区资源禀赋、产业发展情况，创新推出不同的金融服务，大力支持特色产业发展，切实带动贫困户增收脱贫；通过直接安置就业或带动生产等方式，推动贫困地区产业发展、贫困人口受益增收。广东省分行通过产业链扶贫模式，与秀山县共建 40 万只秀山土鸡林下养殖基地、1 万亩纽荷尔脐橙基地、1000 亩黄花基地、1 万亩金丝皇菊和金银花基地以及香菇生产基地、土猪香肠腊肉基地、红薯粉条和调味品加工基地，不仅健全农产品供应机制，同时带动周边农户就业增收，实现脱贫。[1]

---

[1]　王建国:《农行广东分行将与秀山县共建消费扶贫产业基地》,《秀山报》2020 年 9 月 7 日。

## 案例 13　产业链扶贫模式——广东分行

广东分行把清远地区作为服务"三农"、金融扶贫的重要阵地和创新试点，在政策和资源上给予大力支持，依托地域特色农业，创新推出"金融＋产业扶贫"模式，依托地域特色农业，坚持"以大企业带动小企业、以农业龙头企业带动贫困户"的思路，创新金融扶贫路径，通过"农业银行＋广垦公司＋清远市农业企业家协会"三方合作，实现"企业壮大发展，贫困户脱贫致富"的共同目标。

在落实产业链扶贫模式过程中，广东农业银行发挥客户资源宽广的优势，打通农企、农户、广垦"三方渠道"：一方面，农业企业家协会向农业银行推荐下属农企，农业银行从中筛选有"三农"业务合作的企业，由企业与当地贫困户签订购销协议，解决贫困户农产品销路问题；另一方面，将参与精准扶贫的企业优先推荐给具备全国采购渠道优势的广垦公司，使其成为广垦公司的供应合作单位，协调广垦公司向农企收购农产品，并在其40多家"佳鲜农庄"门店和电商平台销售，解决了农企销路窄、运输难的问题；与此同时，通过协调广垦公司对接农企收购农产品，也间接关联了广垦公司与贫困户，打通了广垦收购清远山区生鲜农产品的渠道。

产业链扶贫模式既为贫困户开辟了增收脱贫新路径，也为农产品企业销售扩大了渠道，实现了多方共赢，具有十分好的示范效应。对贫困户的金融支持方面，广东农业银行对红茶产业园园区内企业英州红茶叶有限公司的合作贫困户发放小额扶贫贷款104笔，金额520万元。在加强与广垦公司合作方面，一方面，广东农业银行以"农银 e 管家"为切入，广垦公司及其下游的清远农产品供应商可以通过农业银行电商平台进行下单订货和销售管理，构建起"农产品供、销一体化"运作平台，有效带动金融扶贫工作；另一方面，广东农业银行将广泛联系更多与建档立卡扶贫户签有购销合同的农资企业，纳入合作范围，促进广垦电商平台和 40 多家"佳鲜农庄"门店供应量大大增加，进一步扩大其产品影响力。此外，农业银行还借助本外币银行卡的优势及在互联网金融方面的积累，为广垦及交易平台的入驻企业提供代发工资、代缴费以及包括网上银行、掌上银行、银行卡、惠农 e 通等在内的一站式金融服务。广东农业银行紧扣"精准扶贫、精准脱贫"基本方略，扛起政治使命，负起社会责任，积极助力广东打好脱贫攻坚战。该行有扶贫任务的 71 家支行已全面实现"一县（区）一产业项目带动"目标，共支持 80 个产业/项目带动法人扶贫客户，贷款金额达 14.6 亿元，带动贫困人口 1.95 万人。[①]

此外，农业银行创新产业闭环扶贫模式，通过改变贫困农户只参与单向生产环节，形成产销一体的产业链闭环，帮助贫困户进行产品生产、技术指导、产品销售等活动，带动贫困农户脱贫。实际运作中，龙头企业或新型农业经营主体与贫困农户建立利益联结机制，贫困农户进行农产品生产，龙头企业或新型农业经营主体给予贫困户生产资料如种子、牲畜幼崽等，由贫困户种植或养殖，并定期对农民进行技术指导，统一收购和销售成熟产品。金融机构为龙头企业或新型农业经营主体扩大产业规模提供资金支持。在具体实

---

① 陈荣汉：《广东农行"金融＋产业扶贫"在清远签约》，《清远日报》2019 年 1 月 30 日。

践中，农业银行集合信贷资金、金融科技等多种优势，打造集"农户＋龙头企业＋经销商"于一体的产业闭环。基于龙头企业资金支持，龙头企业通过产品生产销售与贫困农户之间形成利益联结，由龙头企业向贫困农户发放产品种苗，并提供疫苗、化肥、技术指导等一系列生产资料，贫困农户进行产品生产，龙头企业将产品回收交予经销商，实现产销一体化，形成产业闭环。例如，云南省分行充分发挥资源优势，投入 58 万元注册成立牦牛、生猪养殖合作社，引进龙头企业，贷款 4000 万支持公司发展，负责收购合作社养殖的牦牛、藏猪，并提供养殖技术，利用线上技术，为扶贫点架通"农业银行掌上银行——扶贫商城"等互联网渠道助力销售，形成产供销闭环。

## 案例 14　产业闭环扶贫模式——河南分行

科迪集团位于国定贫困县河南商丘虞城县，是国家级农业产业化龙头企业，也是新兴的乳业发展企业，有"河南省三大畜牧养殖基地和乳产品加工基地"之称，但在扩大上游养殖户（建档立卡贫困户）生产规模、提升下游经销商销售积极性方面面临资金和技术难题。一是科迪集团拟与建档立卡贫困户签订奶牛代养协议带动其脱贫，但建档立卡贫困户缺少购买奶牛的资金。二是科迪集团下游经销商大富贵公司年销售额 5000 万元左右，但送货人员较多，货款结算形式多样，导致财务对账烦琐、差错频出，急需数字化解决方案。为加大金融服务贫困地区脱贫攻坚力度，农行河南虞城县支行以科迪集团与建档立卡贫困户建立利益联结机制为基础，采取

"四位一体"政府增信模式向科迪产业链上的建档立卡贫困养殖户发放贷款。单户授信额度为5万元，授信有效期限三年，采用自助可循环方式，执行基准利率。贷款资金用于购买奶牛，并由科迪集团托管，实行封闭运行、统一管理，并负责生产销售。建档立卡贫困户是奶牛所有权人，获得扣除各项管理费用后的收益。支行向大富贵公司营销农业银行惠农e通平台，实现惠农e通平台与大富贵公司ERP对接。大富贵公司借助农业银行数字化平台支持，实现了线上对账、订单和库存管理、员工考核等，并为其下游批发商提供了线上下单、售后管理等相关服务。支行与科迪集团密切合作，利用农业银行互联网金融科技优势，打造建档立卡贫困户参与生产、农业银行提供信贷支持、科迪集团负责运营管理、大富贵公司通过农业银行惠农e通平台销售的模式，实现从生产到管理到销售到建档立卡贫困户增收的闭环。①

产业闭环模式实现了助力贫困地区增收由"输血式"扶贫向"造血式"扶贫的转变。以线上销售龙头企业乳制品为着力点，打造了"金融＋产业＋电商"链式扶贫新模式，对贫困人口长期稳定脱贫路径提出新的探索，受到政府、企业、贫困户多方欢迎，提升了农业银行社会美誉度和影响力。大富贵公司通过使用农业银行惠农e通平台，解决了对账难的问题，并且实现业务员线上考核管理，节约了公司人力资源成本，提高了销售国定贫困县扶贫企业乳制品和建档立卡贫困户农副产品的积极性。截至2019年6月末，农业银行累计向1124户建档立卡贫困户发放"奶牛贷"5576.6万元，助力

---

① 《上下同欲倾力脱贫攻坚　探索创新收获丰硕成果》，《中国城乡金融报》2020年1月15日。

建档立卡贫困户通过标准奶牛养殖小区集中饲养及管理增收致富。

### （五）工业园区拉动扶贫

农业银行为企业提供贷款，确保企业的发展，通过政府引导、资源聚集、企业帮扶贫困农户安排就业与培训，逐步带动贫困地区构建工业产业，促进贫困地区经济发展。农业银行全面了解政府配套政策、产业布局、入驻企业等情况，通过金融服务深度贫困地区工业园区项目建设，根据园区实际制定金融服务方案，拟定金融服务措施，及时传达、指导经营行开展营销，帮助园区及企业解决融资需求困难，积极支持园区重点项目建设和园区企业生产经营，带动贫困户就业增收。例如，农业银行贵州分行与浙江分行组建银团，积极帮扶浙江"飞地"园区进行建设，给予项目3亿元贷款，同时与企业协商优先招纳建档立卡贫困人口就业，目前企业建档立卡贫困人口用工占比达到24%，有效带动了周边贫困人口就业增收。

### 案例15　工业扶贫模式——四川成都分行

成都分行发展的飞地园区工业扶贫，是工业转移合作的新模式。该模式由两地政府跨区域共建园区，通过两地政府和企业三方合作，实现政府引导、企业参与、利益共享、多方共赢。阿坝州属于深度贫困藏区，也是成都市生产生活用水主要来源地。为帮助阿坝州尽快脱贫，解决其因承担生态环境保护责任而造成的"福利受损"，恢复5·12灾后产业重建，2009年下半年，成都、阿坝两地政府在成都市金堂县淮口、白果、高板交界处，共同筹划建立了"成都—阿坝工业园"。园区主要承接广东、江西、湖南、吉林等6省市产业转移对口援建工业项目，同时承接阿坝州的水电、铝业和锂电池资源的深加工，及其配套成都大工业的产业布局。农业银行通过支持飞地园区发展，也探索出了扶贫开发的新路子。①

在四川分行转发《关于进一步加快飞地园区建设发展、助推藏区彝区脱贫攻坚的意见》后，成都分行立即组织精干力量对飞地园区进行调研，掌握园区基本情况、发展规划，对园区进行摸底调查，全面了解政府配套政策、产业布局、入驻企业等情况。根据园区实际，成都分行制定了飞地园区金融服务方案，拟定金融服务措施，及时传达、指导经营行开展营销。在项目实行过程中，由于成阿工业园离城区较远，为提高效率，成都分行、金堂支行组成外拓团队，定期前往园区现场办公，为园区各类企业办理账户开立、企业网银、代发工资、理财、外汇等金融业务，做好金融基础服务，积极支持园区重点项目建设和园区企业生产经营，贷款2.38亿元支持园区开发建设，累计投放9.9亿元支持金堂国电、成都士兰半导体、巴莫科技有限责任公司等园区重点企业项目建设，助力企业投产达产创利增效。成都分行还积极支持园区中小企业发展，2012年以来累计投放贷款28.29亿元，截至2020年6月末，园区中小企业贷款余额4.23亿元。

飞地工业园区建设成效显著，一是有效破解了民族地区脱贫攻坚与经济可持续发展之困。至2019年5月，园区累计实现工业总

① 冯樱子：《农行：股改收官破茧成蝶》，《华夏时报》2019年9月28日。

产值 364.14 亿元，实现增加值 78.03 亿元，完成工业固定资产投资 303.93 亿元。购地自建项目 125 个，协议总投资 391.5 亿元，累计投产项目 266 个。1—5 月 74 户规上工业企业完成总产值 35.5 亿元，同比增长 1.28%。用工人数 1 万余人，园区完成建设后预计用工达 3 万人以上。阿坝州锂辉矿探明原矿储量 7400 万吨，居四川省第二位，可开采量占全省第二位，具有埋藏浅、易开采、品位高的优势，园区的设立直接带动了阿坝锂辉矿的开采、提炼、加工。2019 年 3 月 27 日开工的金川李家沟锂辉矿 105 万元吨 / 年采选项目，将成为我国最大的锂矿生产基地。同时，阿坝州有丰富的水电资源，成阿工业园纳入首批售电侧改革试点范围，园区企业的发展有效缓解了阿坝州水电弃水弃电现象。二是飞出地和飞入地组织劳务输出、输入精准对接。飞地园区企业面向阿坝州开展定向招工，治安协管、道路维护、清扫保洁等公益性岗位优先安排藏区建档立卡贫困户就业，为藏区"9+3"职业教育等毕业生提供实习岗位，促进藏区同胞到园区就业。园区每年拿出一定收益用于支持阿坝州建档立卡贫困户开展就业促进、技能培训等，先后累计解决阿坝州马尔康、茂县、汶川、红原等民族地区贫困户劳动就业 3000 余人。①

### （六）新型农业经营主体带动

农业银行支持通过组织和发展专业合作社等新型经营主体，吸收建档立卡贫困户入社，"大户带小户、富户带穷户"，解决贫困农户的致富渠道问题。实际运作中，农业银行对新型农业经营主体进

---

① 朱雪黎：《发展"飞地经济"助藏区彝区脱贫》，《甘孜日报》2017 年 12 月 27 日。

行金融帮扶，和政府一起为新型农业经营主体提供资金支持。贫困农户到新型农业经营主体参加劳务，获得工资性收入；或者将土地作为资产流转给新型农业经营主体获得资金收入或将土地入股新型农业经营主体获得股份收入。新型农业经营主体或龙头企业为贫困农户提供社会化服务，建立扶贫车间，为贫困农户提供农机、农技、化肥、农药等社会化服务，降低农业生产经营成本，增加贫困农户的生产经营性收入。具体实践中，农业银行高度重视支持新型农业经营主体，并将其与脱贫攻坚工作相融合，在具体实践中形成了扶贫车间、专业合作社带动、规模农户带动三种模式。"扶贫车间"模式下，农业银行向扶贫车间提供贷款，由政府扶贫贷款风险补偿基金提供担保并提供贷款贴息，贷款资金统一购买加工设备，企业负责原材料供给、技术支撑、产成品销售等服务。通过扶贫车间进行扶贫，对于核心企业来说，前期无须资金投入便扩大了生产规模、提高了经营收入；对于贫困户来说，则可以获得稳定收益和工资收入。例如，广西壮族自治区凌云县支行利用政府增信模式对当地扶贫车间提供贷款，投放贷款 20 万元支持陶化村扶贫车间发展。[1]同时，为方便村民办理业务，还在该村调整布放惠农通服务点，方便群众就近办理金融业务。专业合作社带动模式下，农业银行支持有贫困户参股的农民专业合作社，并在担保条件、贷款利率等方面给予优惠。比如，在内蒙古科右前旗，刘景堂有丰富肉羊养殖经验，创建了俊伟专业养殖合作社，并吸纳当地 20 名贫困户成为合作社社员；农业银行向合作社社员统一授信，设计"社员联

---

[1]　杨胜永、李子飞：《农行广西凌云县支行贷款"活了"瑶寨扶贫车间》，《农民日报》2020年 6 月 29 日。

保＋集体土地承包权抵押＋动物资产存栏抵押"的组合担保方式，贷款期限3年；合作社利用贷款资金，统一购羊、统一管理、统一销售，20名特困户每年可分得合作社经营利润的30%，一年一结，每户年均增收2万余元。规模农户带动模式下，农业银行支持有生产技能、有销售渠道的专业大户或家庭农场，通过"大户带小户、富户带穷户"，解决贫困农户的生产致富问题。在湖北蕲春县，医药产业是该县的主导产业，农业银行创新了"政府＋银行＋医药龙头公司＋规模农户＋贫困农户"的五位一体扶贫模式。政府和医药龙头公司分别提供70%、30%的贷款风险担保；农业银行向规模农户提供单户10万至50万元的贷款。

## 案例16　新型农业经营主体带动模式——内蒙古科右前旗支行

内蒙古自治区兴安盟科右前旗巴拉格歹乡永进村的俊伟养殖专业合作社主要从事育肥羊养殖和销售，经营面积约16057平方米，房产面积约1000平方米，棚圈约2723平方米。合作社法人代表刘景堂是当地养殖能人，拥有较为丰富的养殖经验和管理能力。该专业合作社与大型收购企业建立了长期的贸易关系，以订单来保障肉羊的正常销售，肉羊销售供不应求。然而，受制于自身担保能力，始终未能有效扩大养殖规模，也未能拉动当地农牧户一同脱贫致富。针对这个情况，科右前旗支行及当地扶贫办共同研究创新出"景堂模式"，即将当地的20户建档立卡贫困户编入刘景堂的专业合作社，使其成为该合作社的成员，然后设计出"联保＋刘景堂集体土地承包权及地上定着物抵押＋刘景堂个人部分动物资产存栏抵押"的模式，向刘景堂及专业合作社建档立卡贫困户授信并发放贷款。该贷款由刘景堂个人全程全额担保，刘景堂及专业合作社建档立卡贫困户将贷款作为购羊款，将购得肉羊托管至合作社、统一管理、统一销售。20名特困户在专业合作社从事养殖工作，同时每年可分得合作社经营利润的30%，一年一结。此举既给了贫困户一个稳定的收入来源，同时也解决了刘景堂融资难的问题，实现大户与贫困户互利双赢的效果。[①]

为做好风险防控，科右前旗支行着力构建6道风险管控闸门。第一道：由村委会推荐贫困户，并出具村委会研究决议及申请入社贫困户承诺书。第二道：充分做好贷款收益风险评估。在保证未来一年内一般收益的前提下，折扣计算收益利润后再分成分配，明确分配比例、分配额度、分配时间，确保借款合作社成员双重受惠。第三道：建立政府风险补偿机制，贷款一旦形成风险，参照规定扣收政府风险保证金。第四道：指定保险公司以优惠费率对全部抵押物（含房产、羊）和借款人发生意外情况提供全额保险。第五道：由应大保险公司提供小额农业贷款履约保险。第六道：村委会明确专人监督肉羊购入、出栏时间，保证肉羊存栏数量，预期出栏时间和出栏量，及时通知农业银行和其他相关单位。

"景堂模式"运行以来，成效显著，得到了地方政府、自治区扶贫办及上级行的高度评价。科右前旗支行累计投放"景堂"模式贷款600余万元。2018年，俊伟养殖专业合作社全年实现销售总额达1900万元，同比增加400万元，另辐射带动周边贫困农户13

---

① 王小川：《贫困户"点餐"银行来"买单"》，《农民日报》2016年8月19日。

户，惠及40余人，带动贫困户每户年均增收2万余元，真正地体现了产业带动、行业带动、区域带动的精准扶贫理念。

## 二、全力服务优势特色农业发展

产业扶贫是精准扶贫的难点，也是关键所在。实际运作中，农业银行立足贫困地区的优势特色产业，积极开发种养业、农产品加工业等特色产业，满足产业链上中下游各环节的金融需求，实现"支持一个产业，带富一方百姓"的扶贫方式。[①]

### （一）全力支持农业基础设施项目建设

中国农业银行紧扣国家重大发展战略需求，提供特色化、差异化金融服务。围绕国家优质粮食工程、大豆振兴计划、奶业振兴行动等，结合特色产业发展和"一县一业"创建，开展"百优特色农业产区"活动，支持紧缺和绿色优质农产品生产，助推农业结构调整。实践中，黄平支行依托总行"惠农e贷"产品，创新推出"烟农e贷""苗银e贷""太子参e贷""易地扶贫搬迁致富e贷""党建e贷"等7种金融扶贫产品，重点支持中药材、苗银加工、烟草烟商、扶贫搬迁、乡村旅游等领域。甘肃分行以秦巴、藏区、六盘山三片区和58个贫困县为主战场，依托"千百工程"，加大对"五小水利"、农网升级改造、100万户农村危房改造等项目的支持力度。推动片区草食畜、设施蔬菜、优质林果、马铃薯、中药材等特

---

① 《决战决胜脱贫攻坚的"江西农行方案"》，《农村金融时报》2020年9月7日。

色农业和农产品精深加工、基地建设、矿产资源开发等支柱产业加快发展。

## （二）发展农业绿色金融服务

农业银行深入开展服务农业绿色发展行动，综合运用信贷、投行、债券、基金等金融工具，以 300 个农业综合开发区域、国家种养结合循环农业发展示范县为重点，大力支持畜禽粪便循环利用、农作物秸秆综合利用、农村土地整治等项目；对接国家天然林保护工程、草原生态保护工程等，大力支持市场化运作的农业绿色资源开发项目。[①]为不断提高金融扶贫的服务水平，农业银行一级分行和贫困县支行特别是贫困地区"三农"产品创新基地，按照"一地一特色""一行一产品"思路，针对辖内特定产业和客户，重点承担创新精准度高、操作性强的小众产品责任。同时，农业银行从承担脱贫攻坚任务的一级分行中选择经营管理水平高、金融需求大的贫困地区二级分行或县域支行打造成"三农"产品创新基地，享受总行授权范围内的产品自主创新权和新产品先行先试权。

农业银行立足贫困地区特征明显、附加值较高、比较优势突出的特色产业，以产业链条上的骨干企业为抓手，并针对上中下游各环节的金融需求，设计提供融资、结算、理财等"一揽子"综合金融服务，形成"公司或基地＋农户"统一授信、"公司担保（或订单保证）＋农户贷款""公司统一承贷＋农户使用"等基于产业扶贫链条授信方式，促进了特色产业发展，带动当地的贫困

---

① 张承惠、潘光伟、朱进元：《中国农村金融发展报告》，中国发展出版社 2019 年版。

户增收致富。[①]或者通过发展订单、仓单质押等产业链、供应链金融，推进农村房屋产权融资业务，扩宽抵质押物范围，加大特色产业信贷服务。在实践中，福建分行立足当地铁观音茶特色产业，构建起了从茶叶收储加工龙头企业到茶叶生产种植基地到茶农的全产业链综合金融服务模式，先后推出特色产业、乡村振兴带头人、综合经营等多种金融服务模式，支持 82 个特色农产品，特色产业"快农贷" 80.72 亿元，乡村振兴带头人快农贷 22.71 亿元，综合经营模式快农贷 12.75 亿元。农业银行安溪支行在全省率先开展"快农贷金融服务进乡村"专项活动，针对安溪全辖 24 个乡镇 438 个村 1000 多个茶叶专业合作社研究制定推进方案。通过集中支持特色产业，有效支持了当地经济的发展。自开展精准扶贫以来，安溪已实施产业扶贫项目 6000 多个，7000 个建档立卡贫困人口通过产业扶贫直接脱贫；累计为 1579 户贫困户发放贷款 9985.79 万元，发放贴息资金 516.8 万元；帮扶 2241 户贫困户发展种养业、加工业，这里面有着农业银行的艰辛付出。[②]

## 案例 17　特色产业扶贫模式——江西分行

江西分行充分发挥服务"三农"的比较优势，把产业金融扶贫作为实施精准扶贫、精准脱贫的主要方式和重要载体，深入研究全省的优势特色产业，针对油茶的生产周期和规律，创新推出适合贫

---

①　赵忠世:《大型银行商业化服务"三农"的实践与思考》,《农村金融研究》2016 年第 5 期。

②　肖望:《为世界普惠金融提供"农行方案，中国智慧"》,《21 世纪经济报道》2017 年 12 月 28 日。

困地区发展的特色金融产品——"金穗油茶贷"。"油茶贷"以支持茶林种植为主，农户种植面积达 20 亩以上，企业种植面积达 1000 亩以上；贷款期限最长不超过 15 年，宽限期 3—5 年，宽限期内只付息不还本；贷款额度按不超过投入成本的 70% 确定，原则上不超过 2000 元 / 亩；允许以产出前的油茶林设定抵押，抵押率不超过 50%。为实现业务可持续发展，江西分行从多个方面加强"油茶贷"风险防控工作。一是强化真实性调查。通过林权证、土地流转付费、种苗付款、林业部门油茶种植户名单、补助金额等资料进行交叉验证，确保借款主体及贷款用途真实。二是实施保险合作。联合人保财险出台了《"金穗油茶贷"保险项目专属承保方案》，800 元 / 亩以内灾害赔偿归属政府性保障。三是争取风险补偿。江西分行与省内 66 个县政府签订了精准扶贫合作协议，存入政府风险补偿金 4.97 亿元。四是争取贷款贴息等政策。在江西省林业厅的指导和关心下，在全省实现了国家林业贴息政策覆盖"油茶贷"业务，只要客户申报并符合条件，均可以做到应贴尽贴。[①]

江西分行推行"金穗油茶贷"，扶贫成效显著。一是有效解决了贫困户"贷款难"的困境，"金穗油茶贷"准入门槛低，还款期限宽松，且允许以产出前的油茶林进行抵押，鼓励采用以"政府增信"方式为油茶贷提供担保，有效解决了贫困户抵押担保难的困境。办贷流程简便高效、科学合理，一般只需 1—3 天就可获得贷款。贷款利率执行基准利率，每年向贫困户让利 1322 万元。截至 2019 年 4 月底，累计发放"金穗油茶贷"37.33 亿元，贷款余

---

① 《农业银行江西分行："油茶贷"破解产业金融难题》，《粮油市场报》2018 年 6 月 23 日。

额 15.52 亿元，扶持具有较强带动能力的农业产业化龙头企业，把龙头企业带动和农民参与结合起来，通过带动农户种植、开辟致富路径、收购农户果实、化解销售难题等有力措施大力发展产业精准扶贫。支持 1.8 万户农户和 46 户法人企业发展 135 万亩油茶林，发放农户贷款总量达 24.3 亿元，油茶产业覆盖带动建档立卡贫困户 7914 户。二是有效履行了政治使命。油茶适应性强、经济效益高、市场前景好，能够带来长期稳定的经济收入，是帮助山区农民脱贫致富的优质作物，是精准扶贫的可靠依托产业。江西分行将赣南贫困户纳入"金穗油茶贷"重点支持对象，力争实现老区人民脱贫致富的愿望。三是形成了良好的社会评价。广大员工进村入户介绍"油茶贷"政策，对"油茶贷"业务开辟业务办理的绿色通道，获得了各界一致好评。《中办信息》刊发了农业银行支持油茶的信息，国务院在对总行的考核中进行了加分。省委省政府主要领导多次表扬了江西分行。新华社《国内动态清样》、新华网、江西日报、江西新闻联播等媒体进行了广泛报道。

## 三、大力支持农村产业融合提升

推动农村产业融合已经成为当前发展农业农村经济的重大政策导向。乡村振兴在产业方面的重要要求就是引导一二三产业在农村融合发展，从而转变农业发展方式，帮助农民增收，构建起现代农业产业体系。农业银行围绕这个关键点，积极主动作为，加大力度支持产业的融合提升。

## （一）继续加大金融服务力度

农业银行以农村产业融合发展试点区域为重点，进一步完善专业大户（家庭农场）贷款、农民合作社贷款、农业产业化龙头企业贷款，支持新型农业经营主体发展壮大，为农村产业融合提供有效载体。实践中，四川分行立足畜牧、林竹、马铃薯、茶叶、柑橘、油菜、蔬菜、蚕桑、特色水果、中药材、花卉、烟叶12类特色产业，积极支持现代农业、林业和生态畜牧业发展，重点支持规模化建设、标准化生产、集约化经营、品牌化营销的产业化龙头企业和农民专业合作社、家庭农场等农村新型经营主体。

## （二）加大农产品流通体系建设服务力度

农业银行深入开展"物通城乡·百强市场"活动，积极支持国家重点农产品批发市场以及骨干冷链物流、农村商贸企业等。实践中，农业银行广西分行依托互联网发展趋势，创新性采取"县域批发商＋惠农通服务点""乡镇经销商＋惠农通服务点""农业产业链企业＋惠农通服务点"等模式，延伸拓展商品流通源头和核心客户应用"惠农e商"平台，不断提升电商平台惠农服务能力。甘肃分行与甘肃省供销合作社签署战略合作协议，为甘肃省供销社提供10亿元人民币意向性信贷额度，重点支持供销系统内的社有企业、连锁经营网点、物流中心、配送中心等经营主体。在提供信贷服务、资金结算等传统服务的基础上，甘肃分行充分利用"四融"平台功能优势，深化与甘肃省供销社在电子商务领域的合作，共同推动互联网金融服务"三农"大发展，推动农村产品流通与资金流通渠道的高效结合，大大改善农村生产生活条件，加快推进现代农业产业化进程。[①]

## （三）支持旅游资源密集的地区行加快发展

农业银行将旅游产业作为"三农"县域和金融扶贫的重点服务对象，以支持重大旅游基础设施、旅游聚集综合体建设、高等级旅游景区经营为重点和切入点，持续增加金融服务供给，并追踪信息流、资金流和游客流量分布，为旅游产业链上相互依存的各经营主体提供全方位综合服务，有效带动周边贫困农户受益增收。政府提供税收和土地政策等优惠，和农业银行共同提供资金帮扶、共建基础设施，通过开发旅游市场、帮助引进外部旅游企业或者支持本地旅游企业发展休闲娱乐、风光游览等旅游形式，强化农村三产融合，引导贫困农户景区就业、产品销售或开办农家乐等场所，并为贫困农户提供培训，提高贫困农户的经营管理经验，为贫困农户带来增收机会。

在具体实践中，农业银行实事求是、因地制宜，制定了有针对性的措施。一是支持贫困地区依托自然景观、乡土文化开办的农家乐、采摘基地等乡村旅游项目，支持革命老区等地发展民俗文化旅游。二是积极对接景区带村、能人带户等旅游扶贫模式的信贷需求，支持对贫困地区有带动作用的乡村旅游项目。三是针对发展民宿、参观等进行创业的农户，农业银行安排专人进行核实，给予金融支持，推出乡村旅游贷金融产品，解决农户贷款缺乏抵押物的问

---

[①] 《农行甘肃省分行联手省供销社惠利陇原助"三农"》，《甘肃日报》2015年5月20日。

题，设立绿色信贷通道，简化贷款程序，降低贷款利率，支持贫困地区农户积极发展乡村旅游。例如，四川分行积极跟进全省旅游"十三五"规划和建设旅游经济强省的任务计划，结合四川乡村旅游发展态势，制定了《中国农业银行四川省分行乡村旅游经营贷款管理办法》，明确将加大对大中型城市近郊、百万人口大县附近、省级旅游扶贫示范区以及具备特色乡村旅游资源的小微企业和从事特色乡村旅游经营的专业合作社、专业大户等新型经营主体和个人的支持力度，助力发展乡村旅游项目建设和旅游产业经营，并以树立典范、融合金融产品、创新金融服务三种模式进行旅游扶贫。在九寨沟风景名胜区，农业银行针对旅游产业链上各主体开展链式营销，信贷服务覆盖了核心景区建设以及酒店、农家乐、乡村特色旅游、特色农产品销售、交通运输等配套产业，并提供现金管理、网上订票、资金结算、代购代付、POS机具等综合金融服务，带动景区周边近 2 万农户从事旅游业，直接带动了 1000 余贫困农户增收。

## 案例 18　旅游扶贫模式——贵州施秉支行

贵州施秉支行突出重点、精准谋划，顺应贵州旅游发展战略，把旅游业金融服务作为支持当地特色资源产业发展的重点和金融扶贫的新增长点，紧紧围绕施秉县全力打造国家级旅游度假区和全域旅游示范区历史机遇，将发展前景好、扶贫效果好的旅游产业项目、旅游公共服务项目、旅游要素型产业经营性项目作为重点，聚焦世界自然遗产、4A 级以上景区，突出景区基础设施、公共配套服务、智慧旅游、旅游产业融合等金融服务重点，提前布局、紧跟政府规划，量身设计了项目融资、扶贫基金、账户结算、代发工资、资产托管、理财服务、互联网金融等多产品多组合的金融服务方案。①

贵州施秉支行实际操作中主要采取了几种有效做法：一是加强投贷联动，创新信贷服务新模式。利用银行多元化平台，相继引入扶贫保险基金、脱贫攻坚基金参与项目融资，持续深化银政合作；设计创新"信贷＋脱贫攻坚基金"服务模式，积极引入贵州省政府主导的脱贫攻坚基金参与项目建设，及时解决了景区快速道路、游客集散中心、智慧旅游系统等项目的资金缺口；以"保险助推脱贫攻坚"为契机，主动作为，到贵州省外引入扶贫保险资金，系统内首创"信贷＋保险基金＋旅游＋扶贫"组合服务模式，通过银政、银企协作，多渠道提供资金4.76亿元支持加快景区基础设施建设和新业态、新项目工程建设。

二是深化服务，强化产业辐射带动新面貌。施秉支行依托重点景区提质需求，深入挖掘景区辐射产业链金融服务，以交通条件改善为契机，以景区建设为引擎，以美丽乡村建设为链接，已累计投入信贷资金10.3亿元，强化县城、农村旅游基础设施建设和公共服务配套，助推全域旅游快速发展。依托景区精准带动扶贫，对拟设72个商位尽可能提供给贫困户经营，景区改造后增加卫生员、护航员、停车场管理员等岗位83个，可累计吸纳建档立卡贫困户405户参与景区建设与经营管理，同时支持借款主体帮扶施秉县城关镇白塘村563户（共2484人）贫困户得到帮扶资金发展种、养

___

① 农银大学武汉培训学院课题组：《乡村振兴战略布局下金融支持旅游扶贫的路径探究》，《农银学刊》2019年第3期。

殖业，助力脱贫。聚焦产业精准扶贫，持续服务提升旅游扶贫效应，发放贷款6100万元重点推进龙头企业土特产（施秉太子参）种植与生产，通过"基地＋贫困户种植"等模式，累计带动1200户贫困户脱贫；精准支持景区周边从事旅游服务农家乐经营、农产品销售、观光农业种植等贫困户1160户，投放贷款7000万元。

三是产业融合，推进"旅游＋"扶贫带动新效应，不断强化旅游与互联网、健康医疗、生态建设等"旅游＋"产业新业态金融服务。施秉支行发放贷款2000万元用于景区智慧旅游系统建设，带动旅游扶贫；提供3200万元贷款支持施秉县人民医院发展，跟踪支持云台山景区康养产业建设，搭建贫困户利益链接机制，带动贫困户长期受益；通过支持景区提质，促进资源节约与环境保护，构建适宜山水生态环境，带动黔东南州第六届旅发大会、环雷公山国际马拉松赛等一系列有影响力会议和赛事举办，提升旅游业发展内外联动性，旅游产业扶贫带动效应得到进一步增强。

施秉支行在金融服务旅游特色产业的同时，也实现了贫困户、政府和银行多方共赢。贫困户方面，施秉支行通过推进旅游景区建设管理精准扶贫、旅游产业精准扶贫、支持特色农产品企业带动扶贫及贫困户从事旅游服务经营扶贫等多种方式，释放了新需求、创造了新供给、培育了新动力，推动贫困户就业与创业，累计带动建档立卡贫困户1126户、5344人脱贫致富。施秉县已成功列入贵州省第一批减贫摘帽名单。政府方面，当前施秉县旅游基础设施及配套服务设施已得到明显改善，极大释放了世界自然遗产地品牌效应，促进游客大幅增长，旅游收入翻番，旅游业呈现"高位运行、井喷增长"态势，近3年接待游客、旅游收入年均增长率分别达到

30.3%、35.1%，有力带动了以旅游业为主导的特色县域经济发展。银行方面，施秉支行通过充分挖掘延伸需求，持续开展综合金融服务，不断深化银政合作，扭转了施秉支行业务发展长期滞后的不利局面。一是县机关事业单位养老金、路桥、高速项目指挥部等财政性、重大项目专户以及重点预算单位代发工资账户陆续落地施秉支行。二是提高金融服务广度与深度。提供专项融资方案、托管、保险等业务咨询与支持，在满足企业需求的同时提高银行业务效益。三是陆续上线企业网银和现金管理平台，满足项目业主各个景区统一经营需求；在景区及周边布放 POS 机具 27 台、离行式自助设备 3 台、惠农取款点 57 个，加快互联网金融布局。

## 四、持续支持美丽宜居乡村建设

农业银行围绕贫困地区新农村建设，为美丽乡村建设提供综合金融方案，助力带动贫困农户改善生产生活条件，受益增收。实际运作中，农业银行围绕贫困地区新农村建设，科学合理制定融资方案，用具体行动助力贫困地区补齐基础设施短板，积极对接基础设施建设，改善农民生产生活条件。

### （一）持续支持农村基础设施建设

农业银行围绕农村厕所革命、农村生活垃圾和污水治理等，加大信贷投放力度，以国家有关部委确定的美丽宜居乡村创建试点村、930 个美丽休闲乡村试点等为重点，支持水、电、路、气、房等建设项目。实践中，云南分行按照总行部署，紧密结合云南省水利建设，重点支持水资源配置、滇中引水工程、江河治理、农田水利建设、水能资源开发利用、病险水库（闸）除险加固等准公益、市场化的水利项目。通过强化服务意识、突出服务重点、创新服务模式、增强服务保障，不断提升金融服务水利建设的水平，全力支持"兴水强滇"战略。[1]四川分行针对革命老区集中的秦巴山区、高原藏区等地制定了综合金融服务方案，在秦巴山区增加贷款15.9亿元以支持片区内交通能源等基础设施建设，向铁路公司、高速公路开发公司发放贷款7.4亿元，支持巴达高速、广南高速和巴达铁路建设；在藏区新投放贷款7.5亿元，支持围绕甘孜州内"两江一河"重点水电、矿产项目规划，支持大中型重点水电项目21个、贷款余额99亿元，支持州内重点小型水电项目24个、贷款余额15.57亿元，夯实片区发展基础；支持阿坝等地21个小水电和旅游重点项目加快建设，为周边5400余户民众增加务工机会，户均增收5000元以上。同时，支持农民新居建设。重点支持"藏区新居""彝家新寨"和"巴山新居"建设，改善片区农民居住环境。

### （二）持续支持县域城镇化建设

农业银行紧抓城乡一体化和农村人口市民化主线，持续开展"绿色家园·百城千镇"活动，围绕城镇基础设施、民生工程、产城融合项目等，大力支持特色小镇、新型城镇化综合试点地区等城镇化建设；围绕农村转移人口消费升级金融需求，积极创新推广针对性较强的消费金融产品，支持农村人口进城购房、购车、职业培

---

[1]　黄晓英:《150亿农行支持云南水利建设》,《云南经济日报》2015年2月12日。

训等，为他们在城市安居乐业提供便捷金融服务；在大力推广原有服务模式、服务方案的同时，积极探索创新支持模式，涌现出浙江平湖村集体入股园区建设、重庆武隆旅游型小城镇带动等多种服务新模式。实践中，新疆生产建设兵团分行主动顺应城镇化趋势，努力探索城镇化等重点领域的商业化服务新模式。第一，在区域布局上，重点支持喀什霍尔果斯经济区、天山北坡经济带和天山南坡产业带内地州所在地城市、中心城镇的城镇化建设，积极支持南北疆具有旅游、贸易口岸和专业市场等特色资源的城镇化建设。第二，在客户和项目选择上，准确把握城镇化建设长期渐进、梯次推进、产业支撑的特征和规律，加快选取一批符合自治区和兵团城镇规划要求、符合监管要求、具备产业支撑、具有较强财政实力的骨干企业、产业集群和重大项目进行重点支持，力争在城镇化领域取得重大突破。第三，采取多种有效支持措施，加大水利建设信贷支持力度，在信贷规模、利率、期限、担保等方面给予政策倾斜，支持辖区内流域区域中小河流和湖泊治理、大中型灌区续建配套与节水改造、大中小型水库建设工程，水土保持和水生态保护、农田水利建设、农村饮水和灌溉节水改造工程等水利水务项目建设。同时，充分发挥"贷、债、投、租"的金融优势，创新水利建设项目贷款担保形式，提供全面的金融产品及服务，支持符合条件的水利企业上市和发行债券，积极推动开展大型水利设备设施融资租赁服务等业务。①

---

① 《农行兵团分行加快推进兵团水利建设》，《新疆经济报》2015 年 9 月 17 日。

## 案例 19  支持美丽乡村建设——安徽潜山支行

G105 国道野寨至桃花铺段连接安徽岳西、潜山、太湖三个国定贫困县，是潜山县重要的经济干线和天柱山风景区旅游主干线。近年来道路两侧建筑日益密集，部分路段时有拥堵，极大影响了区域内生产环境、交通安全和运输效率。2017 年 8 月，当地政府启动潜山野寨到桃花铺国道改建工程。潜山支行深入贯彻总、分行金融服务脱贫攻坚工作要求，积极对接该县基础设施、民生工程建设项目，营销支持了 G105 国道野寨至桃花铺项目，用具体行动助力贫困地区补齐基础设施短板，改善生产生活条件。

G105 国道野寨至桃花铺段设计总长 27.45 公里，项目一期11.49 公里于 2017 年建成后，当地政府希望继续推动项目二期15.95 公里快速开工，但遇到了融资难的问题。安徽分行对该项目高度重视，成立了省市县三级行相关人员为组员的项目营销团队，制定了项目营销方案，明确了责任与目标。经多次与潜山市沟通协调，最终在多家金融机构的竞争中脱颖而出，成功中标。潜山支行经过缜密调查，根据客户资金需求特点，科学合理制定融资方案。通过政府、企业、银行三方努力，最终成功引入中铁八局集团有限公司、安徽中桥建设集团有限公司作为社会资本方，项目得以顺利开展，并成为潜山市首个 PPP 项目。在国道改造 PPP 项目中，潜山市人民政府以政府预算财政分年拨付资金，作为偿还贷款本息的保障资金。潜山分行积极与县财政、项目公司等联系沟通，加强资金的监督管理，严格落实农业银行贷后管理相关规定，落实贷后现场检查，严把贷后风险关。

潜山支行通过发放扶贫贷款，支持国道改造项目建成后，农村面貌焕然一新，区域内贫困户交通出行便捷，特色农产品运输便利。同时，征地补偿、移民搬迁、雇佣劳工等也带动了贫困户脱贫增收。潜山支行一方面积极和潜山市扶贫办联系、沟通、汇报，取得区域内贫困户信息；另一方面督促贷款企业履行扶贫带动责任，收集统计对贫困户脱贫增收效果等情况。截至 2019 年 6 月末，潜山支行发放该项目扶贫贷款 3 笔，金额 3 亿元，金融服务带动贫困人口 6520 人。潜山支行积极支持潜山市基础交通设施工程建设、助推脱贫攻坚，得到当地市委、市政府的充分肯定和赞赏。当地主要媒体多次报道农业银行金融扶贫攻坚工作，彰显农业银行大行担当的社会形象，为进一步加强与地方政府、财政的合作创造条件。通过支持该项目，潜山支行还争取到了政府金融资源的积极倾斜。

## 五、着力支持农村重点领域改革

农业银行始终把解决好"三农"问题作为工作重中之重，着力推进农村重点领域和关键环节改革，以改革促发展，以改革推扶贫。

### （一）着力服务农村土地制度改革

农业银行以国家 291 个"两权"抵押试点和 33 个农村集体经营性建设用地入市试点等为重点，大力推广土地承包经营权抵押贷款、农村集体经营性建设用地使用权抵押贷款、农民住房财产权抵押贷款等产品，推动农村集体土地进一步释放金融属性；创新推广"地票"抵押贷款、土地结余指标抵押贷款等产品，支持耕地占补平衡和城乡建设用地增减挂钩节余指标跨省域调剂。新疆生产建设兵团分行结合信贷产品特点，创新思路，采用林权抵押的方式为客户融资，主动与评估机构及林业部门沟通协调，商妥林权评估、收费、抵押登记、监督管理等事宜，做好抵押林权存续期间的产权管理和灾害防控。

### （二）着力服务农村集体经济组织发展

农业银行及时出台信贷支持农村集体经济组织的指导意见，针对不同类型的农村集体经济发展，探索支持农村集体经济组织的信贷产品，推动村级集体经济发展壮大。农业银行根据各地实际情况，选择将扶贫资金转化为贫困农户在农村集体经济的资产，投入农村各种产业发展之中，通过折股量化获得分红收益，金融机构对吸收贫困农户入股的农村产业提供金融支持；或者帮助贫困农户将土地承包经营权、集体资产等投入龙头企业或合作社当中，贫困农户不仅能通过入股参与产业发展，还可以在企业合作社中实现就业，获得工资性收入。山西分行积极支持牧原实业集团实施产业扶贫，持续加大信贷支持力度，切实解决大部分贫困户缺资金、缺技术、缺管理、缺劳动能力的难题，助力贫困人口脱贫增收。霍山县支行通过将资金投入贫困村的资产收益扶贫项目，按照融资风险补偿基金不低于5倍的规模放大信贷，加大对全县43个在册贫困村，从事特色产业的农民合作社和家庭农场扶持力度，有效促进了贫困村特色产业的大发展，带动了贫困户增收致富。六盘水分行通过向香枫村提供资金支持，解决农户资金难题，助力"红心猕猴桃产业"发展，积极践行"三变"改革扶贫，与地方政府、国资公司和合作社就香枫村产业发展、农户利益联结机制、金融需求、政策保障措施进行交流。通过省、市、县三级银行上线联动，统筹"政、企、银"三方资源，创新以农业专业合作社为融资主体的"产业扶贫贷"产品，审批贷款额度3亿元，单笔最高投放金额500万元。该项贷款的获批和投放，既为深度贫困地区提供了多元化、特色化的金融服务，更为农村开展"三变"改革扶贫提供了特色模式。

## 案例20　"三变"改革扶贫模式——重庆分行

重庆石柱县华溪村地处武陵山集中连片特困地区大山之中，距石柱县城40公里。全村海拔在800—1400米，沟壑纵横，交通不便，面积达22.36平方公里，耕地面积3050亩，林地面积28113亩。户籍人口542户、1466人，其中贫困人口85户、305人。华溪村土地贫瘠，人均耕土地仅1.36亩，以传统农耕为主，村民祖祖辈辈在山脚下的"巴掌田"耕作，无产业、无项目、无资金、无经营主体的"四无"问题长期存在；贫困发生率高以及贫困户中因病、因残致贫比例高的"两高"问题较为突出。[①]2017年，重庆市将中益乡确定为深度贫困乡镇，由市委书记亲自挂点帮扶指导，确保高质量脱贫。

重庆分行将金融支持农村"三变"改革与脱贫攻坚和乡村振

---

① 焦宏、姚媛：《决战决胜脱贫攻坚的"农行力量"》，《农民日报》2020年5月26日。

兴有机结合，探索实施"六项举措"，帮助提升集体经济组织市场竞争力和可持续发展能力。一是通过石柱支行、定点扶贫干部与村支"两委"全面开展党建共建，增强基层党组织力量，发挥好战斗堡垒作用，将"三变"改革纳入党建引领，促使党的惠农惠民政策落到实处。分行派驻定点扶贫干部无报酬兼任集体经济组织控股的经营实体的财务总监，按照会计法规要求履职，帮助村级集体经济组织建立健全现代企业管理制度和财务管理制度。二是根据集体经济组织、农户、贫困户的差异化融资需求，采用"国有企业保证担保＋农地（农房）集体产权抵押"模式，探索创新集体资产股份收益权融资产品，为集体经济组织、农户、贫困户发展产业提供信贷支持。农业银行统筹安排专项党费并多渠道筹集捐助资金，通过注资增加注册资本金的方式，改善集体经济组织股权结构和公司治理，定向支持集体经济"三变"改革试点项目。三是通过在创新打造的金穗惠农通"惠农ｅ通"平台设立扶贫专区，借助总行"益农融商—公益商城"和平台特色电商等渠道，将中益乡大米、炒花生、核桃、土鸡蛋、土蜂蜜、黄连等特色农副产品上架销售，卖向全国。将"三变"改革项目农产品纳入分行每年"春天行动"综合营销活动客户回馈礼品备选名单，农业银行内部食堂优先采购"三变"改革项目农产品，动员客户、员工和东部帮扶行购买"三变"改革项目农产品。

通过"三变"改革扶贫，华溪村集体经济组织控股的中益旅游开发有限公司已经成立并开始运作，由华溪村支书任董事长，强化了公司的党建引领。农业银行驻村扶贫干部兼任公司财务总监，规范了公司治理和财务管理。石柱县农委高级农艺师担任公司技术顾问，增强了公司产业发展能力。重庆分行捐建的"黄精—木瓜种植示范项目"已完成播种，成为目前华溪村规模最大的扶贫产业，预计可实现直接经济效益300万元。实行集体经济组织订单收购，扶贫车间加工的土蜂蜜已实现电商平台规模销售。通过重庆分行牵线搭桥，重庆市农业产业化龙头企业重庆农投良品公司免费指导华溪村打造了"蛮王寨"中益蜂蜜品牌。重庆分行协助推动"蛮王寨"中益蜂蜜和山货等特色农产品上架京东商城、"益农融商—公益商城"、金穗惠农通"惠农e通"等电商平台，已成功实现线上销售779万元。①

当前，经集体经济组织和村民平等协商，确定了集体经济组织所得收益60%用于集体经济组织成员分红、30%作为村集体扶贫济困基金、10%作为村集体公益金使用的利益联结机制和带贫机制。村民以土地经营权入股集体经济组织，按田地不低于500元/亩、坡地不低于400元/亩保底分红。"黄精—木瓜种植示范项目"管护工作岗位优先提供给有劳动能力的贫困户，按照"管护期保底2000元/亩/3年＋管护地块产业收益20%分红"支付劳务费。通过"三变"改革华西村居民收入来源不断增加，生活水平显著提高，实现了增收致富。

## 六、积极服务县域幸福产业发展

农业银行积极实施服务县域幸福产业发展行动，围绕重点医

---

① 李建菲：《惠农通有了"升级版"》，《农村金融时报》2019年11月25日。

院、学校，在加大贷款投放的同时，上线"银医通""银校通"等服务系统，积极运用现代金融科技，方便居民挂号、缴费、报销等活动。实践中，新疆分行运用金融科技，主动开展智慧政务、指挥校园、智慧医院等金融服务，大力发展互联网金融业务。四川分行以脱贫摘帽为起点，加强政策性金融支持，支持公益事业发展。以片区内重点高中、重点综合医院为支持重点，促进片区教育和医疗卫生事业发展。围绕养老产业，湖南分行通过农业银行、社保部门和被征地农民三方共同签署协议，实行资金封闭运行，借款人养老金优先还款的方式，解决农民不能缴足养老保险的困境，确保了贷款风险的可控性，失地农民享受到"农民养老贷"的福利，加入群体不断壮大，平均一年"农民养老贷"发放超过 4 亿元。阆中支行与人力资源和社会保障局签订相关协议，开设专户建立县级农户养老信贷风险补偿基金，同时指定四川省阆中劳动代理事务中心管理，专门为农业银行向满足条件的区域内农户发放的"养老贷"提供担保，切实缓解了阆中失地农民和缴费断档农民一次性补缴养老保险的资金压力，解决了年老农民退休生活保障，降低了贫困发生率。①

## 第五节　坚持造血功能是实践的要求

脱贫攻坚战取得全面胜利，不仅得益于中国特色减贫道路，还在于调动了广大贫困群众的积极性、主动性、创造性，实现了党和

---

① 《上下同欲倾力脱贫攻坚　探索创新收获丰硕成果》,《中国城乡金融报》2020 年 1 月 15 日。

政府的帮扶与广大贫困群众积极主动参与的有机结合。[①]农业银行始终坚持调动广大贫困群众的积极性、主动性、创造性，强调扶贫开发要注重开发贫困人口的人力资源，把物质资源开发和贫困群众人力资源开发结合起来，以求激发脱贫内生动力、为贫困地区提供长期性支持。

## 一、发挥造血功能深耕扶贫责任田

为增强贫困地区、贫困户的自身"造血"功能，农业银行结合各地脱贫攻坚实际，重点支持对贫困人口增收脱贫有带动作用的客户和项目，重点支持特色产业发展，积极协助政府招商引资，支持贫困地区产业发展和贫困户增收，增强贫困地区发展的内生动力。

农业银行以加大信贷投放为关键点，以农业主导产业和优势农业产业等为扶持重点，加大农户小额贷款投放力度，始终坚持"一行一策""一业一策""分类施策"，推动各支行根据域内产业现状和特点创新适用的金融信贷产品，整合多方资源搭建了"银行＋政府＋合作社＋贫困户""银行＋乡镇农业龙头企业＋贫困户""银行＋企业＋贫困户"等扶贫平台，形成"公司或基地＋农户"统一授信、"公司担保（或订单保证）＋农户贷款""公司统一承贷＋农户使用"等基于产业扶贫链条授信方式，促进特色产业发展，带动当地的贫困户增收致富。农业银行在甘肃创新推出了由政府担保公司增信的"双联贷款"金融扶贫模式；在内蒙古创新推出了金融扶贫富民工

---

① 桂华：《"中国答卷"彰显制度优势（新论）》，《人民日报》2021 年 3 月 3 日。

程贷款模式，在贵州推出扶贫生态移民工程贷款产品，在安徽、山东、河北、山西、湖南等省份推出光伏扶贫贷款产品，在河北、甘肃、新疆等省区推出面向建档立卡贫困人口的"精准扶贫贷"，在海南积极支持槟榔产业带动就业脱贫，在新疆、江西、贵州、广西等省区推出了林果贷、油茶贷、甜蜜贷、辣农贷、茶农贷等特色产业信贷产品。[①]

图 4-15 内蒙古分行"金融扶贫富民工程"

农业银行着力推动政府增信扶贫模式改革。政府增信扶贫模式是指政府建立扶贫贷款风险补偿机制，农业银行适度放宽贷款条件，共同解决贫困人口和扶贫企业的发展资金短缺问题的一种扶贫方式。该模式下，政府与农业银行有效配合，严格贷前筛选和贷后管理，通过发挥政府的行政力量，对贷款农户的偿还能力和经营

———————

① 陈鑫：《履行大行责任担当　农行夯实"三农"压舱石》，《中国经营》2019 年 3 月 4 日。

能力进行评估，筛选出贷款名单，农业银行进行审批、审核等程序。同时，政府通过成立担保公司或风险补偿基金，选取贫困农户向农业银行推荐，农业银行按照担保公司的资本金或风险补偿基金的一定比例放大为贫困农户发放贷款，帮助贫困农户解决贷款困难问题。政府增信扶贫模式既确保让真正的贫困人口从贷款中受益，同时发挥了金融扶贫的"造血"功能，有效激发了贫困户内生动力，促使扶贫开发由"漫灌式"向"滴灌式"转变，提高了建档立卡贫困户的贷款可得性。这一模式成效显著，例如，2013 年末起内蒙古分行设立"富农贷"，以政府每年为 57 个旗县注入的 4.75 亿元风险补偿资金为杠杆，累计投放贷款240亿元，覆盖415个乡镇,4385个行政村，累计支持了 52.6 万户农牧民；2014 年 8 月起江西分行设立"财农通"，依托省、市、县三级财政按 2 : 1 : 2 的比例建立财政风险补偿资金，按照财政风险补偿金的 8 倍向专业大户发放贷款。吉林分行设立"直补贷"，对依法享受国家及各级地方政府财政补贴资金的农户发放的以家庭粮食直补、农资综合直补两项补贴资金作为担保的贷款，当地符合条件的农户已基本做到全部覆盖。河北分行下辖85 家县支行与政府增信管理机构建立了合作关系，增信覆盖率达 75.22%。

## 案例 21　政府增信扶贫模式——河北承德分行

　　政府增信扶贫模式下涌现了以河北承德分行为突出代表的典型事迹。河北承德分行一是搭建"政银企户保"增信基金平台，政府设立风险补偿基金，综合发挥政府、银行、企业（供销社）与保险公司的专业优势与功能，为贫困户提供贷款服务。实际操作中，承德市分行以各县为单位成立增信基金运行管理平台，各县供销社代表政府负责增信基金的具体运作和推荐拟贷客户，农业银行自主决定是否放贷，按基金放大倍数最高不超过10倍安排贷款，增信基金承揽农户贷款业务全部风险敞口，保险公司对贫困农户意外伤害险予以承保。[①]"政银企户保"下的贫困户贷款，额度最高可至10万元，期限根据贫困农户的经营周期确定，一般不超过3年，最高可至5年，利率执行基准利率下浮4%，担保方式为免抵押免担保，用途为种植、养殖、林果等农业生产经营活动以及工业、商业、建筑业、运输业、服务业等非农业生产经营活动。二是搭建农业产业化龙头企业政府增信平台，由省市县三级政府整合的涉农财政资金1亿元组成风险补偿金作为"增信基金"，农业银行以最高10倍的放大倍数为县级以上农业产业化龙头企业客户发放贷款，增信基金采用全额代偿方式，确保农业银行贷款本息安全。以增信基金为担保方式发放的贷款，单户贷款额度不超过增信基金实际到账总额的10%，且最高不超过1000万元（含）。原则上省级以上龙头企业额度不超过1000万元，市级重点龙头企业不超过500万元，县级重点龙头企业不超过300万元。同时，借款人法定代表人、实际控制人、主要股东及其配偶承担连带保证担保责任。信贷资金仅用于满足借款人日常生产经营周转的流动资金需求。贷款利率根据借款人实际利率定价标准确定，原则不超过基准利率上浮30%。

为落实风险防控，承德分行进一步完善制度体系建设：一是通过银政合作精准识别有金融需求的贫困户。承德贫困户人口多，地

---

① 李嘉：《农行承德分行全力推进"政银企户保"五位一体精准扶贫》，《承德日报》2019年3月26日。

域分布广、精准识别有金融需求人员难度大，承德分行与供销社合作推进"政银企户保"贷款业务，利用供销社散布各乡镇的网点和人员，弥补了农业银行人员的不足，在精准识别真正有贷款需求、信用观念强贫困户的同时，有效提高了贷款管理水平。二是实行"双调""双审"制度，即市产业化办公室与供销社，分别对产业化龙头企业、贫困农户贷款申请进行初步调查、初步审查，并推荐给农业银行。农业银行再根据行内政策制度，按流程对其推荐客户进行调查、审查，有效防范了客户经理调查审查不实等道德风险。三是在不良贷款清收方面增加了新的渠道和手段。在银政合作机制下，承德分行政府增信项下业务一旦发生客户恶意逃废债，市产业化办公室与供销社会立即启动风险应对机制，依托政府力量和资源，迅速有效解决恶意逃废债问题。

承德分行与市政府合作，借助政府增信基金，有效破解了贫困户和带贫能力较强企业的融资难、担保难、融资贵的顽疾。急需生产资金的农业产业化龙头企业与贫困户，无须提供抵质押担保，通过增信基金增信，即能融资，深受企业和贫困户肯定，金融扶贫工作取得良好成效。到 2019 年 4 月末时，承德分行 7 家贫困县支行各项贷款已经达到 143.2 亿元，较 2015 年末增加 59.8 亿元，年增速达 21.73%。承德分行精准扶贫贷款余额达 24.5 亿元，带动服务贫困人口 15.4 万人次。其中"政银企户保"模式下累计发放扶贫贷款 4.3 亿元，支持贫困户 4500 户。农业产业化增信基金模式下，累计为 80 户农业产业化企业发放贷款 12 亿元，其中精准扶贫贷款余额为 6540 万元，带动了 20 户贫困户实现增收。为此，省、市政府将承德分行确立为金融扶贫先进典型在全省、全市推广。

图 4-16    农业银行重庆市黔江区新华支行"脱贫攻坚"业务服务团队
进村入户发放小额扶贫贴息贷款（刘永峰　摄）

　　农业银行持续完善小额信贷扶贫模式。小额信贷扶贫模式是指农业银行选择有经营能力、致富意愿和贷款需求的建档立卡户，通过直接到户的扶贫小额贷款，支持其发展生产经营的一种扶贫方式。小额信贷扶贫模式的参与主体为金融机构和贫困农户。实际运作中，农业银行依托互联网技术采集大数据信息，建立信贷模型，实现线上自动审批；农户可以通过网上银行、自助终端进行线上操作，缩短办理贷款业务时间，简化贷款流程。在具体实践中，农业银行推出网络融资扶贫模式，利用互联网、大数据等技术，为不同类型的农民和涉农企业精准提供融资服务，创新推出惠农便捷贷、信用村信用户、特色产业、电商平台、政府增信、产业链、法人保证担保等七种有效服务模式，解决农户担保难、贷款难、审批慢、用款贵等问题；通过发放小额信贷产品，依托特色产业优势，覆盖从事特色产品经营、农产品电商以及农业产业链上的供销群体等客户，贷款可用于农业生产经营和消费，帮助种养殖业等特色产业发展。例如，西藏分行针对贫困农牧户担保难、融资难等突出问题，创新推出《精准扶贫小额到户贷款管理办法》，对接自治区扶贫部门确定的 59 万建档立卡贫困人口，向贫困户提供最高额度 5 万元、最长期限 3 年的免抵押、免担保贷款。采取"银政联手、信息共享、逐级筛选、择优发放"的方式，组织基层员工深入村组，与村镇干部携手联动，逐户摸底调查贷款需求，与政府组织的贫困户入户调查有机结合，同步进行，集中摸排筛选，提高工作效率。①

## 案例 22　小额信贷扶贫模式——四川旺苍支行

旺苍县是川陕革命老区，旺苍支行针对建档立卡贫困户的融资需求，创新推出"扶贫小额惠农贷"，对符合"四有两好一项目"（有劳动能力、有致富愿望、有贷款意愿、有收入保障，遵纪守法好、信用观念好，有合适的发展项目）的贫困农户，实行"两免、三优惠"（免抵押、免担保，实行利率优惠、结算手续费优惠和贴息优惠）政策，积极发放扶贫小额贷款，以解决贫困户担保难、贷款难、贷款贵的问题。"扶贫小额惠农贷"产品推出后，旺苍支行成立扶贫工作小组轮班下乡，逐户深入贫困户宣传。为更好地与贫困户沟通，旺苍支行在贫困村建立农村金融扶贫综合服务站（点），设立金融服务宣传牌，设置了"扶贫小额惠农贷宣传专栏"，将有

---

① 　贡秋扎西：《发挥金融影响力　服务好深贫地区》，《中国城乡金融报》2019 年 6 月 12 日。

关优惠政策、信用户评定条件、贷款发放等内容进行公示。针对贫困户申请贷款"跑腿多、用时长"的问题，采取"约时定点集中办公"的措施，形成"村镇银行"和"流动银行"，约定时间、地点，集中办理贷款申请，在最短的时间内为贫困户提供服务。

除了常规的风险防范措施外，旺苍支行量身定制"5221"评级授信指标体系，即以贫困户家庭诚信度、劳动力、劳动技能和人均纯收入四项指标，按 50%、20%、20%、10% 的权重，计算出每户的信用分值，根据信用分值高低相应授予贫困户 2 万至 5 万元的扶贫小额贷款。旺苍支行还建立了"三农"金融辅导制度，通过组建三农服务队、客户经理组、产行业专家和乡村干部"四支队伍"，采取业务办理和集中辅导同步方式，为农民提供智力支持，通过"输血＋造血"的方式提高脱贫主动力。该模式多次被中央广播电视总台和《人民日报》《四川日报》《紫光阁》《金融时报》等多家媒体专题报道，先后被 2 批次 16 个国家 50 余名司处级政府官员、5 个省区、7 个市州、37 个县区学习借鉴，成为全省乃至全国推广的主要样本之一。2017 年 7 月 17 日，国务院扶贫攻坚督察组组长、国家发改委副主任林念修督查旺苍时，专题调研农业银行金融服务，对该模式充分肯定。[1]

## 二、促进扶贫与扶志扶智深度融合

教育扶贫是脱贫攻坚的优先任务。中国农业银行积极支持"三

---

[1]  黎阳：《农业银行打通脱贫之路"最后一公里"》，《中国金融家》2018 年第 10 期。

区三州"等贫困地区教育发展，聚焦贫困家庭学生、贫困地区学校、贫困地区贫困人口及相关帮扶主体，通过提供捐赠与设立基金、捐助学习用品、修建学校、增加学校硬件设施投入等方式，帮助提高贫困地区的办学条件、教学设施、师资力量等方式，为贫困地区引入优质教育资源，助力弥补贫困地区教育短板。同时，积极开展对贫困学生的助学活动，通过单位捐赠和员工自愿捐赠筹集善款，实施"金穗圆梦"助学活动，资助深度贫困地区建档立卡贫困户家庭大学新生圆大学梦，对符合资助条件的贫困学生发放一次性资助用于入学交通费、生活费以及学费等，保障贫困地区学生享受到受教育机会，提高贫困区域整体受教育水平，有效减少贫困的代际传递。浙江分行协调浙江省内知名教育企业海亮集团，把黄平纳入集团"少年英才培养工程"，按照中科院评估体系，现已顺利完成黄平县 100 名学生的选拔测试，其中少数民族学生占 69%，助力教育扶贫，提升主动脱贫能力。[①]厦门支行耗资 280 万为当地重建小学，建立实验室、图书馆等设施，捐赠图书，对当地教育进行无偿帮扶，并在后续持续支持学校建设，捐款购买图书文具等学习用品。

## 案例 23　教育扶贫模式——辽宁分行

尚志乡位于辽宁省朝阳市朝阳县南部，是朝阳市 20 个重点贫困乡之一，为著名抗日爱国将领赵尚志的故乡，总面积 8.8 万亩，总人口 1.2 万人，辖 7 个行政村，均为贫困村。辖内尚志红军学校

---

① 乔西：《农行浙江分行全面助力黄平县脱贫摘帽》，《每日经济新闻》2020 年 10 月 20 日。

为全国百所红军学校之一。根据辽宁省委省政府的部署，尚志乡及其所辖的范家沟村分别为辽宁分行定点扶贫、驻村帮扶的帮扶对象。分行结合实际，聚焦贫困家庭学生、贫困地区学校、贫困地区贫困人口及相关帮扶主体，强力推进教育扶贫，取得了较好效果。①

辽宁分行教育扶贫模式主要采取以下做法。首先，强化组织。一是成立组织推动。省分行成立定点扶贫工作领导小组，由省分行领导专门组织，对教育扶贫工作进行决策部署。二是调研确定抓手。定期到定点扶贫地区进行调研，总结经验，查找问题，研究抓手。三是派驻干部落实。在朝阳县、尚志乡派驻挂职副县长、副乡长，在范家沟村派驻驻村干部，对教育扶贫等有关工作进行组织推动。其次，明确路径。一是通过设立英才基金，捐助学习用品及教学设备等，助力教育扶贫。二是捐赠已提足折旧、适宜捐赠的桌椅、电脑、空调等物品。三是对贫困农民开展基础金融知识普及、农业生产经营等知识技能培训。四是运用省分行机关党委党费，奖励优秀贫寒学子及教师。五是倡议全行处级以上干部对尚志乡贫困学生实施"1 对 1"资助。六是不定期组织广大干部员工进行爱心捐赠活动，向尚志乡贫困学生、贫困户捐助学习、生活等用品。最后是采取银政联动的帮扶方式。一是调研中及时沟通。在调研中与地方党政部门及时沟通，共同发现问题、寻找办法，确保工作与政府同向。二是投入时通力合作。实施教育扶贫过程中，相关各级行与地方党政部门一道，就教育扶贫具体事项的落实进行细化、完善，确保精准落地。三是流程上无缝对接。行内外通力合作、无缝

① 《创新产品服务　助力脱贫攻坚——中国农业银行辽宁省分行精准扶贫纪实》，《辽宁日报》2020 年 12 月 2 日。

对接，确保教育扶贫的推进效率。四是使用上有据可查。在教育扶贫实施中，对资金收付、物资交接、财务列账、捐赠公示等关键环节、流程予以明确，确保有据可查、规范运作。

辽宁分行多措并举实施教育扶贫取得了显著成效。首先，避免了部分贫困家庭学生因贫失学。截至 2018 年末，辽宁分行累计捐款 30 万元，英才助学基金累计投入 34 万元，从党费中支出 1 万元用于贫困中小学生的奖励。至今已资助尚志乡 1300 余名贫困家庭学生（其中含大学生 213 名）。其次，提升了贫困地区学校的教育水平。辽宁分行为尚志红军学校建设了电教室，累计为全乡更新教学设备超过百余台套，持续捐赠已提足折旧的部分办公桌椅、电脑、空调等，尚志乡教育软硬件环境得到全面提升。再次，免费培训贫困户收到良好社会反响。分行协调沈阳农业大学、锦州医科大学等农业技术方面的教授到尚志乡，就牛羊养殖与疾病防控、蔬菜大棚等技术进行免费培训，参训贫困群众 500 余人次。同时，分行依托政府增信，对两个农户分别贷款 10 万元，并分别带动建档立卡贫困户 2 户。最后，协调政府及其他主体有序开展教育扶贫，脱贫成绩突出。辽宁分行协调省财政厅向尚志乡拨付修缮红军中学宿舍和食堂专项经费 50 万元。协调沈阳育才中学到尚志乡红军中学开展学习方法报告会，并捐赠价值 4000 元的网课及价值 6000 元的学习用品。

## 三、多措并举全力推进消费扶贫

坚持求真务实、较真碰硬，做到真扶贫、扶真贫、脱真贫，就是要把党中央精神贯穿脱贫攻坚全过程和各环节，拿出抓铁有痕、踏石留印的劲头，把脱贫攻坚一抓到底。自参与脱贫攻坚工作以来，农业银行坚持把金融扶贫作为服务"三农"的"一号工程"，紧扣"真扶贫、扶真贫"要求，全力推进消费扶贫。

消费扶贫是全社会通过消费贫困地区和贫困人口的产品或服务来带动贫困人口实现脱贫增收的扶贫方式，是一种全社会共同参与的扶贫方式。2018年底，国务院办公厅印发《关于深入开展消费扶贫助力打赢脱贫攻坚战的指导意见》。基于"益农融商"公益扶贫的丰富实践，农业银行制定《关于开展消费扶贫工作的实施意见》《开展2019年直接购买贫困地区农产品工作的实施方案》等文件，充分发挥全行力量，全面推进消费扶贫。创新"工会职工节日慰问＋扶贫助销"方式，通过"益农融商"公益商城创设"提货专区"，覆盖精准扶贫产品380余种，实现"线上下单、线下收货""按需兑换、随需服务"，既便捷高效地关怀职工，又实实在在地让贫困地区受益。仅此一项，农业银行总行机关扶贫助销450余万元。同时，鼓励全行各级工会全面参与消费扶贫，发起了"助力扶贫·五一节日爱心购（爱心游）"等主题行动。此外，动员全行各级机关食堂和后勤社会化服务商在同等条件下优先购买贫困地区农产品。同时，通过发挥农业银行东西部扶贫协作机制，上海、广东、江苏、北京、浙江等农业银行机构创新活动形式，倡导爱心义购、扶贫助农，聚焦对口帮扶地区的消费扶贫工作。上海分行已助销云南怒江州扶贫产品220万元，广东分行公益助销重庆秀山县扶贫产品50余万元，北京分行公益助销河北武强县扶贫产品70余万元。此外，在总行党委的带头引领下，联合社会力量共建扶贫商城。2019年，农业银行联合最高人民检察院、国家开发银行、中粮集团等21家单位共同发布扶贫商城，构建服务于各大党政机关和事业单位定点帮扶的消费扶贫平台，通过"农业银行＋定点帮扶单位＋定点帮扶县"的合作模式，集众智，聚众力，联众心，促成政府、市场、社会三方互动，实现专项扶贫、行业扶贫、社会扶贫齐头并进，形成全社会广泛参与的消费扶贫大格局。[①]

## 案例24　农业银行消费扶贫——河北阜平支行

阜平县地处太行山麓，是国家重点贫困县。为推动经济发展，带动贫困人口脱贫增收，阜平县政府致力打造以食用菌、高效林果、家庭手工业为主的富民产业体系，同时大力推广应用电子商务，开展电商扶贫工作，加快产品销售和农民增收。河北阜平支行依托互联网技术，通过银政合作搭建电商扶贫网络，助力农产品销售。一是主动与当地政府实施的电子商务进农村项目对接，开展惠农通服务点和村级电子商务服务站点共建工作，实现对全县209个行政村全覆盖。服务点不仅为农户提供基础金融服务，还负责帮助发布农产品销售信息、搜集创业信息、网上购物、收发包裹等，成为农业银行和地方政府带动贫困户脱贫致富的金融扶贫综合服务平台。二是积极探索多元化电商扶贫路径，在惠农通服务点全面推广"农银e管家"。积极营销辖内服务点目标客户，于2017年末全部成功上线"农银e管家"平台。推动"电商扶贫"专区上线应用，

---

① 李建菲：《农业银行致力构建消费扶贫大格局》，《农村金融时报》2019年12月23日。

鼓励符合条件的扶贫企业入驻"电商扶贫"专区，通过惠农通服务点、微信公众号、朋友圈等渠道广泛开展宣传，打开了产品的线上销售渠道。[①]三是组织开展"农产品爱心购"公益扶贫活动，创新"公益＋产业"扶贫新思路，实现农产品在总行"益农融商"电商平台上线销售；线下组成营销团队，推动农产品进驻总行益农融商体验店和部分国家部委机关超市展售。努力提升电商扶贫综合效能，为平台商户、服务点提供融资支持。四是依托政府增信机制，对有资金需求的电商店主提供最高5万元和300万元的金穗脱贫贷、金穗小康贷，全力支持商户脱贫致富。借助电商扶贫与当地政府建立的良好合作关系，将涉农财政资金代理作为金融扶贫的一项重要内容，利用线上线下渠道优势独家代理新农保、新农合及财政补贴项目，扩大涉农代理项目覆盖范围。

2019年6月末，河北阜平支行已设立惠农通服务点349个，累计金融性交易6.8万笔、20610万元；其中339个上线了聚合支付功能，累计交易0.4万笔、48万元；惠农卡有效客户14.53万户，较年初提升0.45万户。支行积极推进惠农通工程电商扶贫的做法，得到了政府、媒体和广大人民群众的一致好评，《中国扶贫》杂志、人民网等先后进行了报道。阜平支行因工作突出，获"保定市社会扶贫先进集体"称号，县政府两度发文表彰支行"真正心系百姓，主动作为，为群众办好事，让群众好办事"，并要求全县各部门和各金融机构向农业银行学习。

---

① 杨珊：《破解老区金融服务获取难题》，《河北日报》2019年11月27日。

# 第五章

# 中国农业银行助力脱贫攻坚战的
# 成效与价值

中国农业银行通过坚持不懈的努力，在波澜壮阔的中华民族脱贫攻坚事业中劈波斩浪，展现出震撼的"农业银行力量"，点亮了亮丽的"农业银行色彩"，使金融扶贫遍布华夏大地，服务"三农"工作成绩斐然，有效增强了贫困人口的自我治贫和自我富足能力，使贫困人口的贫困状况得到持续改善，得到了社会各界的广泛认可。

## 第一节　践行中国特色反贫困理论的成效

在脱贫攻坚的伟大事业中，中国农业银行响鼓重锤、尽锐出战，全力以赴助力打赢脱贫攻坚战，在攻坚拔寨的里程碑上镌刻熠熠生辉的农业银行印记。①

---

① 《中国农业银行为我国脱贫攻坚战取得全面胜利贡献力量》，《人民日报》2021 年 2 月 26 日。

## 一、党建引领凝聚起强大的组织力量

一个支部就是一个堡垒，一个党员就是一面旗帜。农业银行在原 52 个未摘帽贫困县支行掀起党组织和党员干部带头与贫困户"结对子"热潮，把群众需求与党建工作紧密结合起来，切实为群众办实事、解难事。[①]专门下发对原 52 个未摘帽贫困县、1113 个贫困村挂牌督战的意见，将最优秀的人员、最优惠的政策、最优势的资源投入未摘帽贫困县。

图 5-1　农业银行内蒙古商都县支行"千乡千队、万村百亿"党员先锋队
扎实服务脱贫攻坚，送金融服务到群众家门口（刘勇　摄）

---

① 　许华民、李莉：《攻坚拔寨里程碑上的农行印记》，《学习时报》2021 年 3 月 10 日。

图5-2　农业银行贵州省遵义分行派驻全国贫困县务川仡佬族苗族自治县镇南村第一书记带领村民开展特色农产品种植，帮助村民脱贫致富（蹇广宏　摄）

## 二、扎实推动人民走向共同富裕道路

中国农业银行坚持以人民为中心，通过加强资金支持，提升信贷服务，持续满足农村扶贫信贷需求，解决贫困问题，帮助农户走向共同富裕道路。2016年以来，农业银行聚焦脱贫攻坚重点，全额保障国家扶贫工作重点县、深度贫困县支行贷款规模需求，不断加大信贷投放力度。总行不断加强信贷规模动态调剂和管理，继续向832个国家扶贫重点县机构单列1000亿元信贷规模，各一级分行积极满足扶贫重点县支行计划外的信贷规模需求。2016年，农业银行累计投放精准扶贫贷款9778.1亿元，带动服务贫困人口16463人（次）。截至2020年末，农业银行在832个国家扶贫工作重点县贷款余额12831.7亿元[①]，比2015年末增加6707.5亿

---

① 李建菲：《县域贷款余额突破5万亿元数字化转型已开局破题》，《农村金融时报》2021年4月5日。

元，增幅达 109.5%。在深度贫困地区，截至 2020 年末贷款余额为
4891.3 亿元，比 2015 年末增加 2621.3 亿元，增幅达 115.5%，高于
同期全行贷款增幅 41.6 个百分点，其中，在"三区三州"深度贫
困县贷款余额为 1343.5 亿元，比 2017 年末增加 462.8 亿元，增幅
达 52.6%，高于同期全行贷款增幅 10.1 个百分点。

图 5-3　农业银行河南省驻马店分行客户经理走村入户现场办理扶贫贷款业务
（邓国勇　摄）

## 三、切实履行金融扶贫的责任和使命

在脱贫攻坚决战决胜之年，农业银行坚决响应党中央号召，尽
锐出战、一鼓作气，以最大决心、最强力度推进金融扶贫工作。通
过东西协作、定点扶贫、三区三州重点帮扶等举措，加强信贷、技
术人才等支持，最大程度动员全行力量，最大限度投入政策资源，
全力以赴助力贫困地区如期打赢脱贫攻坚战。此外，农业银行实施

定点扶贫县专项招聘计划，为定点扶贫县单独增加招录名额，启动"金穗扶智"系列培训项目，积极协调联系农银大学和知名高校等内外部培训资源，采取线上、线下相结合等多种方式，多层次、多批次帮助定点扶贫县开展各类培训。①通过提供捐赠资金、引进优质教育资源等方式，助力弥补贫困地区教育短板，提高了贫困地区人口基本文化素质；通过单位捐赠和员工自愿捐赠筹集善款，资助深度贫困地区建档立卡贫困户家庭大学新生圆大学梦。②

## 四、用产业发展的方法消除贫困根源

发展产业是实现脱贫的根本之策。通过产业发展，充分发挥贫困地区的资源优势，通过技术和资金支持将贫困人口转变为产业发展的主体，带动贫困人口就业，推动贫困人口通过土地、扶贫资金入股，获得稳定资产收益，实现"造血式"脱贫。特别是突出支持产业扶贫和"两不愁三保障"工作，重点支持当地特色农业、特色旅游业、劳动密集型产业等，持续扩大贫困地区分行产品创新权限，增设三农产品创新基地，创新符合扶贫企业和建档立卡贫困人口需要的贷款产品，有效满足了贫困地区企业和贫困人口区域特色金融服务需求。同时，为扶贫产业输"血液"，通"血脉"，增强贫困地区"造血"功能，针对贫困户缺项目、缺资金、缺技术的现状，为其量身打造精准扶贫金融产品，为建档立卡贫困户提供无抵押、

---

① 《农行扎实推进定点扶贫探索"金融＋"助力扶贫县可持续发展》，《21世纪经济报道》2020年12月31日。
② 《"金穗圆梦"公益助学活动》，《学习时报》2019年12月18日。

无担保、基准利率的信贷资金，支持其经营特色优势产业，增强了农村贫困户自我"造血"功能。[1]

## 五、充分调动群众脱贫致富内生动力

农业银行发挥大行优势，通过加大信贷投放、东西部协作扶贫、引进外部资金等一系列联动措施，拓宽、丰富了贫困地区融资渠道与资源供给，为贫困地区发展提供更加多样化资金来源，缓解了贫困地区资金难题，有力地支持了贫困地区完善基础设施、推动产业发展和贫困户增收，有效增强了贫困地区发展的内生动力。同时，根据党中央对脱贫攻坚坚持专项扶贫、行业扶贫和社会扶贫"三位一体"大扶贫格局战略部署，结合各地脱贫攻坚实际，重点支持对贫困人口增收脱贫有带动作用的客户和项目，重点支持特色产业发展，积极协助政府招商引资，进一步增强了当地产业"造血"功能。[2]此外，农业银行不断加大对农业农村基础设施建设支持力度，通过设立专项资金重点支持经济薄弱村镇建设，聚焦农田水利、农村基础设施"补短板"等乡村振兴重点领域，加大县域"三农"领域信贷投放；同时，支持国家"藏粮于地、藏粮于技"战略，对高标准农田建设项目、骨干和中小农田水利基础设施建设项目、优质农资和种业企业等提供综合金融服务，给农村基建注入了金融动力。

---

① 《支持乡村振兴银行在行动》，《青岛早报》2018 年 12 月 5 日。
② 《农业银行党委传达学习贯彻中央农村工作会议精神要求全面做好乡村振兴金融服务》，《中国城乡金融报》2018 年 1 月 5 日。

图 5-4 农业银行辽宁省兴城市支行大力支持当地集休闲观光、自助采摘、
餐饮娱乐为一体的绿色水果生态园建设（李世勇 摄）

## 六、和衷共济形成脱贫攻坚帮扶合力

中国农业银行坚持发扬团结互助、和衷共济的美德，动员全体成员进行社会帮扶形成扶贫合力，通过完善社会动员机制，创新社会帮扶体系，形成人人愿为、人人可为、人人能为的社会帮扶格局。通过整合多方资源搭建了"银行＋政府＋合作社＋贫困户""银行＋乡镇农业龙头企业＋贫困户""银行＋企业＋贫困户"等扶贫平台，推出了"光伏发电""养老扶贫贷"等特色扶贫信贷产品，根据贫困户特点选择相应的扶贫模式，提高了贫困户创收能力，实现从"授之以鱼"向"授之以渔"的转变。同时，为全力保障农村扶贫信贷需求，农业银行积极创新推广"政府增信＋"服务模式，与国家农业信贷担保联盟体系开展战略合作，逐级搭建银担合作平

台，推动各行持续深化与省农担的银担合作。此外，农业银行开展"美丽中国·旅游百县"活动，与文化和旅游部联合印发《关于金融支持全国乡村旅游重点村建设的通知》，加强多方合作服务乡村旅游、休闲农业、森林康养等新产业发展。[①]

## 七、求真务实真正实现真脱贫、脱真贫

习近平总书记多次强调要保证全体贫困群众切实享受到脱贫攻坚的成果。中国农业银行深入贯彻脱贫攻坚要求，积极投身农村发展各个领域，以农村产业融合示范区域为重点，支持农业农村新产业新业态新主体向产业园区、田园综合体、产业联合体聚集，加快融合速度，提升融合深度。围绕国家农村产业融合发展先导区，积极开展"服务农村产业融合行动"，重点支持优质主体延伸农业产业链、扩展产业范围，推进农村产业融合发展、农民增收受益。同时，农业银行也大力推广土地承包经营权抵押贷款、农村集体经营性建设用地使用权抵押贷款、农民住房财产权抵押贷款等产品，推动农村集体土地进一步释放金融属性。2018 年以来，农业银行总行对 33 个试点地区机构适度下放产品创新权限，鼓励各分行开发基于集体经营性建设用地使用权的特色贷款产品，围绕农村资源变资产、资金变股金、农民变股民等改革，探索金融服务新模式。[②]农业银行各支行创新推广"地票"抵押贷款、土地结余指标抵押贷

---

① 《农业银行全力支持乡村旅游重点村建设》，《衡水日报晨刊》2019 年 8 月 21 日。
② 《部署集体经营性建设用地使用权抵押贷款业务试点　农业银行助推农地改革服务乡村振兴》，《中国城乡金融报》2018 年 10 月 8 日。

款等产品，支持耕地占补平衡和城乡建设用地增减挂钩节余指标跨省域调剂。积极参与农村集体"三资"（资金、资产、资源）管理平台建设，促使村级资金、资产、资源与银行账户、流转合同等进行关联，实现"三资管理"、股权管理、乡村治理、金融服务的有效融合。[①]

# 第二节　彰显中国特色反贫困理论的自信

时代是思想之母，实践是理论之源。尽管不同时代政府基于保持政权稳定的目的，实施了众多反贫困政策和举措，但都没有形成有效的反贫困实践逻辑。直到中国共产党成立，才真正找到了反贫困的正确道路，总结了中国特色反贫困理论，完成了消除绝对贫困的艰巨任务。这一理论是马克思主义反贫困理论中国化的最新成果，是中国特色社会主义道路的又一重大实践。

## 一、成为中国特色反贫困理论的实践案例

中国农业银行经过长期坚持不懈的努力，在波澜壮阔的中华民族脱贫攻坚事业中劈波斩浪，构建立体式金融扶贫模式，并扎实做好定点扶贫、东西部协作扶贫金融服务工作，展现出农行强烈的使命担当。成就的取得，离不开理论的科学指导。中国特色反贫困理

---

① 《基层动态》，《农村金融时报》2021 年 3 月 8 日。

论品格和魅力，不仅在于它和马克思列宁主义、毛泽东思想一脉相承，更在于它作为改革开放以来社会主义建设实践的经验总结和理论指导，正在并将继续被改革开放和社会主义现代化建设的辉煌成就所证明。农业银行的探索实践以及成功做法，展现着中国特色反贫困理论威力，为中国特色反贫困理论自信提供了实践案例。

## 二、丰富了中国特色反贫困理论的科学内涵

自古以来，农安天下。农村金融是一个地区繁荣兴旺最直观的标尺。金融扶贫既是党中央、国务院对扶贫开发的要求，也是金融机构的责任和使命。凭借数十年的扶贫脱贫经验，中国创造性地走出了一条独具中国特色的减贫之路，在解答中国减贫难题和打赢脱贫攻坚战的过程中，银行业既是社会经济的重要组成部分，也是金融扶贫工作中的核心力量，更是探寻扶贫新模式的重要生力军。这些新做法、新探索、新观点，不断为中国特色社会主义反贫困理论体系注入新的科学内涵。

## 三、提供了中国特色金融扶贫可参考经验

长久以来，商业银行如何有效服务"三农"，成为金融业界公认的一道难题，始终难觅破解之道。中国农业银行作为保障"三农"利益的重要骨干力量，把自身发展与履行社会责任相结合，不仅在追求商业价值、创造社会财富中体现了自我价值，更在承担"三农"事业发展责任中体现出了自身价值，精准把握商业原则与履行"三

农"责任之间的平衡点，政府增信金融服务模式、农业产业链金融服务模式、特色优势农业集群金融服务模式、农户小额信贷服务模式、新农村建设金融服务模式、特定融资主体金融服务模式、专业市场圈层金融服务模式、旅游资源开发金融服务模式、信用村信用户金融服务模式、互联网金融服务模式等十大服务模式，无疑都是破解商业金融服务"三农"难题的有效方案。

# 第六章

# 中国农业银行助力脱贫攻坚战的经验与启示

在中华大地上，一行行脚印书写着中国脱贫攻坚的壮丽史诗，一个个故事记录着农行人为扶贫事业倾注心血的躬身践行。70年众志成城、砥砺奋进，从农村金融洼地的拓荒者到如今"三农"金融蓝海的领航者，中国农业银行的探索弥足珍贵。当前，"三农"问题比以往任何时候都需要金融加持。中国农业银行将开创商业金融支持全面乡村振兴的崭新天空，将汇入金融服务"三农"的时代浪潮，创造出无愧历史、不负人民的新辉煌。①

---

① 本章资料和数据主要参考：薄贵利《强国宏略：国家战略前沿问题研究》（人民出版社 2016年版）、《"让人民安宁富足让孩子们成长得更好"》（《阳光报》2014年11月10日），向德平、向凯《多元与发展：相对贫困的内涵及治理》〔《华中科技大学学报》（社会科学版）2020年第 2期〕，董帅兵、郝亚光《后扶贫时代的相对贫困及其治理》〔《西北农林科技大学学报》（社会 科学版）2020年第6期〕，高强《脱贫攻坚与乡村振兴有机衔接的逻辑关系及政策安排》〔《南 京农业大学学报》（社会科学版）2019年第5期〕，农雅雯《为乡村振兴注入源头活水》（《农 民日报》2021年3月11日），李建菲《农业银行与"三农"守望相助书写"农金"服务新篇章》 （《农村金融时报》2021年6月28日）。

# 第一节 中国农业银行实践的宝贵经验

中国农业银行经过长期的实践和探索，紧扣时代发展，服务国家战略，对破解大型商业银行服务"三农"难题、做好"三农"金融服务工作、全面助力打赢脱贫攻坚战、服务乡村振兴战略贡献出了"农业银行力量""农业银行智慧"。实践也充分证明，中国农业银行"三农"金融服务工作的战略方针和工作部署，符合国家要求，满足"三农"需要，契合自身发展实际。从中国农业银行多年来的探索和实践中，获得了以下几点实践经验。

## 一、只有坚持党的领导才能不断破浪前行

脱贫攻坚战是中国共产党向人民作出的庄严承诺，是社会主义本质的必然要求，是社会主义制度优越性最直观、最生动的体现，更是最紧迫难度最大的硬任务。中国共产党是世界上最大的政党，具有无可比拟的组织优势，其强大的组织执行力、社会动员力和统筹协调力在特定历史时期的重大挑战和考验面前，在解决时代重大课题中，不断得以强化与检验。在中国共产党的坚强领导下，脱贫攻坚工作获得了坚强的政治和组织保证，在其带领下所取得的胜利，力度之大、规模之广、影响之深前所未有，谱写了人类反贫困历史的新篇章。

习近平总书记多次强调："解决深度贫困问题，加强组织领导

是保证""深度贫困地区脱贫攻坚要强化落地，吹糠见米，做到人员到位、责任到位、工作到位、效果到位"。这些重要论述深刻阐明了打赢脱贫攻坚战最根本的是要靠党中央的坚强领导。脱贫攻坚的伟大实践和胜利成果充分证明，我们党具有无比坚强的领导力、组织力、执行力，是团结带领人民乘风破浪、开拓前进最可靠的领导力量。只要我们始终不渝坚持党的领导，就一定能够在全面建成社会主义现代化强国的新征程上战胜一切艰难险阻，不断从胜利走向新的胜利。

中国农业银行始终把加强党的领导作为金融扶贫的"根"和"魂"常抓不懈。明确了金融扶贫工作实行"一把手"负总责，亲自抓、亲自管、直接抓、抓具体、抓到底。把职责项目化、清单化、责任化，层层传导压力、层层压实工作责任，确保各项政策措施落实落细。

学非常之道，用心领悟习近平总书记关于扶贫工作的重要论述。习近平总书记深刻阐释了"为什么要开展脱贫攻坚战""如何打赢脱贫攻坚战"等重大理论和实践问题，内涵丰富、体系严密。越是深入学习，越能深切体会到习近平总书记的深厚为民情怀和强烈历史担当，越能领悟到习近平总书记扶贫论述蕴含着的深刻的马克思主义唯物史观和科学方法论。这些论述为中国农业银行做好金融扶贫指明了方向，提供了根本遵循和行动指南。

聚非常之力，建立一套强力高效的扶贫工作体系。扶贫工作的顺利开展需要完整有效的服务与制度体系，中国农业银行第一时间成立金融扶贫工作领导小组，统筹推进全行金融扶贫工作，并且对金融扶贫制定专门规划。在党委的统一领导下，为更顺利地开展金融扶贫工作，从总行到国家扶贫开发重点县支行都设立了专门的信贷机构，配备了专职的信贷人员，为金融扶贫工作的展开提供了充足的人员保障。此外，中国农业银行将一把手负总责的扶贫开发工作责任制落到实处。一把手当好扶贫开发工作的第一责任人，亲自部署和协调任务落实，使贫困农户和农业产业化企业能更便捷高效地享受到扶贫信贷资金等政策优惠。

尽非常之责，切实履行农业银行党委金融扶贫主体责任。农行党委对金融扶贫工作直接部署、直接推动，党委书记对金融扶贫重点相关一级分行工作直接抓、直接督，以上率下，带动全行将金融扶贫工作抓实抓细。总行成立由党委书记任组长的金融扶贫工作领导（推进）小组，设立扶贫开发金融部，构建责任清晰、各负其责、合力攻坚的五级责任体系，层层压实责任。农业银行党委始终拧紧责任发条，多次召开会议，压茬推进，一锤接着一锤敲，确保金融扶贫工作不断深入。

施非常之策，探索一条严密沟通协调的运行路径。金融扶贫工作是一个系统工程，需要各部门的配合、理解和支持。在总行党委的坚强领导下，中国农业银行既坚持了自主经营的原则，又积极主动地与地方各级党政相关部门建立保持了良好的沟通协调关系。同时，提高金融扶贫政策、业务流程等方面的透明度，使社会各界和贫困地区的干部、农户和企业负责人更多地了解农业银行信贷扶贫工作。总、分行领导干部定期深入一线，赴贫困地区开展金融扶贫调研，协调解决了贫困县域支行金融扶贫和业务发展难题。

立非常之志，锻造一支忠诚干净的专业队伍。中国农业银行横向在总、分行相关部门，纵向在省、市、县行建立了完整的金融扶贫考核体系。其中，制定并启动实施"扶贫重点县机构金融扶贫专项评价方案"，评价结果挂钩专项工资和专项费用；制定"脱贫攻坚专项评价方案"，在境内分行综合绩效考核方案中增设"脱贫攻坚"考核指标，对接"脱贫攻坚专项评价"结果；在2019年三农金融事业部考核方案中，将金融扶贫考核指标权重提高一倍；在深度贫困县支行的综合绩效考核方案中，脱贫攻坚相关考核指标权重不低于50%，保证基层行将主要精力放到扶贫工作上；将"扶贫重点县机构金融扶贫专项评价"结果纳入一级分行领导班子年度考核和党建考核。同时，在金融扶贫工作中，中国农业银行的审计部门针对22家有脱贫攻坚任务的一级分行，持续深入开展精准扶贫专项审计，及时发现和纠正政策执行不精准等问题。

下非常之功，建强一批扎根农村的坚强战斗堡垒。习近平总书记指出："要把扶贫开发同基层组织建设有机结合起来，真正把基层党组织建设成带领群众脱贫致富的坚强战斗堡垒。"从习近平总书记的重要论断出发，中国农业银行牢固树立"围绕扶贫抓党建，抓好党建促扶贫，检验党建看脱贫"的理念，抓班子、强队伍，树导向、增活力，充分发挥基层党组织的战斗堡垒作用和党员的先锋模范作用，将脱贫攻坚成效纳入基层党组织量化考核评价和党员积分制管理，进一步扩大基层党组织量化考核评价试点，并将相关工作纳入分行领导班子党建工作专项考核，推动党中央决策部署在基层党组织得到全面贯彻落实。同时，充分发挥党员先锋模范作用，深入推进"带头人""标杆""生力军"三项计划，发挥扶贫重点县服务"三农"和脱贫攻坚党员"示范岗""责任区"和先锋队、突击队、志愿服务队作用，对金融扶贫领域有关先进集体和先进个人进行表彰，在全行营造学习先进、创先争优做好金融扶贫工作的良好氛围，在脱贫攻坚第一线发挥好先锋模范作用，充分彰显为民服务政治本色。

## 二、只有坚持精准扶贫才能获得不竭动力

"我们要不断发掘经济增长新动力。生活从不眷顾因循守旧、满足现状者，而将更多机遇留给勇于和善于改革创新的人们。在新一轮全球增长面前，惟改革者进，惟创新者强，惟改革创新者胜。我们要拿出敢为天下先的勇气，锐意改革，激励创新，积极探索适合自身发展需要的新道路、新模式"。在北京 APEC 会议上，习近平主席关于改革创新的一席话，洞察历史机杼，富于辩证哲理，耐人寻味、发人深思。近年来，在习近平总书记的讲话中，"创新"成为高频词。木桶法则告诉我们，一只木桶装水量的多少，不是取决于最长板，而是取决于最短板。改革创新就是要破除不合时宜的思想观念和体制弊端，在改革中寻求创新，在创新中加速改革，突破利益固化的藩篱，进而破除短板，为发展提供强大的动力。

因地制宜精准施策，运筹帷幄决胜千里。扶贫工作的高效开展需要围绕贫困地区需求，因地制宜创新金融产品。在扶贫过程中，中国农业银行针对各贫困县的资源禀赋和产业基础千差万别、贫困户的致贫原因和发展需求多种多样的实际情况，向贫困地区行充分下放产品创新权限，开辟信贷审批绿色通道，鼓励因地制宜创新扶贫产品。梳理总结了特色产业扶贫、龙头企业带贫、水利金融扶贫、农地金融扶贫等 25 种金融扶贫具体模式，通过培训、宣传、

专刊、视频等各种方式，向全行复制推广。针对贫困地区高寒、偏远、基础设施建设相对滞后等问题，创新打造了"五位一体"的新型渠道服务体系。在革命老区、民族边疆地区以及"三区三州"等深度贫困地区，推出多种区域特色产品。实践证明，在金融扶贫的工作中，只有根据不同贫困地区、不同贫困户的具体情况，按照"一地一特色""一行一产品"思路，因地制宜地选择信贷扶贫的具体实现形式，创新符合扶贫企业和建档立卡贫困人口需要的金融扶贫产品，才能更好地发挥金融扶贫工作的效果。

举一纲而万目张，解一篇而万篇明。汉代桓谭的《新论》云："举网以纲，千目皆张，振裘持领，万毛自整。"寓意凡事要抓住主要问题，其他次要问题也会跟着得以解决。习近平总书记多次强调，打赢脱贫攻坚战贵在精准、重在精准，成败之举在于精准；必须坚持扶贫对象精准、项目安排精准、资金使用精准、措施到户精准、因村派人精准、脱贫成效精准"六个精准"。这些论述充分体现了以人民为中心的发展思想和党的实事求是的思想路线，是马克思主义立场观点方法在扶贫领域的深刻运用和生动实践。中国农业银行在开展金融扶贫工作中，始终坚持将促进贫困人口脱贫增收作为最核心目标，针对性研发金融扶贫产品，构建有效服务模式，及时推广优秀经验和典型案例，引导各级行对准"穷根"。在具体实践中，中国农业银行优化产业项目扶贫贷款筛选，将市场机制引入贫困地区经济发展中，实现从片面强调扶贫贷款到户向综合扶持突出效益到户转变，不断提高信贷扶贫经济效益和社会效益。

细微之处见风范，毫厘之间定乾坤。金融支持农村经济发展，需要金融机构勇于担当，以更大的勇气和智慧改革创新，注重细节，发挥工匠精神，追求精益求精，着力推动扶贫方式由"输血"扶贫向"造血"扶贫转变，由单一资金扶贫向多元普惠扶贫转变，由物质扶贫向科技智力扶贫转变，带动贫困农民早日实现"小康梦"。近年来，中国农业银行总结推出了特色产业扶贫、政府增信扶贫、龙头企业带贫等 25 个金融扶贫具体服务模式，编写下发数十个典型案例，举办多期金融扶贫培训班，提高全系统金融服务脱贫攻坚能力和水平。

## 三、只有坚持人民至上才能立于不败之地

人民立场是中国共产党的根本政治立场，是马克思主义政党区别于其他政党的显著标志。习近平总书记指出："中国共产党根基在人民、血脉在人民。党团结带领人民进行革命、建设、改革，根本目的就是为了让人民过上好日子，无论面临多大挑战和压力，无论付出多大牺牲和代价，这一点都始终不渝、毫不动摇。"从建党到新中国成立，到改革开放，再到党的十八大以来党和国家事业取得历史性成就，初心使命始终是贯穿其中的一条红线，全党上下将脱贫攻坚作为重大政治责任，坚定不移走共同富裕道路，把群众满意度作为衡量脱贫成效的重要尺度，集中力量解决贫困群众基本民生需求。

农民的需求就是农业银行服务的方向。农民需要什么就提供什么样的服务。中国农业银行大胆改革创新，通过延伸农村金融服务网络、推动服务点互联网化升级、加大涉农扶贫产品创新力度、助推贫困地区产业发展等一系列措施，激发出内生动力和发展活力，

努力建成为农服务功能更完备、市场化运行更高效的扶贫体系，将一幅幅绚丽生动的为农服务的画卷铺展在人们面前。

延伸金融服务网络，完善服务网络"硬"环境。金融基础设施薄弱，基础金融服务供给不足是制约农村地区特别是贫困地区脱贫致富的一个突出问题。中国农业银行突破金融服务能力不足的瓶颈，在原有物理网点、自助银行对深度贫困县全覆盖的基础上，构建"物理网点＋自助银行＋惠农金融服务点＋互联网金融平台＋外呼远程银行＋流动金融服务""六位一体"新型渠道服务体系，为贫困地区提供了"足不出村"的基础金融服务。针对交通不便、网点空白的农村地区，农业银行利用流动金融服务车等先进工具，提升流动服务频次，扩大流动服务范围，丰富流动服务内容。在深度贫困地区，通过布放智能电子机具，建立惠农金融服务点，通过结合掌银、网银、聚合扫码支付等渠道，推动惠农金融服务点功能全面升级，为周边农户提供更为便捷的转账、小额取现、代缴费、代理财政补贴资金等服务。

推动互联网化升级，完善服务网络"软"环境。通过互联网功能升级，加强与农业农村部信息进村入户工程衔接，在贫困地区打造"三农"移动金融、电商金融、直销银行等互联网金融服务平台，推动金融扶贫由"线下"向"线下、线上并举"转变。通过结合移动支付广泛融入农民生活的实际情况，将扫码支付、生活缴费、社保缴费、投资理财、保险购买、医疗挂号报销等与支付结算相关的各项服务加载至掌银，实现"三农"特色场景、产品和业务在掌银上集成输出，让客户实现一键接入、享受一站式服务。

## 四、只有绿色低碳发展才能永葆鲜明底色

党的十八大以来，以习近平同志为核心的党中央把绿色发展放在了突出位置。习近平总书记指出："只有把绿色发展的底色铺好，才会有今后发展的高歌猛进。"人不负青山，青山定不负人。让绿水青山和金山银山实现共赢，关键在制度，关键在思路。中国农业银行坚持把绿色作为最鲜明的底色，以绿色统领经济社会发展，实现行稳致远的发展，赢得永续发展的未来。

围绕国家农村道路畅通工程、农村供水保障工程、乡村清洁能源建设工程、数字乡村建设发展工程，中国农业银行大力支持乡村建设行动。持续加大对符合条件的农村水电路气网基础设施建设项目的支持。对接国家农村人居环境整治提升五年行动，积极支持农村污水处理、生活垃圾无害化处理和资源化利用项目。因地制宜支持农村厕所革命。创新支持符合条件的村级综合服务设施建设提升。结合各地县域城镇和村庄建设规划，积极支持传统村落和乡村风貌保护项目，创新支持美丽宜居村庄和美丽庭院示范创建项目。

围绕"碳达峰、碳中和"，农业银行立足"三农"特色，健全绿色金融服务体系，将农业农村作为发展绿色金融的重点领域，优先支持耕地休耕轮作、国土绿化、农业面源污染治理、农地整治修复、农村环境综合整治。创新支持提高农田土壤固碳能力、农村可再生能源替代、绿色低碳科技创新、"绿色农业＋"等重点领域。同时，持续完善绿色信贷政策，制定"三农"绿色金融业务标准，将环保、能耗、效率等绿色指标嵌入涉农业银行业信贷政策，完善

信贷管理系统涉农绿色信贷标识，对不达标客户实施准入"一票否决"。此外，中国农业银行大力创新农村环境综合整治、农地整治修复等农地和环境金融产品，因地制宜开展"休闲农庄贷""乡村旅游贷"绿色金融产品试点。探索创新农户小额绿色信用贷以及以农机具、大棚设施、排放权、用能权等为抵押（质押）的绿色信贷产品。大力发展绿色债券、绿色基金、绿色保险。农业银行还注意创新绿色金融服务模式，积极参与农业绿色发展先行区和绿色金融改革创新试验区建设。加强与农业农村部门和碳汇管理交易部门的合作，大力发展农业碳金融，及时获取减碳、固碳、增汇数据，探索建立促进绿色发展的融资挂钩机制。

## 五、只有严守底线常怀敬畏才能行稳致远

打赢脱贫攻坚战，是党中央重大战略部署，是习近平总书记亲自抓的一把手工程。这既是一项极其重大、极为严肃的政治任务，更是一项必须完成、务必全胜的底线任务，这不是一道"选择题"，而是一道"必答题"。以往，扶贫资金的投入主要是财政资金投入，金融资金很少。但如今，每年都会有过万亿金融资金投向贫困地区和脱贫攻坚直接相关的项目。因此，构建符合发展目标规划的金融风险管理体制、风险控制能力和风险处置后的转化能力，是持续推进脱贫攻坚前进的必然之选，才能为脱贫攻坚"保驾护航"。

高质量的贷前调查，可以事半功倍。多年的信贷实践证明，政策性强的信贷资金尤其需要加强管理，以防范金融风险。长期以来，中国农业银行突出监管重点，严格信贷管理，提升风险防控能

力。通过做精做细农户贷款日常管理，全面了解贫困户和扶贫项目信息，强化项目全周期风险管理，严格落实还款保障条件，在准确评定贫困户信用等级和还款能力基础上进行授信，严格按照贷款合同发放和使用贷款，明确支持和带动对象是否为建档立卡贫困户，从而有效避免挪用扶贫资金等合规风险和声誉风险。

常态化的贷后管理，可以未雨绸缪。中国农业银行定期对借款人生活和经营情况以及项目的建设和运营情况等进行监测分析，对可能影响贷款安全的情形及时采取针对性措施，对即将到期的贷款，提前做好信用回收准备工作。此外，农业银行把扶贫信贷退出作为一项长期性的工作来抓，对违反贷款用途形成事实风险客户的贷款坚决退出，对目前经营管理尚属正常但发展前景较差或贷款方式不安全、还款来源不足的潜在风险客户主动退出，加强对宏观政策、行业发展前景、产品周期研究和客户风险预警，实行前瞻性退出，从源头上控制金融风险。同时，对不良率超过5%的县域支行开展专项治理，要求贫困地区一级分行要对辖内国家扶贫重点县支行开展全面排查，加大智慧信贷平台、企业级反欺诈、反洗钱平台等风险监测系统在"三农"和县域业务中的推广应用，运用和优化零售贷款欺诈风险识别模型，加大对扶贫贷款的风险监测和隐患排查，提升主动预警防控风险能力。

由于扶贫户缺乏合适的抵押和担保、偿债能力有限、违约风险较高，中国农业银行为有效分担和分散银行贷款经营风险采取了有针对性的措施，一方面，构建了完善的风险补偿和融资担保机制。在扶贫工作中，中国农业银行与国家农业信贷担保联盟体系开展战略合作，逐级搭建银担合作平台，强化银政共管，明确风险分担比例，落实银担合作条件，共同支持贫困农民增收致富，促进地方经济发展，实现了"政、银、农"三方共赢的有利局面，有效分担银行扶贫信贷资金风险。另一方面，进一步探索土地经营权、房屋财产权、活体畜禽、大棚等多种抵押方式，并因地制宜，加强与保险机构合作，形成能够有效防控与分散金融风险的分担机制。

从实质上讲，维护金融安全始终是关乎我国发展全局的一件具有战略性、根本性的大事。中国农业银行统筹发展和安全，以更严标准守住风险底线，持续完善全面风险管理体系，扎实做好重点领域风险管控，资产质量显著改善，不良贷款率降至可比同业平均水平，拨备覆盖率始终保持同业领先。

## 第二节　农业银行实践对发展中国家的启示

中国农业银行在扶贫攻坚事业中取得了显著成效，得到了党中央、国务院、金融监管部门和社会各界的充分肯定和高度评价，对破解发展中国家金融扶贫服务难题具有重要借鉴意义。

### 一、以国家战略为依托

纵观世界扶贫的历程，尽管各国都非常重视金融扶贫的作用，但因国家制度、经济水平和文化环境等多种因素的制约和影响，从未有国家和地区将金融扶贫提升至国家战略的高度。党的十八大以来，中国把脱贫攻坚列为当前社会经济发展的重要发展战略，金融扶贫成为国家脱贫攻坚战略实施中的实践先锋和重要途径，被纳入国家脱贫攻坚的总体战略布局。通过国务院发布的一系列政策文件，金融扶贫的目标和任务在国家扶贫攻坚的顶层设计中予以体现。中国农业银行在我国脱贫攻坚事业中取得巨大成就，最关键的因素就是研究和贯彻国家扶贫战略及政策要求，不断加强与各级政府密切合作，积极对接政府扶贫规划、政策、项目和资源，走出了一条银政合作、融合发展的金融扶贫路子。

对其他发展中国家而言，金融机构在扶贫减贫领域同样能发挥巨大作用。金融机构可在国家引导下主动作为，根据自身的经营特点和发展优势，加强政府扶贫与金融扶贫沟通协作，找准双方在支持扶贫开发中的着力点，实施"政府＋金融"联动的扶贫模式，充分发挥金融扶贫在资源整合、优化配置、助推产业发展等方面的优势。

## 二、以精准创新为支撑

脱贫攻坚战不仅从观念上发生了"扶贫先扶志，治贫先治愚"的根本性转变，更是瞄准对象也经历了由贫困县、贫困乡到贫困村、贫困户的精准转变，扶贫方式也不断发展升级，从救济式扶贫向开发式扶贫转变，手段更加多元化。扶贫历程中，每一次的转变和调整都是一次巨大的创新，同时也意味着扶贫工作的更加精准、更为具体。中国农业银行在推进我国商业金融扶贫事业过程中，始终以找准"贫根"为前提，不断根据社会经济环境的变化创新思想，始终坚持加强创新和精准服务、精准施策，持续通过政策、产品、工具、模式等创新，不断提高金融服务贫困地区贫困人口的精准性和有效性。

对其他发展中国家而言，可以根据自身国情和金融发展状况，引导金融机构以创新思维、创新手段、创新工具精准开展金融扶贫工作。扶贫实践过程中，金融机构可针对贫困地区国家扶贫政策和地域金融发展特点等具体情况，创新制定适用性强的金融扶贫政策、产品、工具和服务模式，做到精准识别扶贫对象、精准选择带贫载体、精准谋划扶贫路径、精准开展金融服务对接工作，完善金融扶贫的政策和工具体系，构建金融扶贫的长效机制。

## 三、以产业扶贫为抓手

习近平总书记指出："产业扶贫是最直接、最有效的办法，也是增强贫困地区造血功能、帮助群众就地就业的长远之计。要加强产业扶贫项目规划，引导和推动更多产业项目落户贫困地区。"产业扶贫是最有效、最具持续性的手段，具有辐射面广、带动力强、能够激发贫困地区贫困人口"内生动力"等优势。我国扶贫事业之所以能取得巨大的成就，关键原因之一就是抓住了产业扶贫这个"牛鼻子"。农业银行自加入扶贫事业以来，充分发挥大型国有银行规模优势，坚持走产业带动、服务实体的"大扶贫"路子，不断探索产业扶贫、项目扶贫、消费扶贫的有效方式，积极推动贫困地区主导产业发展，促进贫困地区特色产品销售，进而带动贫困人口参与生产、实现就业、增收脱贫。

对其他发展中国家而言，要提升金融扶贫工作成效，推动金融与产业扶贫深度融合是一个重要途径。产业扶贫实践中，金融机构要充分支持贫困地区产业发展的资金短缺问题，筹措生产性投资资金，发挥好金融在产业扶贫中的资金融通作用。此外，金融机构还可凭借自身的优势，结合贫困地区资源禀赋和产业特点，培养政府、企业、农户的金融意识，尤其是要加大对基层治理者和贫困人口的金融知识宣传教育，使基层治理者和贫困人口在实践中善用金融手段推动产业扶贫更好发展。

## 四、以普惠共享为目标

习近平总书记在全国金融工作会议上明确指出，"要建设普惠金融体系，加强对小微企业、'三农'和偏远地区的金融服务，推进金融精准扶贫"。为我国发展普惠金融推动精准扶贫明确了方向。普惠金融将是推进我国经济社会发展战略的关键发力点，在惠及民生、助力新发展方面发挥着重要作用。事实上，普惠金融是农业银行扶贫攻坚的核心思路，打通农村普惠金融"最后一公里"是农业银行扶贫事业的重要成果。农业银行通过设立特色支行、代理机构、流动服务点和助农取款服务点，不断向偏远地区和农村地区拓展物理服务网络，扩大基础金融服务覆面，为低收入群体、偏远地区人群和城镇弱势群体提供普惠金融服务。

对其他发展中国家而言，可以深刻把握脱贫攻坚和农村产业发展新动态，推动金融与现代科技的有效结合，着力破解普惠金融创新难题。同时，推进金融基础设施建设，实现征信体系和信息体系的互联互通，改善普惠金融基础环境。此外，统一建设普惠金融服务站，多渠道降低改革创新成本，打造金融公共服务平台。

## 五、以健康发展为归宿

金融是现代经济的核心，经济决定金融，但是金融在服务经济的过程中又反作用于经济，良性发展的金融市场能更加有效地服务经济发展，但如果运用不当，就可能产生金融风险，甚至会危及全局。精准扶贫工作能加速农村贫困地区经济发展，对维护社会稳定和减少贫富差距具有显著促进作用。金融扶贫是脱贫攻坚、扶贫开发工作的重要内容。我国扶贫领域的金融风险主要为政策风险、资金风险、银行内部经营管理风险、市场风险。中国农业银行在推进扶贫事业工作中始终坚持促发展、防风险的工作理念，坚持风险导向和主动积极应对，加强宏观审慎管理，高质量打好脱贫攻坚战，逐渐建立起了金融扶贫长效机制。

对其他发展中国家而言，需要考虑建立健全项目监管体系，在贷后监管中强化对项目的监管，采用"贷款＋监管"的模式能有效降低精准扶贫贷款的政策风险。同时，实行项目资金专户管理，降低资金挪用风险，加强项目准入管理，优化风险防范体系。

## 第三节　后扶贫时代金融答案中的农行力量

老子《道德经》有云："天下难事，必作于易；天下大事，必作于细。"脱贫攻坚，艰苦卓绝的减贫历史、响彻时空的时代史诗、顶天立地的英雄赞歌。绝对贫困的消除并不能一劳永逸地消除贫困问题，缓解相对贫困将是复杂而长期的任务。回溯贫困研究的历史，贫困既是一个古老的命题，也是一个现代性的命题。早期人类对贫困的认识受到经济发展与社会发展水平的限制，又由于物质与经济的绝对短缺，导致相对贫困问题被遮蔽。不可回避的是，在完成超常规扶贫任务以后，区域差距仍然存在，从而使新一阶段中国的贫困问题更加复杂。因此，对后扶贫时代国家贫困治理而言更重要的是治理机制的转化和构建问题。

后减贫时代，贫困治理的重心要逐步转向相对贫困。由消除绝对贫困到关注相对贫困，背后体现的是社会主要矛盾的转化。绝对贫困本质上反映的是基本经济物质之匮乏，相对贫困则反映了人民的美好生活需要同不平衡不充分发展之间的矛盾。绝对贫困解决的是人基本的生存需求，是一个生存命题，相对贫困着眼于满足人基本需求之后更高层次的需求，是一个发展命题。2021 年 2 月 25 日 16 时，在北京市朝阳区太阳宫北街 1 号，"国务院扶贫开发领导小组"的牌子已经摘下，"国家乡村振兴局"的牌子正式挂上。国家乡村振兴局首次亮相是在 2 月 16 日出版的《求是》杂志 2021 年第 4 期上发表了"中共乡村振兴局党组"的署名文章《人类减贫史上的伟大奇迹》。从国务院扶贫办到国家乡村振兴局，这是脱贫攻坚取得全面胜利后，"三农"工作重心的历史性转移。在"后扶贫时代"，如何巩固脱贫攻坚成果、化解返贫风险是必须回答的时代命题，更是摆在中国农业银行面前的一张"新试卷"。

作为服务"三农"的国家队和主力军，中国农业银行应坚持把服务乡村振兴作为全行经营工作的重中之重，以服务农业高质高效、乡村宜居宜业、农民富裕富足为主线，逐一研究乡村振兴建设重点领域支持措施和服务方案，实施差异化金融服务政策，大力开展乡村振兴金融产品和服务模式创新，以更高站位和更高标准书写好金融服务的新篇章。

## 一、丰富相对贫困理论的前瞻研究

著名学者约瑟夫·熊比特在其金融理论中指出，"运营良好的银行，可以通过发现最有可能成功实施产品创新和工艺创新的企业，为其提供资金，激励其技术创新；银行具有信用创造的能力，正是这种创造能力，推动了经济的快速稳定发展"。这一分析说明国有大行在扶贫方略上，应当发挥引领者作用，利用资金优势，不断拓展产业扶贫、消费扶贫、教育扶贫等途径，唯此才能产生强大溢出效应。

2019 年，《中共中央关于坚持和完善中国特色社会主义制度、推进国家治理体系和治理能力现代化若干重大问题的决定》提出坚决打赢脱贫攻坚战，巩固脱贫攻坚成果，建立解决相对贫困的长效机制，将治理相对贫困提升到完善国家制度与国家治理体系、促进国家治理能力现代化的高度。党的十九届四中全会报告也提出，中国必须巩固脱贫攻坚成果并建立解决相对贫困的长效机制，党的十九届五中全会则进一步提出"全体人民共同富裕取得更为明显的实质性进展"的远景目标，并指出要"实现巩固拓展脱贫攻坚成果同乡村振兴有效衔接"。治理目标的转变标志着从绝对贫困过渡到相对贫困的后扶贫时代的来临，这对理论界提出了新的研究任务。党的十九届六中全会指出，当前，中华民族伟大复兴进入关键时期，我们比历史上任何时期都更接近、更有信心和能力实现中华民族伟大复兴的目标。全党必须永远保持同人民群众的血肉联系，践行以人民为中心的发展思想，不断实现好、维护好、发展好最广大人民的根本利益。

与绝对贫困相比，影响相对贫困的因素更多、更复杂，既有市场波动等经济性因素，又有自然灾害、意外事故等非经济性因素；既有产业更替等周期性因素，又有技术进步等结构性因素；既有贫困人口自身的脆弱性等客观性因素，又有贫困文化融入、社会排斥等主观性因素；还有教育、医疗、社会保障等公共产品供给因素，且呈现出交叉融合的特点。相对贫困治理对象的多元性、致贫要素的复杂性，导致相对贫困治理将面临治理体系的重塑。

后扶贫时代，相对贫困问题的应对离不开包括农业银行在内的现代农村金融的支持和配合，这既是党和国家的战略要求，也是农业银行自身改革发展的内在要求。因此，后扶贫时代，更应前瞻性关注后脱贫时期金融扶贫可持续发展问题，认真学习领会党中央精神，认清相对贫困治理的主要特点，坚持积极融入国家相对贫困治理的发展战略，建立解决相对贫困的长效机制，进一步发挥在县域的资金、网络、专业优势和城乡联动的系统优势。

## 二、打好金融支持乡村振兴组合拳

"1992年7月，一位年轻的地委书记出版了一部名为《摆脱贫困》的书籍，该书围绕闽东地区如何早日脱贫这一主题，提出了许多富有建设性的理念、观点和方法。……这位年轻的作者就是时任福建省宁德地委书记的习近平。"这是由中央宣传部指导、中央广播电视总台摄制的脱贫攻坚政论专题片《摆脱贫困》的开篇句。该片由央视和国家乡村振兴局联合制作，这里释放出一个重要信息——"国家乡村振兴局"已成立。这次机构更迭传递了新姿态：时间无缝衔接，工作压茬推进，使命传递接力。2月25日16时，"国务院扶贫开发领导小组"功成身退，"国家乡村振兴局"应运而生。挂牌在时间上选择无缝衔接，就是要坚决守住脱贫攻坚成果，做好巩固拓展脱贫攻坚成果同乡村振兴有效衔接，工作不留空当，政策不留空白。摘掉"国务院扶贫开发领导小组"的牌子是向一个时代挥手告别，这个1986年成立的机构圆满完成历史使命。虽然牌子变了，但工作的主战场没有变，让脱贫群众和全国人民向着更美好生活奋斗的目标没有变。可以说，巩固脱贫攻坚成果是衔接推进乡村振兴的优先任务，推进乡村振兴是巩固拓展脱贫攻坚成果的必然要求。

实现脱贫攻坚与乡村振兴有效衔接的关键是完成临时性帮扶向长期性支持的顺利平稳转型。摆脱贫困是乡村振兴的前提和基础，乡村振兴是摆脱贫困后农业农村现代化发展的路径与目标。两者一脉相承、前后衔接。《乡村振兴战略规划（2018—2022年）》明确指出"把打好精准脱贫攻坚战作为实施乡村振兴战略的优先任务"。中共中央、国务院《关于打赢脱贫攻坚战3年行动的指导意见》则要求"脱贫攻坚期内，贫困地区乡村振兴主要任务是脱贫攻坚"。同时，乡村振兴所倡导的产业振兴、人才振兴、文化振兴、生态振兴、组织振兴等"五个振兴"与脱贫攻坚行动中产业扶贫、人才帮扶、文化扶贫、生态扶贫、党建扶贫等内容存在因果联系。脱贫攻坚聚力实现"第一个百年目标"，乡村振兴着眼"第二个百年目标"，两者以 2020 年两个百年奋斗目标节点为重大衔接契机，在消除绝对贫困、相对贫困，达到共同富裕的逻辑思路中循序渐进、一脉相承。

巩固拓展脱贫攻坚成果。从脱贫攻坚到乡村振兴，是实现"三农"由"被动扶"到"主动兴"，其核心是实现贫困人口"自主脱贫"的长期可持续发展，这需要中国农业银行对照乡村振兴的目标要求，全面总结脱贫攻坚战实践经验，梳理目前所实行的金融扶贫工程中需要取消、延续以及完善的部分，实现金融扶贫从超常态到常规化的转变。正如前文所述，乡村振兴是脱贫攻坚的延续，转型存在一定惯性，需要一定过渡时间。习近平总书记在决战决胜脱贫攻坚座谈会的重要讲话中强调："要针对主要矛盾的变化，理清工作思路，推动减贫战略和工作体系平稳转型，统筹纳入乡村振兴战略，建立长短结合、标本兼治的体制机制。"在实施乡村振兴战略初期，中国农业银行将借鉴脱贫攻坚过程中形成的、较为成熟的责任考核、工作评估、组织保障等良好机制，坚决落实中央有关要求，在 5 年过渡期内，保持信贷投放力度不减、资源投入力度不变、帮扶政策力度不减，接续做好脱贫地区乡村振兴金融服务。以国家确定的乡村振兴重点帮扶县为重点，持续加大欠发达地区金融服务力度。在加强脱贫农户贷款投放的同时，做好农村低收入人口综合服务。优化完善定点帮扶、东西部对口帮扶、消费帮扶等专项活动。

聚焦国家重大发展战略。中国农业银行应以新型农业经营主体等市场化主体为抓手，全力做好高标准农田建设金融服务。助力打好种业翻身仗，积极支持国家级育制种基地、区域性良种繁育基地、制种大县以及育繁推一体化种业企业发展。着力在粮食生产功能区、重要农产品生产保护区和国家粮食安全产业带增加金融供给，助力推动农业科技成果转化。同时，将资金更多投向民生改善工程。在贷款投向上，积极向基础设施建设、水利项目、能源工程等重点民生工程倾斜，推动农村宜业、宜商、宜居目标的实现。围绕医疗、教育、住房、交通、供水、供热、供气、污水处理等民生工程和城镇化建设项目，加大融资支持力度，科学合理制定融资方案，用具体行动助力贫困地区补齐基础设施短板，助力贫困地区基础设施和公共服务体系建设，改善农村人居环境的同时发挥项目建设的带动作用，有效带动贫困人口及周边农户增收受益。

着力服务乡村产业发展。加强产业发展，这既是增强贫困地区"造血"能力的重要手段，也是乡村振兴的重要内容。中国农业银行要结合各地脱贫攻坚实际，重点支持对贫困人口增收脱贫有带动作用的客户和项目，重点支持特色农业、特色旅游业等主导特色产业发展，积极协助政府实施招商引资，进一步增强产业造血功能；以农村产业融合示范区域为重点，支持农业农村新产业、新业态、新主体向产业园区、田园综合体、产业联合体聚集，加快融合速度，提升融合深度；积极做好县域医院、学校、养老产业以及旅游行业等金融服务，助推"三农"和县域幸福产业发展；通过加大信贷投放、引进外部资金等一系列联动措施，拓宽、丰富贫困地区融资渠道与资源供给，为贫困地区发展提供更加多样化资金来源，着力支持县域工业企业、小微企业转型升级，提升生产能力，带动县域经济发展；完善东西部协作和对口支援机制，按照乡村振兴的总体目标精准选派干部，精准安排项目，有效盘活现有扶贫资产，发挥产业项目优势，激活西部脱贫地区的"造血"能力，有效解决贫困地区内生发展动力不足的问题。

强化乡村建设金融服务。中国农业银行需要进一步深入实施"三农"和县域业务数字化转型，加快现代科技与服务"三农"的深度融合，为广大农村农民提供更加便捷快速低成本的金融服务；围绕中央实施农村土地制度改革、推动农村集体经济发展、提升乡村治理能力等决策部署，为农村改革重点领域提供全方位金融服务。针对"三农"发展新趋势新特征，不断完善适合农业农村特点的农村金融服务方式，持续加大产品、政策、工具和模式创新力度。不断健全乡村振兴信贷政策体系，完善乡村振兴金融产品体系，构建服务乡村振兴有效模式，强化服务乡村振兴的渠道支撑。重点支持乡村建设行动中的乡村公共基础设施建设、农村人居环境整治、提升农村基本公共服务水平、促进农村消费、县域内城乡融合发展等领域。为农村道路畅通工程、农村供水保障工程、乡村清洁能源建设工程、村庄清洁和绿化行动、县域教育医疗养老服务设施、县乡村三级农村物流体系和小城镇建设等提供丰富多样的金融服务。

## 三、抢占金融科技创新战略制高点

党的十八大以来，以习近平同志为核心的党中央高度重视创新驱动发展。早在 2015 年 3 月 5 日，习近平总书记在出席十二届全国人大三次会议期间明确指出，"创新是引领发展的第一动力，抓创新就是抓发展，谋创新就是谋未来"。习近平总书记提出"创新是引领发展的第一动力"的论断与"科学技术是第一生产力"一脉相承，既是继承，也是发展，是对新常态下中国经济转型发展方向、路径和着力点的精辟概括。2020年12月，一年一度的中央经济工作会议对2021年经济工作作出总体部署。令人瞩目的是，在中央部署的2021年经济工作重点任务中，"要强化国家战略科技力量，发挥新型举国体制优势"居于首位。联系起中国成为2020年全球唯一实现经济正增长的主要经济体的同时，经济社会发展中存在的某些短板——尤其是一些关键领域、关键环节的重大"卡脖子"难题被暴露出来，中央的这番部署显然大有深意。2021年10月18日，中共中央政治局就推动我国数字经济健康发展进行第三十四集体学习。2021年12月的中央经济工作会议强调，要实施科技体制改革三年行动方案，制定实施基础研究十年规划。

党的十九届五中全会公报指出，"坚持创新在我国现代化建设全局中的核心地位""加快建设科技强国"。《中共中央关于制定国民经济和社会发展第十四个五年规划和二〇三五年远景目标的建议》提出发展数字经济，推进数字产业化和产业数字化，推动数字经济和实体经济深度融合，打造具有国际竞争力的数字产业集群。党的十九届六中全会审议通过的《中共中央关于党的百年奋斗重大成就和历史经验的决议》指出，贯彻新发展理念是关系我国发展全局的一场深刻变革，必须实现创新成为第一动力、协调成为内生特点、绿色成为普遍形态、开放成为必由之路、共享成为根本目的的高质量发展，推动经济发展质量变革、效率变革、动力变革。由此可见，创新，既是数字经济的内核，也是驱动数字经济不断演进发展的动力。5G 等通信技术的迭代和大数据、人工智能等技术的崛起，是数字经济落地应用的基础，正是这些技术创新推动数字经济发展壮大。当前，数字经济浪潮和新冠肺炎疫情的出现使得社会对银行业远程服务能力的金融需求急速上升，数字化转型成为未来中国银行业发展的重要突破口。

2018 年 11 月，中国银行业协会客户服务委员会更名为客户服务与远程银行委员会，并于 2019 年 11 月发布了《远程银行客户服务与经营规范》，首次明确了远程银行的概念、发展定位以及服务内容和内涵，突出远程银行服务、经营和运营的三大功能定位，强调其综合金融服务中心、智慧中心的概念。新冠肺炎疫情之下，金融科技迎来了新的机遇和挑战，银行业数字化转型也被赋予了新的时代内涵。由于金融服务场景发生了变化，"面对面"服务受到冲击，厅堂的服务与营销能力明显下降，各家银行集中力量发力线上服务，智能客服、智慧运营、数据风控等金融科技。

伴随着信息时代的全面来临，利用海量非结构化数据深入挖掘各类客户多维化的金融需求是解决这一问题的必要条件。相比传统物流客服网点，远程数字化银行更偏重以科技赋能破除业务办理的时空界限，注重对运营管理和组织机构内部技术支撑以及数据驱动能力的培育，从而实现从语音载体向多媒载体、从服务咨询向业务办理、从客户服务向客户运营的转变。因而，在后扶贫时代，远程银行数字化转型不再是商业银行某个板块的创新，而是作为参与国家治理环节的重要抓手，需要在观念、模式、架构、机制、流程、技术等各个方面协同推进。远程银行数字化转型能够更大限度地促进线上金融服务的提质增效，更有助于提供精准、安全、便捷、优质、高效的服务，对解决中国社会相对贫困问题更具实效性和可操作性。

在未来，远程银行将深度嵌入各种场景，在百姓日常生活中无处不在。5G 时代，远程银行将从数字化平台转换到万物互联，以"全空域"和"全流程"的特点，打破银行服务的时间和空间界限的同时，贯穿于用户生活生产的各个流程。近年来，中国农业银行加快推进数字化转型取得显著成效，推出掌银乡村版、全行掌银月活跃客户达 1.5 亿户就是有力佐证。未来更要紧跟社会、行业、企业发展趋势，加速金融科技创新，抢抓先机，做大做强数据信息采集端和远程服务供给端，提升数据化分析能力，形成全渠道拓展与外部生态圈建设合力，全面推进远程银行高质量发展，在相对贫困创新信息化管理和贫困人口识别机制、预防脱贫人口返贫等问题的应对中发挥更加积极的作用。

## 四、以新理念破解人才制约的瓶颈

推进乡村振兴，关键因素在人，决定变量也在人。在乡村振兴战略实施过程中，人才外流、人才资源匮乏、人才受教育程度不高、人才不稳定等问题日益凸显，人才仍然已经成为制约乡村更好发展的重要因素，助力乡村振兴战略，首要的制约因素是人才"瓶颈"。正如习近平总书记所强调的，"我们也比历史上任何时期都更加渴求人才"。因此，后扶贫时代，中国农业银行要持续强化人才建设，抓好县域领导班子、专业人才等队伍建设，选优配强支行行长和支行副职，提升领导班子整体知识层次和专业能力。

大力实施青年英才开发工程。打通青年英才城乡融合培养发展通道。要拿出专门岗位，面向服务"三农"工作年限较长的县域青年英才定向选拔。同时，加大县域员工业务培训力度，突出做好科技金融培训工作，提升和释放县域人力资源潜能，努力培养懂农业、爱农村、爱农民的"三农"工作队伍，为乡村振兴提供人才支撑，破解乡村振兴的"瓶颈"制约。

加大助力乡村振兴时效的考核激励力度。在各分行综合绩效考核指标中，对一级分行乡村振兴工作进行专项评价，考核结果同步纳入分行领导班子考核。出台乡村振兴评价方案，直接穿透考核至基层支行，引导支行聚焦重点工作。将助力乡村振兴作为党建考核重要内容，纳入支行党委书记抓基层党建述职评议的必述内容，列为基层行党组织管理的重要指标，引导各级党组织和党员干部在乡村振兴一线切实发挥战斗堡垒和先锋模范作用。

## 五、打造业务风险防控的牢固防线

信贷资产质量是银行行稳致远的生命线。"三农"和县域业务有其自身特点，一些领域抗风险能力较弱，有些业务特别是线上业务仍处于探索阶段。面对错综复杂的形势，中国农业银行必须守牢风险底线，加大风险防控力度，确保管得住、质量优、经得起历史检验。其一，要严格做好贷款风险管控。严把线上贷款数据、模型和产品设计关，确保数据真实可靠、可验证，模型和产品设计科学合理，避免发生系统性风险。其二，要不断丰富风险管控的手段。加大全行智慧信贷平台、反欺诈、反洗钱平台等风险监测系统在

"三农"和县域业务中的推广应用力度，提升主动预警防控风险能力。其三，深化与各级政府的合作，努力营造信贷业务健康发展良好氛围。其四，要持续做好关键点风险化解。对高风险区域、行业和客户，深入开展风险专项治理工作。对县域大额风险贷款，继续实施总分行领导干部包点处置制度。对符合条件的县域不良贷款优先处置，进一步缩小县域资产质量与全行的差距。

"胜非其难也，持之者其难也。"语出《淮南子·道应训》，意在告诉人们，取得胜利并不是最难的，保持胜利、巩固胜利成果更艰难。习近平总书记在全国脱贫攻坚大会上，引用此句强调持胜比取胜更难的道理，强调要在巩固拓展脱贫攻坚成果下功夫，持续推进乡村振兴，让脱贫基础更加稳固、成效更可持续。党的十九届六中全会通过的《中共中央关于党的百年奋斗重大成就和历史经验的决议》指出，党的十八大以来所进行的伟大的脱贫攻坚战，历史性地解决了绝对贫困问题，创造了人类减贫史上的奇迹。实践证明，脱贫攻坚战取得全面胜利，是中国共产党兑现"人民对美好生活的向往就是我们的奋斗目标"庄严承诺的现实表征。这不仅是共产党人不懈奋斗的理想追求，也是党全心全意为人民服务根本宗旨的本质要求和坚持人民主体地位基本原则的实现形态。

展望未来，以中国农业银行为代表的金融人必将继续真抓实干、担当作为，以更加饱满的热情和干劲，更加紧密地团结在以习近平同志为核心的党中央周围，完整、准确、全面贯彻新发展理念，认真落实中央"三农"工作部署，积极落实优先发展农业农村，全面推进乡村振兴，践行以人民为中心的发展思想，以奋斗回答使命，以坚守致敬初心，以忠诚兑现承诺，认真做好金融扶贫与服务乡村振兴的有效衔接，努力推动农业银行服务"三农"再上新台阶，不懈努力、接续奋斗，不断巩固拓展脱贫攻坚成果，让脱贫基础更加稳固、成效更可持续，向着实现第二个百年奋斗目标奋勇前进，为实现中华民族伟大复兴中国梦贡献农业银行力量。

# 主要参考文献

## 一、古籍类

［1］（汉）班固：《汉书》，中华书局 1962 年版。

［2］（明）王圻：《重修两浙醢志》，《四库全书存目丛书·史部》，齐鲁书社 1996 年版。

［3］（清）董诰：《全唐文》，中华书局 1975 年版。

［4］（清）冯桂芬：《汪氏耕荫义庄记众》。

［5］（清）杨景仁：《筹济篇》。

［6］（宋）黄震著，张伟、何忠礼主编：《黄震全集》，浙江大学出版社 2013 年版。

［7］（宋）朱熹：《晦庵集》，文渊阁《四库全书》本。

［8］（唐）房玄龄注，（明）刘绩补注，刘晓艺校点：《管子》，上海古籍出版社 2015 年版。

［9］陈伟主编，何有祖、鲁家亮、凡国栋撰：《里耶秦简牍校释》（第一卷），武汉大学出版社 2018 年版。

［10］李民、王健：《尚书译注》，上海古籍出版社 2004 年版。

［11］李文海、夏明方：《中国荒政全书》，北京古籍出版社 2003 年版。

［12］李华瑞:《宋代救荒史稿》，天津古籍出版社 2014 年版。

［13］《诸子集成》，上海书店出版社 1986 年版。

## 二、著作类

［1］《十八大以来重要文献选编》（下），中央文献出版社 2018 年版。

［2］《十五大以来重要文献选编》，人民出版社 2001 年版。

［3］薄贵利主编:《强国宏略:国家战略前沿问题研究》，人民出版社 2016 年版。

［4］陈方、胡必亮、托尼·赛奇:《中国农业银行及其三农事业部》，经济科学出版社 2012 年版。

［5］陈厚义:《反贫困视野下的产业化发展研究:以贵州省为例》，科学出版社 2013 年版。

［6］《邓小平年谱（1975—1997）》（下），中央文献出版社 2004 年版。

［7］《邓小平文选》第一卷，人民出版社 1994 年版。

［8］《邓小平文选》第二卷，人民出版社 1994 年版。

［9］《邓小平文选》第三卷，人民出版社 1993 年版。

［10］《邓小平文集》，人民出版社 2014 年版。

［11］《马克思恩格斯全集》第十六卷，人民出版社 1964 年版。

［12］《马克思恩格斯全集》第十三卷，人民出版社 2012 年版。

［13］《马克思恩格斯全集》第四十二卷，人民出版社 1979 年版。

［14］《马克思恩格斯全集》第四十七卷，人民出版社 1979 年版。

［15］《马克思恩格斯全集》第五卷，人民出版社 2009 年版。

［16］《马克思恩格斯选集》第十六卷，人民出版社 1964 年版。

［17］《马克思恩格斯选集》第十九卷，人民出版社 1975 年版。

［18］《马克思恩格斯选集》第一卷，人民出版社 2012 年版。

［19］《马克思恩格斯选集》第二十三卷，人民出版社 1975 年版。

［20］《马克思恩格斯选集》第二十五卷，人民出版社 1964 年版。

［21］《马克思恩格斯选集》第三卷，人民出版社 2012 年版。

［22］《马克思恩格斯选集》第三卷，人民出版社 1995 年版。

［23］《马克思恩格斯选集》第四十七卷，人民出版社 1979 年版。

［24］《资本论》第三卷，人民出版社 1975 年版。

［25］国家统计局农村社会经济调查司：《中国农村贫困监测报告 2017》，中国统计出版社 2017 年版。

［26］《胡锦涛文选》第一卷，人民出版社 2016 年版。

［27］《胡锦涛文选》第二卷，人民出版社 2016 年版。

［28］黄震：《黄震全集》第七册，浙江大学出版社 2013 年版。

［29］《江泽民论有中国特色社会主义（专题摘编)》，中央文献出版社 2002 年版。

［30］蒋学模、陶大镛：《无产阶级贫困化理论研究》，中国社会科学出版社 1981 年版。

［31］《列宁全集》第三十七卷，人民出版社 1989 年版。

［32］《列宁全集》第三十七卷，人民出版社 1986 年版。

［33］《列宁全集》第四十二卷，人民出版社 1987 年版。

［34］《列宁全集》第四十三卷，人民出版社 2017 年版。

［35］《列宁全集》第四十三卷，人民出版社 1999 年版。

［36］《列宁全集》第四卷，人民出版社 1972 年版。

［37］《列宁选集》第三卷，人民出版社 1995 年版。

［38］《列宁选集》第四卷，人民出版社 1972 年版。

［39］刘鸿儒：《变革中国金融体制发展六十年》，中国金融出版社 2009 年版。

［40］《资本论》第一卷，中国社会科学出版社 1983 年版。

［41］《建国以来毛泽东文稿》，中央文献出版社 1991 年版。

［42］《毛泽东著作选读》（下册），人民出版社 1986 年版。

［43］《毛泽东著作选读》（下册），人民出版社 1986 年版。

［44］上海市党史研究室：《口述上海金融改革发展》，上海教育出版社 2017 年版。

［45］史建平、杨长汉：《商业银行管理》，机械工业出版社 2014 年版。

［46］王碧玉：《中国农村反贫困问题研究》，中国农业出版社 2006 年版。

［47］王家传、张兵、宋金杰、王厚俊：《农村金融》，北京农业大学出版社 1994 年版。

［48］王俊文：《当代中国农村贫困与反贫困问题研究》，湖南师范大学出版社 2010 年版。

［49］《习近平谈治国理政》，外文出版社 2014 年版。

［50］张承惠、潘光伟、朱进元：《中国农村金融发展报告》，中国发展出版社 2019 年版。

［51］张承惠、潘光伟：《2016 中国农村金融发展报告》，中国发展出版社 2017 年版。

［52］张杰夫:《全日制远程教学研究"互联网＋"时代中国边远、民族地区教育创新模式》,北京师范大学出版社2018年版。

［53］郑玲:《贫困县域经济发展研究》,云南科学技术出版社2006年版。

［54］中共中央党校函授学院、北京大学经济学院:《中国经济改革二十年》,中共党史出版社1999年版。

［55］中共中央文献研究室:《邓小平思想年编》,中央文献出版社2011年版。

［56］邹帆:《财政与农村金融》,华南理工大学出版社2001年版。

## 三、论文类

［1］陈军:《认真贯彻中央部署　积极履行责任使命　努力为打赢脱贫攻坚战做出更大贡献》,《农银学刊》2020年第1期。

［2］陈志钢:《中国扶贫现状与演进以及2020年后的扶贫愿景和战略重点》,《中国农村经济》2019年第1期。

［3］董帅兵、郝亚光:《后扶贫时代的相对贫困及其治理》,《西北农林科技大学学报》(社会科学版)2020年第6期。

［4］付先军、张延寒、粘天宾:《金融扶贫模式的调查与思考》,《华北金融》2012年第2期。

［5］高强:《脱贫攻坚与乡村振兴有机衔接的逻辑关系及政策安排》,《南京农业大学学报》(社会科学版)2019年第5期。

［6］郭旭红、武力:《从五年规划看中国共产党治国理政的基本经验》,《华中师范大学学报》(人文社会科学版)2021年第4期。

［7］何独业、袁小星、刘银行、黄凯莉:《金融数字化服务乡村振兴对策研究》,《现代金融》2021年第2期。

［8］《胡锦涛总书记关于构建社会主义和谐社会的有关论述》,《党建》2005年第1期。

［9］黄承伟:《新中国扶贫70年:战略演变、伟大成就与基本经验》,《南京农业大学学报》(社会科学版)2019年第6期。

［10］黎阳:《农业银行打通脱贫之路"最后一公里"》,《中国金融家》2018年第10期。

［11］李伶俐、周灿、王定祥:《中国农村扶贫金融制度:沿革、经验与趋向》,《农村经济》2018年第1期。

［12］李振宇:《加大银行扶贫产品和服务创新 有效支持农村脱困致富的研究——以对蓟州、宝坻扶贫为例》,《环渤海经济瞭望》2020年第6期。

［13］农银大学武汉培训学院课题组:《乡村振兴战略布局下金融支持旅游扶贫的路径探究》,《农银学刊》2019年第3期。

［14］蒲实、袁威:《中国共产党的百年反贫困历程及经验》,《行政管理改革》2021年第5期。

［15］王焕刚、张程、聂常虹:《我国扶贫政策演进历程与农村社会的多维度变迁:分析与启示》,《中国科学院院刊》2021年第7期。

［16］王敬力、刘德生、庄晓明:《金融扶贫机制的新探索:拾荷模式》,《南方金融》2011年第4期。

［17］王琳:《中国农业银行太原市网点人力资源配置问题分析》,山西大学2015年硕士学位论文。

［18］王帅:《党建引领下农业银行金融扶贫的实践与探索》,

《农银学刊》2019年第1期。

　　[19]王雪敏:《淳化县农业银行金融精准扶贫模式运作研究》,西北农林科技大学2019年硕士学位论文。

　　[20]温涛、王汉杰、王小华、韩佳丽:《"一带一路"沿线国家的金融扶贫:模式比较、经验共享与中国选择》,《农业经济问题》2018年第5期。

　　[21]文秋良:《中国的信贷扶贫政策与管理方式的改革》,《农业经济问题》2006年第4期。

　　[22]吴键:《关于易地扶贫搬迁可持续性的几点思考——以义龙试验区易地扶贫搬迁为例》,《当代经济》2017年第10期。

　　[23]习近平:《在全国脱贫攻坚总结表彰大会上的讲话》,《农村工作通讯》2021年第4期。

　　[24]向德平、向凯:《多元与发展:相对贫困的内涵及治理》,《华中科技大学学报》(社会科学版)2020年第2期。

　　[25]叶兴庆、殷浩栋:《从消除绝对贫困到缓解相对贫困:中国减贫历程与2020年后的减贫战略》,《改革》2019年第12期。

　　[26]赵忠世:《大型银行商业化服务"三农"的实践与思考》,《农村金融研究》2016年第5期。

　　[27]祖天殊、王俊凤:《基于RAROC模型的农业银行信用风险管理研究》,《中国农学通报》2014年第14期。

## 四、报纸类

　　[1]《"让人民安宁富足　让孩子们成长得更好"》,《阳光报》

2014 年 11 月 10 日。

［2］《打通深度贫困地区金融服务最后一公里》，《香港文汇报》2020 年 5 月 22 日。

［3］《减贫伟业》，《经济日报》2021 年 7 月 3 日。

［4］《金融扶贫"四两拨千斤"》，《经济日报》2021 年 2 月 28 日。

［5］《农行北川支行创新"党建＋精准扶贫"显成效》，《绵阳日报》2019 年 3 月 21 日。

［6］《向着共同富裕，巩固成果再立新功》，《新华日报》2021 年 2 月 27 日。

［7］《咬定目标，苦干实干，坚决打赢脱贫攻坚战》，《人民日报》2015 年 12 月 3 日。

［8］《找准历史方位，迈向更加美好生活》，《人民日报》2017 年 11 月 6 日

［9］《中国农业银行积极推进贫困地区金融服务网络建设》，《人民日报》2020 年 12 月 17 日。

［10］《中国农业银行为我国脱贫攻坚战取得全面胜利贡献力量》，《人民日报》2021 年 2 月 26 日。

［11］岑婷婷、郑旭华：《凝心聚力鼎力大国工程　农业银行支持国家重点工程项目纪略》，《中国城乡金融报》2018 年 10 月 31 日。

［12］韩振峰：《新中国成立以来中国共产党扶贫脱贫事业的演进历程》，《光明日报》2020 年 6 月 10 日。

［13］李建菲：《农业银行与"三农"守望相助书写"农金"服务新篇章》，《农村金融时报》2021 年 6 月 28 日。

［14］农雅雯：《为乡村振兴注入源头活水》，《农民日报》2021

年3月11日。

［15］王磊、梁晨霄：《农业银行山西分行聚力"精准扶贫"打造"经典案例"》，《农村金融时报》2020年5月18日。

［16］习近平：《在全国脱贫攻坚总结表彰大会上的讲话》，《经济参考报》2021年2月26日。

［17］习近平：《在全国脱贫攻坚总结表彰大会上的讲话》，《中国教育报》2021年2月26日。

［18］燕连福、王亚丽：《脱贫攻坚精神是伟大民族精神和时代精神的赓续传承》，《光明日报》2021年3月2日。

［19］周慕冰：《当好脱贫攻坚金融服务的排头兵》，《人民日报》2018年10月15日。

［20］《改革争先 击水中流——习近平总书记在福建的探索与实践·改革篇》，《福建日报》2017年7月17日。

［21］胡锦涛：《高举中国特色社会主义伟大旗帜 为夺取全面建设小康社会新胜利而奋斗——在中国共产党第十七次全国代表大会上的报告》，《人民日报》2007年10月15日。

［22］江泽民：《全党全社会动员起来为实现八七扶贫攻坚计划而奋斗——在中央扶贫开发工作会议上的讲话》，《人民日报》1996年9月23日。

［23］习近平：《二〇一七年春节前夕赴河北张家口看望慰问基层干部群众时的讲话》，《人民日报》2017年1月24日。

［24］习近平：《习近平在部分省区市党委主要负责同志座谈会上强调谋划好"十三五"时期扶贫开发工作 确保农村贫困人口到2020年如期脱贫》，《人民日报》2015年6月19日。

［25］习近平：《在中央扶贫开发工作会议上的讲话》，《人民日报》2015 年 11 月 28 日。

［26］《中共中央国务院关于打赢脱贫攻坚战的决定》，《人民日报》2015 年 12 月 8 日。

［27］习近平：《在河北省阜平县考察扶贫开发工作时的讲话》，《人民日报》2021 年 2 月 16 日。

［28］岑婷婷、郑旭华：《农业银行支持国家重点工程项目纪略》，《经济参考报》2018 年 12 月 18 日。

［29］陈果静：《金融扶贫"四两拨千斤"》，《经济日报》2021 年 2 月 28 日。

［30］陈荣汉：《广东农行"金融＋产业扶贫"在清远签约》，《清远日报》2019 年 1 月 30 日。

［31］陈鑫：《履行大行责任担当　农行夯实"三农"压舱石》，《中国经营》2019 年 3 月 4 日。

［32］陈鑫：《十大创新"因地制宜"农行万亿资金扶贫攻坚》，《中国经营报》2018 年 12 月 17 日。

［33］陈忠华：《云南农行首辆移动金融服务车在昭营业》，《昭通日报》2016 年 5 月 9 日。

［34］《创新产品服务助力脱贫攻坚——中国农业银行辽宁省分行精准扶贫纪实》，《辽宁日报》2020 年 12 月 2 日。

［35］冯樱子：《农行：股改收官破茧成蝶》，《华夏时报》2019 年 9 月 28 日。

［36］贡秋扎西：《发挥金融影响力服务好深贫地区》，《中国城乡金融报》2019 年 6 月 12 日。

［37］顾水根：《农行"四大金融工程"助兵团加快发展》,《中国城乡金融报》2015 年 5 月 20 日。

［38］顾仲阳：《咬定目标,苦干实干,坚决打赢脱贫攻坚战》,《人民日报》2015 年 12 月 3 日。

［39］桂华：《"中国答卷"彰显制度优势（新论）》,《人民日报》2021 年 3 月 3 日。

［40］胡腾蛟：《打赢扶贫攻坚收官战要继续念好"扶"字诀》,《长沙晚报》2019 年 8 月 22 日。

［41］黄晓英：《150 亿农行支持云南水利建设》,《云南经济日报》2015 年 2 月 12 日。

［42］江金权：《牢牢把握习近平新时代中国特色社会主义思想的基本立场观点方法》,《学习时报》2020 年 7 月 6 日。

［43］江时强、袁志国、皮曙初：《尧治河：中西部乡村共同富裕的一个样本》,《经济参考报》2013 年 7 月 10 日。

［44］焦宏、姚媛：《决战决胜脱贫攻坚的"农行力量"》,《农民日报》2020 年 5 月 26 日。

［45］金穗轩：《中国农业银行深入推进定点扶贫工作》,《学习时报》2020 年 5 月 25 日。

［46］《决战决胜脱贫攻坚的"江西农行方案"》,《农村金融时报》2020 年 9 月 7 日。

［47］李延霞、侯雪静：《银行业如何助力脱贫攻坚？听三位行长怎么说》,《抚州日报》2020 年 9 月 14 日。

［48］李慧：《守住"三农"战略后院》,《光明日报》2019 年 12 月 21 日。

〔49〕李嘉:《农行承德分行全力推进"政银企户保"五位一体精准扶贫》,《承德日报》2019年3月26日。

〔50〕李佳芮:《农行北川支行创新"党建＋精准扶贫"显成效》,《绵阳日报》2019年3月21日。

〔51〕李建菲:《惠农通有了"升级版"》,《农村金融时报》2019年11月25日。

〔52〕李建菲:《农业银行金融服务脱贫攻坚"五个最"》,《农村金融时报》2020年10月19日。

〔53〕李建菲:《农业银行致力构建消费扶贫大格局》,《农村金融时报》2019年12月23日。

〔54〕李鲲杨:《创新金融服务力助精准脱贫》,《中国城乡金融报》2020年12月18日。

〔55〕李茂颖、梁志强:《云南:金融创新助力"三区三州"脱贫攻坚》,《人民日报》2019年11月15日。

〔56〕李绍明、陈晓波:《以高度的政治责任感抓好整改落实以脱贫攻坚实效体现对党绝对忠诚》,《云南日报》2019年3月26日。

〔57〕李文:《农行全力以赴助力打赢脱贫攻坚战》,《证券日报网》2020年10月15日。

〔58〕梁晨霄:《农业银行山西省分行荣获"山西省脱贫攻坚组织创新奖"》,《太原日报》2020年11月3日。

〔59〕梁晨霄:《决战决胜进行时》,《山西青年报》2020年11月26日。

〔60〕梁志强:《云南分行整合资源精耕深度贫困地区》,《中国城乡金融报》2019年11月13日。

[61] 刘麟:《农行首笔"农民养老贷"在湖南发放》,《经济日报》2016年9月23日。

[62] 刘艳辉:《农行上线藏文版维吾尔文版"惠农通"应用》,《中国城乡金融报》2019年11月4日。

[63] 刘艳辉:《助"三区三州"网点全面提升服务水平》,《中国城乡金融报》2020年12月11日。

[64] 刘艳辉、梁志强:《中国农业银行开展东西部扶贫协作金融服务行动纪实》,《中国城乡金融报》2020年1月17日。

[65] 刘艳辉、赵新吉:《金融之光普照高原贫困户农业银行西藏分行助力打赢脱贫攻坚战纪实》,《中国城乡金融报》2018年9月14日。

[66] 逯彦萃、杨志勇、姚大顺、崔又午:《为了庄严的承诺》,《河南日报》2020年3月13日。

[67] 马巧丽:《农行宁夏分行创新扶贫产业发展思路》,《银川晚报》2021年1月13日。

[68] 马巧丽:《农业银行宁夏分行学党史做新时代"金融主力军"》,《银川晚报》2021年4月28日。

[69] 《农行兵团分行加快推进兵团水利建设》,《新疆经济报》2015年9月17日。

[70] 《农行扎实推进定点扶贫探索"金融+"助力扶贫县可持续发展》,《21世纪经济报道》2020年12月31日。

[71] 《农行浙江分行全面助力黄平县脱贫摘帽》,《学习时报》2019年12月18日。

[72] 《农业银行江西分行:"油茶贷"破解产业金融难题》,《粮

油市场报》2018年6月23日。

[73]乔西:《金融活水精准"滴灌"贫困地区 农业银行助力打赢脱贫攻坚战》,《每日经济新闻》2020年10月19日。

[74]乔西:《农行浙江分行全面助力黄平县脱贫摘帽》,《每日经济新闻》2020年10月20日。

[75]乔西:《农业银行探索创设新模式新体系,燕赵古县换新颜》,《每日经济新闻》2020年10月20日。

[76]《上下同欲倾力脱贫攻坚 探索创新收获丰硕成果》,《中国城乡金融报》2020年1月15日。

[77]《推进全面脱贫与乡村振兴有效衔接》,《云南日报》2020年12月31日。

[78]王建国:《农行广东分行将与秀山县共建消费扶贫产业基地》,《秀山报》2020年9月7日。

[79]王敬东:《落实部署使命担当》,《人民日报》2021年6月22日。

[80]王磊:《农业银行山西分行聚力"精准扶贫"打造"经典案例"》,《农村金融时报》2020年5月18日。

[81]王小川:《贫困户"点餐"银行来"买单"》,《农民日报》2016年8月19日。

[82]王永峰、吴鹏:《农行甘肃省分行服务三农APP上线》,《甘肃经济日报》2015年3月27日。

[83]王喻:《金融助力精准扶贫农行宜宾分行产业扶贫跑出"加速度"》,《宜宾新闻网》2018年6月28日。

[84]韦秋莹:《农业银行贺州分行勇担责任助脱贫》,《农村金

融时报》2020年1月6日。

［85］吴建轩、高山松：《唤醒沉睡的大山》，《各界导报》2018年5月16日。

［86］夏明辉：《农行召开"三区三州"信贷投放推进会》，《中国城乡金融报》2019年10月7日。

［87］夏明辉、谭琼：《农业银行西藏分行倾力金融扶贫戍边纪实》，《中国城乡金融报》2019年9月27日。

［88］向红、潘钰琳：《来自农业银行定点扶贫县的报告（一）重庆秀山：武陵腹地写新章》，《中国城乡金融报》2019年6月28日。

［89］肖望：《为世界普惠金融提供"农行方案，中国智慧"》，《21世纪经济报道》2017年12月28日。

［90］《小超市变身村口"CBD"！农业银行创新"十大扶贫模式"，以点带面从"输血式"转向"造血式"》，《第一财经日报》2018年12月17日。

［91］杨珊：《破解老区金融服务获取难题》，《河北日报》2019年11月27日。

［92］杨胜永、李子飞：《农行广西凌云县支行贷款"活了"瑶寨扶贫车间》，《农民日报》2020年6月29日。

［93］杨燚：《结对帮扶协同作战打造金融扶贫合力》，《中国城乡金融报》2019年5月29日。

［94］叶琦：《安徽农行"金融＋光伏"助万户脱贫》，《人民日报》2016年5月22日。

［95］《农行甘肃省分行联手省供销社惠利陇原助"三农"》，《甘肃日报》2015年5月20日。

［96］于泳:《贫困地区金融服务有啥变化》,《经济日报》2021年1月12日。

［97］郑祺勇:《绍兴分行助水城再现"镜湖水如月"》,《中国城乡金融报》2015年5月11日。

［98］郑祺勇:《源头注活水古城荡新波——农行绍兴分行金融支持水利建设助绍兴重建水城》,《浙江日报》2015年5月12日。

［99］《中办国办印发意见支持深度贫困地区脱贫攻坚》,《新华社》2017年11月21日。

［100］《中国农业银行全面助力打赢脱贫攻坚战》,《人民日报》2020年5月23日。

［101］《中国农业银行积极推进贫困地区金融服务网络建设》,《人民日报》2020年12月17日。

［102］《中国农业银行为我国脱贫攻坚战取得全面胜利贡献力量》,《人民日报》2021年2月26日。

［103］钟颖、梁莹莹:《探索精准扶贫新思路》,《柳州晚报》2016年4月14日。

［104］周慕冰:《当好脱贫攻坚金融服务的排头兵》,《人民日报》2018年10月15日。

［105］朱雪黎:《发展"飞地经济"助藏区彝区脱贫》,《甘孜日报》2017年12月27日。

［106］董少杰:《学好用好反贫困理论为农业农村现代化增添精神动力》,《包头日报》2021年4月25日。

［107］《苦于实干夺取扶贫攻坚最后胜利》,《人民日报》1999年6月10日。

［108］胡锦涛:《高举中国特色社会主义伟大旗帜　为夺取全面建设小康社会新胜利而奋斗——在中国共产党第十七次全国代表大会上的报告》,《人民日报》2007年10月25日。

［109］《中共中央国务院关于打赢脱贫攻坚战的决定》,《人民日报》2015年12月8日.

［110］习近平:《在河北省阜平县考察扶贫开发工作时的讲话》,《人民日报》2012年12月29日、30日。

［111］习近平:《在党的群众路线教育实践活动工作会议上的讲话》,《人民日报》2013年6月19日。

［112］习近平:《在部分省区市扶贫攻坚与"十三五"时期经济社会发展座谈会上的讲话（节选）》,《人民日报》2015年6月18日。

［113］《习近平春节前夕赴河北张家口看望慰问基层干部群众》,《人民日报》2017年1月25日。

［114］习近平:《对中央单位定点扶贫工作作出的批示》,《人民日报》2015年12月8日。

［115］习近平:《在东西部扶贫工作座谈会上的讲话》,《人民日报》2016年7月20日。

［116］习近平:《全国脱贫攻坚总结表彰大会》,《人民日报》2021年2月26日。

［117］《中国农业银行为我国脱贫攻坚战取得全面胜利贡献力量》,《人民日报》2021年2月26日。

［118］许华民、李莉:《攻坚拔寨里程碑上的农行印记》,《学习时报》2021年3月10日。

［119］温济聪:《用"金融活水"灌溉广袤农村》,《经济日报》

2019 年 10 月 5 日。

［120］李建菲:《县域贷款余额突破 5 万亿元　数字化转型已
开局破题》,《农村金融时报》2021 年 4 月 5 日。

［121］《农业银行金融扶贫和服务"三农"工作迈出新步伐》,
《金融时报》2020 年 6 月 4 日。

［122］《农行白沟支行创新服务模式惠商户》,《河北日报》
2016 年 7 月 19 日。

［123］杨珊、白沟:《"箱包之都"再升级》,《中国城乡金融报》
2016 年 12 月 21 日。

［124］《农行宁波分行助力"三农"金融》,《宁波日报》2017
年 5 月 12 日。

［125］《农行山东分行创新推出"强村贷"助推村党组织领办
合作社发展》,《中国城乡金融报》2020 年 1 月 10 日。

［126］戴安琪:《助力脱贫攻坚三家银行各出绝招》,《中国证
券报》2020 年 9 月 11 日。

［127］《脱贫攻坚"农行力量":操千曲而后晓声,观千剑而后
识器》,《21 世纪经济报道》2020 年 10 月 13 日。

［128］《农行扎实推进定点扶贫探索"金融＋"助力扶贫县可
持续发展》,《21 世纪经济报道》2020 年 12 月 31 日。

［129］《"金穗圆梦"公益助学活动》,《学习时报》2019 年 12
月 18 日。

［130］《全面助力脱贫攻坚》,《经济日报》2019 年 10 月 18 日。

［131］段云娟、王超、普丽英:《农行红河分行发布"乡村振
兴·核心烟区贷"系列产品》,《红河日报》2020 年 8 月 19 日。

[132]《广东农行：助推农村一二三产业融合　拓宽涉农产业兴旺之道》，《南方农村报》2019 年 2 月 28 日。

[133] 温济聪：《用"金融活水"灌溉广袤农村》，《经济日报》2019 年 10 月 5 日。

[134]《大市场　大产业　大手笔》，《四川日报》2013 年 12 月 27 日。

[135]《降低农产品流通渠道成本》，《辽宁日报》2015 年 1 月 16 日。

[136]《支持乡村振兴银行在行动》，《青岛早报》2018 年 12 月 5 日。

[137]《"大羊倌"和"大牛倌"的幸福生活》，《新消息报》2021 年 1 月 21 日。

[138]《农业银行党委传达学习贯彻中央农村工作会议精神要求全面做好乡村振兴金融服务》，《中国城乡金融报》2018 年 1 月 5 日。

[139]《农行全力以赴助定点扶贫县重庆秀山"摘帽"》，《中国经营报》2020 年 10 月 19 日。

[140]《农行常德分行扶贫贷款余额达 7.67 亿元》，《常德晚报》2020 年 9 月 3 日。

[141]《金融扶贫用真心下实力》，《大众日报》2019 年 6 月 26 日。

[142] 刘琳、吴雨：《农行加大对种业骨干企业信贷支持》，《中国证券报》2012 年 4 月 13 日。

[143]《"金融造血"增强乡村振兴内生动力》，《青岛晚报》2018 年 9 月 28 日。

[144]《农行承德分行精神文明建设再续新篇章》，《河北日报》

2020 年 12 月 23 日。

［145］马蕊、王阳:《引得"活水"来 催开"致富花"》,《榆林日报》2021 年 4 月 7 日。

［146］《农业银行全力支持乡村旅游重点村建设》,《衡水日报晨刊》2019 年 8 月 21 日。

［147］刘久峰:《"乡村旅游 e 贷"助推贵州旅游扶贫》,《农民日报》2019 年 9 月 16 日。

［148］郑可欣:《推出专属产品出台专门方案》,《绍兴晚报》2019 年 8 月 29 日。

［149］《速览》,《农村·农业·农民》2019 年。

［150］《银保监会携三家银行共同表态:战疫战贫两手抓两不误》,《西安商报》2020 年 9 月 14 日。

［151］薛宇壮、张雪:《培育农村产业融合先导区》,《中国城乡金融报》2019 年 5 月 29 日。

［152］《农行河北分行聚焦重点领域助力产业融合》,《河北日报》2019 年 4 月 24 日。

［153］《部署集体经营性建设用地使用权抵押贷款业务试点 农业银行助推农地改革服务乡村振兴》,《中国城乡金融报》2018 年 10 月 8 日。

［154］顾志鹏、董玉山:《为有金融活水来》,《浙江日报》2017 年 7 月 19 日。

［155］《桐乡农行发放全省首笔"土地节余指标凭证"质押贷款》,《嘉兴日报》2015 年 7 月 22 日。

［156］《基层动态》,《农村金融时报》2021 年 3 月 8 日。

［157］《六十五载风雨兼程　不忘初心服务大局》,《经济参考报》2016 年 7 月 12 日。

［158］张世明:《农行与农村信用社》,《中国城乡金融报》2004 年 7 月 23 日。

［159］周萃:《农行:全面助力打赢脱贫攻坚战》,《金融时报》2019 年 10 月 18 日。

［160］岑婷婷、郑旭华:《凝心聚力农业银行　鼎力支持大国工程》,《经济参考报》2018 年 12 月 18 日。


五、新闻类


［1］习近平:《对中央单位定点扶贫工作作出的批示》,新华网 2015 年 12 月 11 日。

［2］习近平:《在东西部扶贫协作座谈会上的讲话》,新华网 2016 年 7 月 22 日。

责任编辑：邵永忠

封面设计：黄桂月

责任校对：吕　飞

**图书在版编目（CIP）数据**

笃行致远：中国特色反贫困理论的农业银行实践 / 李军，马铃　主编 . —
　北京：人民出版社，2022.9

　ISBN 978-7-01-025141-7

Ⅰ . ①笃⋯　Ⅱ . ①李⋯②马⋯　Ⅲ . ①农业银行—扶贫—研究—中国
　Ⅳ . ① F832.33

中国版本图书馆 CIP 数据核字（2022）第 182902 号

**笃行致远**

DUXING ZHI YUAN

——中国特色反贫困理论的农业银行实践

李　军　马　铃　主编

人民出版社出版发行

（100706　北京市东城区隆福寺街 99 号）

北京汇林印务有限公司印刷　新华书店经销

2022 年 9 月第 1 版　2022 年 9 月北京第 1 次印刷

开本：710 毫米 ×1000 毫米　1/16　印张：17.75　字数：260 千字

ISBN 978-7-01-025141-7　定价：65.00 元

邮购地址　100706　北京市东城区隆福寺街 99 号

人民东方图书销售中心　电话（010）65250042　65289539

版权所有·侵权必究

凡购买本社图书，如有印制质量问题，我社负责调换。

服务电话：（010）65250042